论刑法中的道德判断

包 涵 著

中国人民公安大学出版社
·北 京·

图书在版编目（CIP）数据

论刑法中的道德判断/包涵著．—北京：中国人民公安大学出版社，2015.7

ISBN 978-7-5653-2339-3

Ⅰ.①论…　Ⅱ.①包…　Ⅲ.①刑法—研究—中国　Ⅳ.①D924.04

中国版本图书馆 CIP 数据核字（2015）第 199291 号

论刑法中的道德判断

包　涵　著

出版发行：中国人民公安大学出版社
地　　址：北京市西城区木樨地南里
邮政编码：100038
经　　销：新华书店
印　　刷：北京兴华昌盛印刷有限公司

版　　次：2015 年 7 月第 1 版
印　　次：2015 年 7 月第 1 次
印　　张：7.75
开　　本：880 毫米×1230 毫米　1/32
字　　数：210 千字

书　　号：ISBN 978-7-5653-2339-3
定　　价：36.00 元

网　　址：www.cppsup.com.cn　www.porclub.com.cn
电子邮箱：zbs@cppsup.com　zbs@cppsu.edu.cn

营销中心电话：010-83903254
读者服务部电话（门市）：010-83903257
警官读者俱乐部电话（网购、邮购）：010-83903253
电子音像与数字出版分社：010-83901601

刑事司法也受法的约束

提笔作序，从头说起。博士学位论文，自然始于选题的确定。在确定选题的过程中，包涵按照前期准备程度、预期写作难度、基本倾向顺序，依次向我说明具体选题方向，分别是："不能犯"，"刑法中的因果关系"及"刑法中的道德判断"。对于前两个选题，他实际已经收集了较为充分的研究资料，形成文献综述，甚至已有阶段性研究成果发表。但我基于自己的见解或者偏好，建议他可以在这两个领域保持必要的研究兴趣，但不宜作为学位论文选题。于是，他向我说出了第三个选题，即"刑法中的道德判断"。依据他当时的理解，这一选题是其研究前述问题，而延伸思考的领域，虽然尚欠可行的思路，没有基本的把握，也难以估量未来的写作进程，但希望听取我的意见。基于我对他秉性的了解，对他能力的信任，当然也兼有我对于相同领域问题的关注，希望学生同样倾注必要或些许精力的因素，我同意了这一选题，并对论文的研究范式、行文风格、关注重点、核心内容、基本框架等提出扼要要求。对此，多年后，包涵记述如下：

老师听完我的叙述略感认同和满意，于是说题目就这么定了，但是对于写作的内容，抑或格调，他希望我能写一篇这样的文章，这些话在多年以后依旧萦绕耳旁：简单平实，文体不限，不掉书袋，不堆砌辞藻，不无病呻吟，写得随意洒脱，尽可能摆脱或者远离那些所谓的研究"范式"。我理解，在他心里设想的这篇论文的"应然状态"，应当是与法官、检察官、律师、被告人、被害人甚至社会一般人进行尽可能多的接触，了解他们在司法裁判中的诉求、思维以及对于判决的某种期待，或者他们在制造和接受这些裁判的过程中，有哪些因素制约了他们的思维乃至行为。此外，老师直接将论文题目做了适当调整，并确定为《行走在法律与道德之间——论刑法中的道德判断》。

进入论文写作阶段，诚如包涵本人所言，"论文完全朝向另外一个方向发展"。根本原因是，学位论文写作，是一个相对独立的思考、记述、论理、创造的过程，学术研究的规律使然。论文指导与论文写作的这种关系，现在已经指导学生进行论文写作的包涵，应该已有体会。但在我看来，"完全朝向另外一个方向发展"的《论刑法中的道德判断》，是一篇倾注作者心血、承载作者情怀的智慧之作，是一篇哲理思辨、良知判断与规范推理融为一体的用心之作，是一部值得向读者推荐、理应得到专业认可的著作。如此评价，皆因论文的独到之处：一是解释了刑法中道德的意义，从伦理学、中外古典哲学的范畴进行了概念界分；二是解释了刑法中道德参与的程度，从立法、司法以及法律适用的程度与目的进行了描述；三是解释了刑法中道德判断的内容，主要从法律与道德的矛盾入手，通过一些案例讨论了刑法与道德冲突的调和路径；四是解释了刑法中道德判断的标准，即刑法的民族性，通过对法律附属于民族性的历史法学观念的探讨，明确了刑法中道德的来源、参与以及判断，都应当符合民族特征和价值判断。

相对于包涵已有的系统研究，我对这一领域的问题，虽感兴趣，但只有不成熟的片段思考，更没有形成公开发表的文字。在此，借为包涵博士作序之便，略述我对相关问题的点滴见解。

对于"刑法中的道德判断"问题，我之所以关注并希望学生倾力研究，动机或初衷，不在于对刑法解释学具体领域或宏观问题的论理需求，而是源自对刑事司法过程，尤其是影响刑事司法过程及结果的诸多因素的观察。可见，我对相关问题的思考角度，自始就偏离了刑法解释学的主线，或者以刑法解释学为主轴的论域，因为我更希望解读"道德判断是如何参与、影响刑事司法"的现象。

这一问题最终有解还是无解，其实并不重要，重要的是必须直面现象，至少需要清晰地描述现象形成的环境、条件，并对影响刑事司法的因素予以适当的定位。

曾经有限的刑事司法经历，使自己有机会以类似参与观察法的视角观察刑事司法活动。角色虽不中立，但秉持公正之心，以确保观察结果的客观性。客观真实的资料，与更多的公开渠道可以获取的诸多信息，足以绘成一幅现实中国的刑事司法图景。从中，不同的观察主体或经验主体，总是勾勒出与自身的种种心境相调和的色调和轮廓。于我而言，最为深切的感受是，刑事司法不仅受法律的约束，而且也受法的约束。其中，法律与法的含义及其界分，法与道德的基本关系及其在立法规范和司法适用中的功能，既有定论或共识，但也随时代变迁时常萌生新解。如果说司法既受法律的约束也受法的约束，特别是就民事司法而言，法律人是不会产生歧义的。而一旦进入刑事司法领域，便无法获得基本的共识，甚至质疑抑或反对的倾向会占据绝对主导的地位。对此，我的态度是，刑事司法也应受法律和法的约束。唯此，才是对罪刑法定原则司法适用功能的完整理解。其中，法对刑事司法的影响，应以制约出罪判断（包括罪轻判断）为主旨，入罪判断只能以法律的明文规定为依据。支撑这种观点的理由或论据会有许多，此处仅简要分析以下两点。

一是，刑法知识体系与刑法规则体系的内容，绝大多数是协调一致的。刑法知识体系总是力图影响刑法规则体系，或者间接地通过法科教育以实现规则适用对知识体系的超强依赖。现实或者常态的刑法知识体系中，少有实际影响着刑事司法的“法”内容，或者为了凸显实定规范的细密和理论诠释的精致，而尽力剔除“法”的痕迹，或者以专业术语消减“法”的应有成分。可是，不带偏见的法律人客观观察到的，却是别样的图景：刑法规则体系并没有完全受制于刑法知识体系的影响，表现出极强的相对独立性，尤其是其中的司法规则，包括明定规则和潜在规则，均鲜明地富含

“法”的成分，并尽可能细化规范“法”的作用方式、作用程度和作用结果。之中最具时代特征的是，刑事政策构成了法律之外的法或法律之后的法的重要内容，换言之，刑事政策与法的内容及作用形成高度重合，刑事政策实施与刑事法律适用总是融为一体，在许多场合下，事实上尤以形似政策实为道德的方式，对于案件的出罪判断产生着实质影响。

二是，刑事司法必须以一定的制度资源作为运行保障。保障刑法准确适用、刑事司法常态运行的制度资源，无疑应以法律明文规定的正式制度为基础、为核心要素。但是，刑事司法的实际运行过程显示，刑事司法的制度资源，并非仅由正式制度构成。正式制度与半正式制度、非正式制度，共同构成了确保刑事司法常态运行的完整制度资源。尽管其中的半正式制度、非正式制度居于次要或者辅助地位，但其功能却是正式制度无以替代的。广义刑事和解的司法运行，就是较为典型的实例：司法实务中的刑事和解案件，绝大多数是正式制度运行的结果，但也有部分刑事和解案件，是半正式制度甚至是非正式制度的实际运行结果。而无论是半正式制度，还是非正式制度的存在理由和作用领域，尤其是司法机关对其认可的态度，以及司法机关恰当而有效地运用半正式制度和非正式制度的现状，都只能从“法”对刑事司法的实际约束力中得到解答。

片段的思考，自然论理粗疏。希望包涵博士系统而完整的著述，给读者带来愉快的、可以引起思考的阅读感受，至少理解他的（或者他们的）立场或态度。在我看来，这种立场或态度，是解读刑事司法运行机理不可缺少的重要视点。更希望包涵博士在未来的学术探讨中取得令我欣慰的成就。

黄京平
2015 年 7 月

目 录

绪　论

有二事焉，常在此心；敬而畏之，与日俱新：上则为星辰，内则为德法。

——*Immanuel Kant* 的墓志铭

本书试图通过对法律和道德关系的粗浅探索，印证或者揭示刑法中道德存在的因素以及界限。说粗浅，并不是为了显示谦虚而故意为之，只是对于如此复杂的论题，无论从哪个方面开始讨论都必须谨慎小心。由于论题涉及的范围甚广，因此在完成对问题的简单描述之前，需要做一番粗略的梳理。

显然，这一问题的提出并不是创新的，至少在法理学的研究内容当中，法律与道德的关系问题是古老而又前沿的话题，虽然一直处于“剪不断、理还乱”的状态，却也积累了丰富的成果；而作为法律部门之一的刑法，因为本身的性质而在道德判断上呈现出极为复杂的感情。一方面是作为刑法“元叙事”和精神内核的罪刑法定原则守护的法治要求，表现出在实定法上禁止道德内容参与法律判断的态度；另一方面是道德评价在刑法规范和适用上的大量存在，道德的需求并不能因为刑事法治的要求而消灭。[①] 德夫林曾说：“存在着一种公共道德，其为人类社会提供黏合的水泥；而法律，尤其是刑法，必须将维护这一公共道德视为自己的基本功能。在特定的情形下，实际上法律应否借由特定的刑事制裁而获得执行，则取决于公众的情感状态。”[②] 因此，当“一切法律在根本上都不可能与伦理道德无涉；理论上如此，实践上同样如此”[③] 这一论断得到广泛认同的时候，我们的思考重心，便不能仅仅局限于法律与道德内容的界定和关系的厘清。因为，至少在法本体的视域里，即使在现代法治社会，道德的观念没有因为膨胀的法治规范而淡化消亡，法律中的道德存量是实然存在的。当然，这种“存量”并不是一成不变的固有积累，而是随着社会意识和文化传统等纷繁芜杂的原因在不断变化着表达形式。

在法律中寻求道德存在的根源抑或在法律和道德的起源上剖析它们或分离或融合的发展史，不管是在法学还是在诸如哲学、伦理

---

① 刑法中大量存在着这样的问题，例如，犯罪的起源和刑罚的正当性问题，犯罪是对于社会所共同认可的法益的侵害还是对于具有文化渊源的规范的违反，刑罚的正当化来源是基于道义上的报应还是出于人道主义之下的教育矫正，等等。而在制度上典型的如安乐死、通奸或者同性恋在刑法的地位和处理态度等，都可以视为刑法中的道德存在。

② ［英］丹尼斯·劳埃德：《法理学》，许章润译，法律出版社 2007 年版，第 193 页。

③ 胡旭晟：《法的道德历程——法律史的伦理解释》，法律出版社 2006 年版，第 3 页。

学甚至是社会学的范畴里，学者们所创造的“历史”都非常悠久。[①] 如果以“法律和道德”作为关键词，能很随意地检索出古今中外学者们对这一问题着迷般的青睐以及在此基础上艰辛挖掘的成果。不管后人如何评价先驱们做出的成就，至少在思维和观念的维度上，前人的思想是先在而成熟的。因此，这里并不打算螳臂当车似的挑战哲人们毕生的成绩，话语权的形成是众多随机因素合力构成的现实——学者的著作、学术的水平、论者的认同甚至社会的发展过程抑或国家的政策，在学术的考量之外多少还带有政治方向的驱使。然而不管话语权如何形成，都意味着思维的定型；而思维的定型，却并不意味着问题的解决。

前人的功绩汗牛充栋，后人却会因此而负累。至少在思维从简单构架到复杂周延的过程当中，不可避免地会受到固有观念的影响，不仅仅是被奉为圭臬的经典所划分的学术圈子形成的桎梏，甚至在语言的表达方式上也会有一贯风格的延续。我们所能接触的研究，多是用思辨的语言形成的充满逻辑却又晦涩执拗的文本，似乎在对语言的表达形式的评判上，习惯的判断标准几乎都是以艰深隐晦为榜样，好像脱离了在人脑中不断缱绻纠葛的过程就称不上“理论”。而本书并不打算也陷入预设的“俗套”，至少在表达方式和外在的形式上，只是希望试着在使用充满逻辑和思辨的语言形成周延并且严谨的思维过程之外，也兼顾在现实的现象下隐含着的客

---

① 在西方法学理论的演进中，法律与道德的问题在很长一段时间占据着法学研究的核心地位。参见［美］罗斯科·庞德：《法律与道德》，陈林林译，中国政法大学出版社 2003 年版，序言。与之相反，在中国这样一个道德文化积淀颇深的国度，在法律领域含有道德字眼的讨论却受到压抑和贬斥，显然个中的问题异常繁复，但是简单说乃是我国力图追求“法治国”的愿望过于强烈，而无意于道德的参与，甚至故意排斥道德的因素。或者苏力所谓的“法学研究中的政治正确”当有此含义（关于此说，参见［美］理查德·A. 波斯纳：《道德和法律理论的疑问》，苏力译，中国政法大学出版社 2001 年版，总译序，第Ⅲ页）。

观存在却难以捉摸的法律与道德问题，这并不是离经叛道，也不是为了显现卓尔不群而刻意行事。现象，在如同法律这样紧凑且讲求逻辑的学科看来，可能是被视为冗长无聊甚至低俗的。在现在所“流行”的法律教育中，“法言法语”的掌握始终是法律研习所传达的出发点和最终归宿；而一般的、不具备归纳的语言或者观念，始终都是被排除在主流的法律思维之外的。其实，如同本书主旨所要涉及的内容，无论是法律还是道德，无论经过怎样的复杂思维提炼的高深要义，总会在活泼喧闹的社会中被投射到观念层面，形成生动而又平实的现象。在现象的维度下，可能会更加清楚地接触到法律背后最深层的基准价值。这种价值的存在，可以在现实世界找到依据，并且活灵活现地出现在我们的视野里。而且，它们的存在和延续，并不能用有限贫瘠的语词去描述。“只可意会而不可言传”的不仅仅是那些理论上纠结而深奥的思索，即使是现象，也不是能够被轻易诠释的。社会的进化总是奇妙并且充满悬念的，在历史的归途最终被确立之前，社会中的人们都在扮演着既是主角又是导演的角色——他们是种种不起眼的群众演员，而无数个群众演员的集合却是后人研究当时状态的生动剧本。在大众化和多元化的社会群落中，总会有被记载的归纳和分析，如同我们几千年的历史，用“奴隶制—封建制”如此简单的词组就可以概括一样，归纳和分析当然是有用的必要的，至少在传承文明的层面上可以略去琐碎。但是，作为历史主体的“群众演员们”大多只会在现实的层面上牢记自己应该记住的台词。这犹如历代的史官都会极其谨慎负责地记录下一切所谓真实的事件，在恪尽职守的同时留给后人一个交代，而大多数被赋予“责任”的后人，并不会到藏书阁皓首穷经一番，而只会在市井街坊如痴如醉地传阅稗官留下的野史罢了。

所以，这种姑且称得上“大胆”的尝试极有可能收获失败的结局。在目前的学术和研究的一贯风格上，曲折的思辨和缜密的逻辑才是被归结为“规范”并且熟稔于学界学人之间的。况且，就法律与道德的问题而言，现如今所崇尚的大陆法系中以德日为代表的研讨大多数是限于理论层面的，可能对于习惯于思辨的民族来讲，对“理论”的问题就应该回归“理论”的方式予以解决。可能历史上中华法系不善归纳却精于描述的习惯在经历了近代中国“西学东用”浪潮而力求在思维深处进行巨大变革的法治环境中显得格格不入，从而沦为“低阶”的思考模式。然而，对于精巧而缜密理论的迷信和偏执可能让我们走向另一个歧途，那就是坠入“概念和理论”的陷阱中不可自拔。已经有学者注意到这一问题，“当代中国法学研究的重大弱点是缺乏社会科学指导的研究，缺少经验的研究。……甚至常常没有一个不带个人意气的如实生动的描述。大约是在中国人心目中文字本身就是神圣的，这样的思维惯性变成了法学应当坚持修辞学和决疑术的老传统”①。相反，在普通法国家的法律中，无论是理论的研究还是实际的运用，实用主义都占据着主导的地位，他们坚持使用简单平实的大众化语言和简洁的思考样式描述解决问题并且取得了令人信服的成果。然而，这种对待法律的方法并不是我们所喜好或者追求的，于是衡量研究的标准也就大致落到了语言表达的模式头上。但是“理论思维和理论创新不必同深奥的术语、晦涩的表达相联系，它可以，也完全应当划入对我们日常生活经验或熟悉的材料的感受和思考中，能够为更多的普通读者所理解”②。

回到论题上来，法律与道德的纠葛，始终是贯穿人类历史的传承而难以解决的问题。这个问题产生的渊源和时限可能已经无稽查考，毕竟漫长的历史岁月除了会湮灭生动而宏伟的史实之外，也会把人类精神的传播所刻画的文明都雕琢上斑驳的印记。我们能够借

---

① [美] 理查德·A. 波斯纳：《道德和法律理论的疑问》，苏力译，中国政法大学出版社 2001 年版，总译序，第Ⅲ～Ⅳ页。

② 苏力：《法律与文学——以中国传统戏剧为材料》，生活·读书·新知三联书店 2006 年版，第 4 页。

鉴和参考的，除了图书馆中储藏的浩繁的文献，也唯有社会发展和进步中伴随着观念而沉积的习惯。于是，所有的努力都放在法律和道德产生纠葛原因的查找上，至少在某一个社会的平面和片段上，我们可能会通过对于法律和道德的定义和范畴来考察它们的界限、作用或者功效。然而，我们“不应当在变了质的事物里而应当在合乎自然法则的事物里来观察自然”①，已然在法律与道德共同作用下的人类思想和文明，很难跳出贯穿历史一直存在并且先验的桎梏所圈定的范围而做到绝对的“客观”和“实在”，这让我们觉得悲哀和无助。

但是，不能跳出并不意味着对于研究本身无所作为，“横看成岭侧成峰，远近高低各不同”，能够在任意层面上做出结论，本身就是在学术研究上值得肯定的举动。卢梭曾这样总结人类心灵最初和最简单的活动：“人类的本能，一个是使我们热烈地关切我们的幸福和我们自己的保存；另一个则是使我们在看到任何有感觉的生物、主要是我们的同类遭受灭亡或痛苦的时候，会感到一种天然的憎恶。”② 的确，法律与道德作为人类社会当中行事的普遍规则，它们的功用可能就在于“关注幸福和我们自己的保存”，而同时避免同类遭受痛苦而产生的天然憎恶。然而，功用的趋同并不意味着实质上的契合。在法律与道德关系的判断中，既充满了人性关怀的亲和善意，也酝酿着不可调和并且“超越”理性的矛盾。国家和社会的演进过程，如同人类其他所有文明从无到有的进化历程，从蒙昧到开化的历史沿革中，法律和道德如同 DNA 的双螺旋结构一样，在人类历史的每一个足迹中都能自发地表达，既让人如此着

① ［古希腊］亚里士多德：《政治学》，第 1 卷，第 2 章。转引自［法］卢梭：《论人类不平等的起源和基础》，李常山译，商务印书馆 1962 年版，第 48 页。

② ［法］卢梭：《论人类不平等的起源和基础》，李常山译，商务印书馆 1962 年版，第 67 页。

迷，又充满了深不可测的神秘意味。耶林曾说："法律与道德的关系问题是法学中的好望角；那些法律航海者只要能够征服其中的危险，就再无遭受灭顶之灾的风险了。"① 对于众多跃跃欲试的法学家而言，研究法律与道德的命题的确让人着迷。因为在简单命题的背后，总是掩藏着法律、社会、伦理、哲学不同层面的种种隐喻，法律最基底的价值能够在化解问题的过程中得以彰显；伴随着研究程度的深入，考察者的视野也能够延伸到各种人文学科的基础价值中，似乎如同可以揭开"哥德巴赫猜想"一样吸引着更多的人投入其中；研究法律与道德又最能让人获得不安和恐惧，浩若烟海的文献资料，会让试图攀登的尝试者既惊叹于问题的纷繁芜杂，又不免立即产生失败的恐慌心理，让那些伟大的哲人也为之寝食难安。

如上所述，在法律或者法学的范围内研究道德，本身就是极为有趣又极其"危险"的论题。不管是从自然法将"自然"或者"理性"归结于法律的根源，并且认为所有的法律都应当有所谓的"道德渊源"②；还是从实证法出发，认为法律和道德的割裂乃是法律体系自洽和纯粹的重要象征，从法律自身原则出发运用逻辑方法就能得出正确的法律结论："实证法不承认法律具有先验的价值目标，在法律内部极力维护法律问题的纯粹性，杜绝其他因素对法律

---

① Geist des rŏmischen Rechts, Ⅱ, §26 (2 ed.) 46. 相关的评论，see Aherns, Naturrecht, (6 ed.) Ⅰ, 308。转引自［美］罗斯科·庞德：《法律与道德》，陈林林译，中国政法大学出版社2003年版，第122页。

② 在所有的对于自然法的表达中，法律的伦理渊源或者理性渊源都是自然法的应有之义。虽然在表达方式上有所区别，但终究是殊途同归的。例如西塞罗说"真正的法律是合于自然的正确的理性"。［古罗马］西塞罗：《国家篇·法律篇》，沈叔平译，商务印书馆1999年版，第101页。或者如亨明森所说，"理性会向我们展示自然法的整个纲目，而无须借助于先知和使徒的声音"。但无论如何表述，自然法的思想内容始终是坚持法律的合道德性或者合伦理性的。参见［美］罗斯科·庞德：《法律与道德》，陈林林译，中国政法大学出版社2003年版，第13页。

的渗透”[1]；或者如同社会法学，将法律的社会目标奉为圭臬，认为法律不管能不能与道德产生关系，至少应该以整体社会的福利为基础。[2] 而落脚于刑法，纵然可以把所有的问题都归结于哲学或者法哲学关于法律与道德基本争议的下位范畴，但在刑法体系内部，这一问题却是以特殊的形式存在的——在那些具体的发生领域，诸如刑法中行为无价值与结果无价值的冲突，社会相当性的讨论，社会危害性的存废，甚至是作为刑法基本原则的罪刑法定，都与法律和道德的问题相关。“刑法和道德之间的关系体现在刑法的制定、适用和执行的各个阶段，如刑事立法中的死刑、司法中的自由裁量及刑罚执行中的行刑方式和减刑、假释都和道德问题密切相关，并且道德问题在刑事政策体系中也占有重要地位，是社会治安综合治理中一个非常重要的因素。”[3] 也正因为在刑法内部的实然存在，使得如今在刑法体系内的探索，多从刑事法制度和刑法理论的层次入手，缺乏在刑法本身之上对问题本质的把握。而且，对于刑法适用中细枝末节的问题争议，涉及的范围又不仅仅在法律的注释之上就能解决，理论的研讨也并不足以备齐满足解决问题所需的所有资源。

---

① 奥斯丁语：“法律是封闭的逻辑结构，只要在逻辑上能够进行正确的推理，法律结论就应当是正确而不容置疑的”。参见时显群：《西方法理学研究》，人民出版社 2007 年版，第 244 页。

② 卡多佐语：“法律的终极目标是社会的福利。未达到这一目标的规则不可能永久地证明其存在是合理的。”参见［美］本杰明·卡多佐：《司法过程的性质》，苏力译，商务印书馆 1998 年版，第 39 页。而在自然法的体系内，全民的利益也可能是法律所应当关注的，托马斯·阿奎那也说“法律必须以社会福利为真正的目标”，但是他们所指的福利所依托的“法律”却是完全不同的概念。参见［意］托马斯·阿奎那：《阿奎那政治著作选》，马清槐译，商务印书馆 1997 年版，第 106 页。

③ 赵运锋、宋远升：《刑法和道德的界限考察》，载《政法学刊》2007 年第 2 期。

本书所探寻的价值，未必是在艰深晦涩的理论中去定义法律与道德的纠葛，“重要的问题……在于改造世界”①，法律要求的是行动，是判断，理论上的源流自然可以在抽象所设计的具体状况出现时给予“基于抽象”的判断，却不能给出某种具体状况下最为合理的选择和答案。“知识未必是力量，相反，知多了反倒可能使人丧失行动的力量——由于知带来的‘怀疑’，由于知带来的‘看穿’等等。行动的力量一定是来自于‘知’之外，来自行动者认为有价值的什么东西，或者干脆说，来自行动者对自身利益的估量和追求。”② 当然，这并不是宣传无端的激情和毫无根据的冲动，却正好能说明仅仅关乎“形而上”的理论思辨并不能完美地解决问题。综观如今的理论研究，过多的争议和论辩往往最后形成的只是逻辑上的细微区别，逻辑层次上的讨论可以“海纳百川”，但是现实却不能指望我们依靠一大通“公说公有理，婆说婆有理”的思索就消弭冲突和矛盾。现实问题的解决进路，当然不能离开理论的抽象指导，却也不能离开乡土味十足的处理手段。如同亚历山大大帝用斧子劈开解不开的绳索一样，大多数时候，社会所关心或者需要的，只是问题的解决，而不在于评估无数种或相似或背离的解决方案背后的理论优劣。

本书的研究意义之一，在于探索刑法信仰缺失的补救和完善方式。道德在法律中的体现程度，将直接决定法律被信仰的程度，与民众观念相符的并且合道德的法律，产生效用的社会成本最小，因为在观念的推广上容易受到更为普遍的认同。曾几何时，法治的要求被提到中国国家治理的层面来加以强调，政权的巩固以及民主自由等基本价值的实现也有赖于法治的接管。然而，树立法律至高无上的权威，让法律成为人们的信仰并且融入血液落实到行动中成为

① 《马克思恩格斯选集》(第1卷)，人民出版社1972年版，第19页。

② 苏力:《法律与文学——以中国传统戏剧为材料》，生活·读书·新知三联书店2006年版，第15页。

不假思索的思维习惯和行事标准，这一笼统的法治取向需要更为细致的手段来实现。人们总是把中国的落后归结为法律信仰在传统文化中的缺失，过于重视道德、过于强调情理的文化理念，在法治的背景下显然成了法律至上的绊脚石。因此，法治的内容就应当与道德无涉，与道德在根本上划清界限，才能让“法治国”的理想深入人心。但是，当越来越多的法律文本被制定和颁布，却并未见到人们对法律的信仰因为法律网络的密布而得到增益——我们看到的是对“彭宇案”的愤怒，对“许霆案”的不解，对“邓玉娇”们的同情以及在所有这些案件背后社会舆论一致性的矛头指向——法律，那些本来希望被信仰和尊重并且成为行为规范和样本的法律。“法律规则的外在表象总是一些所谓的正义符号和象征，只有法律与人们所信仰的事物发生联系，只有当法律能够产生某种社会效果、符合正义标准和价值时才能得到信任和信仰。只有公正的法才能被信任，而评价法律价值的标准，不仅仅是法律规则的存在，而往往来自法之外的社会评价体系，例如宗教、道德、社会效果等等。”① 因此，法律的要义并不在于制定繁复的规则和在文本的意义上约束和指引人民的行为，法律需要被理解和信仰。而被信仰的途径就在于法律在价值上符合道德的需要，法治的根本内容就包含了德治的意义，这是不可分割的应有之义。

在西方，法律的信仰来源于宗教传统。在西方的法律规则和程序中，到现在还保存着对宗教的利用或是膜拜，譬如，在法庭上作证需要手按《圣经》向上帝起誓。道德与宗教并非同一种社会存在，但是却有着天然的联系。“法律最终以道德为基础，道德最后建立于宗教之上。”② 谁也不能否认，宗教的普遍存在对于强制道德观念所起到的重要作用。而道德的基础一旦失去，法律就会显得

---

① 范愉：《法律怎样被信仰》，载《法制日报》2008 年 10 月 24 日。

② ［美］伯尔曼：《法律与宗教》，梁治平译，三联书店 1991 年版，第 154 页。

苍白无力。“中国几千年文化主流一直与宗教隔膜，与犹太教、基督教、伊斯兰教等文明地区不同，中国的知识精英队伍从来不是以教士为主体，而是以世俗性的儒士为主体，大多只关心吃饭穿衣和齐家治国一类的俗事，即‘人群’延伸出的‘事情’……对于一个习惯于子孙绕膝、丰衣足食、终老桑梓的民族，一个从不用长途迁徙到处漂泊四海为家的民族，有什么必要一定得去管天下那么多闲事。”[①] 然而，“法律与宗教是两个不同然而彼此相关的方面，是社会经验的两个领域。尽管这两个方面不容混淆，但任何一方的繁盛发达都离不开另外一方的支持。没有宗教的法律，会退化成为机械僵死的教条；没有法律的宗教，则会丧失其社会有效性”[②]。面对 20 世纪 60 年代美国等西方国家的社会问题，伯尔曼认为西方人所面临的危机并非法律的过度神圣化或宗教的过度法律化，即二者过分一体化的危机；相反，是它们过于分裂化的危机。因此，需要使二者重新融合，才能使法律真正被社会所信仰。[③] 中国缺乏真正意义上的传统宗教，被韦伯视作“儒教”的儒家思想，在学者看来也能起到类似宗教对于道德所做出的指引作用，但是已然割裂而久违的信仰，能否被当下的道德重树过程所重视，或者能否在建立对于法律信仰的过程中找回规范道德的源头，都很值得推敲。而且，我们能不能把现在的法律信仰危机归结于中国传统文化的断裂和缺失，这恐怕是个更为深刻的问题。有论者认为，中国社会主义法治建设仍旧是中华法系的延续，并且认为“民族和历史的纽带”不曾断裂的文化延续性是法律和道德文化得以幸存的根本原因。[④] 那么对于没有“可借助的信仰”的中国法律，能不能在传统尚未

---

① 韩少功：《人情超级大国》，载《读书》2001 年第 12 期。

② ［美］伯尔曼：《法律与宗教》，梁治平译，三联书店 1991 年版，第 25 页。

③ 范愉：《法律怎样被信仰》，载《法制日报》2008 年 10 月 24 日。

④ 参见陈朝璧：《中华法系的特点》，载《法学研究》1980 年第 1 期。

断裂的文化遗传中获取依附的载体，并且在将来的岁月里振作抖擞，复兴具有“中国特色”的法律体系呢？

其次，本书旨在探寻道德判断在刑法实践中的有益作用。法律与道德的问题，不仅在理论的范围内值得探索；在实践的范围内，法律中的道德判断对于个体和社会正义的双重实现显得更加富有价值。在现存的法律体系下，在司法实务中考虑法律之外因素的现象相当普遍，[①] 这些掺杂到司法中的复杂因素自然可以取决于刑事政策的倾向或者对于理论上归纳为社会相当性的判断，但究其根源大多可以归结为习惯和道德的平衡。当代的刑法思潮和刑事政策的转换，使得我们在重视刑法文本和注释的同时，也需要着眼于法律之外存在的对法律适用产生影响的现象和观念。法律生硬的适用和法条主义的泛滥，必定会导致法律信仰的流失以及个体正义的湮没。因此，研究刑法实践中存在的道德判断现象，既可以厘清道德判断在刑法中的适用范围和应用机理，也可以寻求在刑法中适用道德判断的一般规律，从而对司法过程中的道德判断提出较为可靠的依据和标准。这一研究对于处在社会转型期传统道德的消解和重构以及道德评价多元化渐已成型的中国而言，应该颇有裨益。

对于法律与道德如此基础性的课题来讲，各种学科中的研究都有涉及。在诸如伦理、美学等哲学范围内的法律与道德问题研讨，更多的是在语词的界限内，判断法律和道德的存在，通过类似于对语词概念结构和解构的方法，来达成学科自证的结论。而从法学的角度考察，多数的研究集中在从法哲学的层面来评述法律与道德的概念，以及在不同的法学学派的理念指导下研判法律与道德的相互关系。对于中国的法理学来讲，这一领域的研究并不突出，这可能

① 不管是刑法明文规定可以允许自由裁量的内容，还是在司法部门所要面临的实际操作问题，观念的、习惯的或者是道德的判断都有不同程度的表现。在一些典型的案件中，更能生动地表现。例如：许霆案、杭州飙车案、邓玉娇杀人案等。

与中国法治的进展过程同步，毕竟法治化还停留在丰富法律文本以及传播法治思维的阶段，对于道德的宣扬可能会对迄今已经进行中的法治建设成果构成消极的影响。而且，中国学者的研究方式大多是利用西方成熟的学科划分和学派文化，并没有太多吸取中国本土的法律文化和文字习惯。

同时，在部门法的领域内，对于法律与道德问题的讨论总是因法律所侧重的价值取向差异而显示出不同。在民事法领域，调控范围的扩张和包容，使得民事法律的基本价值取向是在诚实信用的原则指导下，突破立法（制定法）的局限，利用诸如公序良俗等手段填充法律的不足或不及的领域。① 所以，在民法的领域内，道德的存在是以基本原则的形式表现出来的，对于道德或者风俗的研究伴随着民法所要实现的基本价值目标——功利性的补偿，在问题的初始就被赋予了正当而且正确的前提。但是，对于以道义性惩罚为基本手段的刑法，在“谦抑”和“最后手段性”的指导下，总是以限缩和制约的形式存在的。刑法所需要关注的，不仅仅是对于犯罪的“以恶惩恶”，而是在罪刑法定的基础上防止刑罚权的肆意发动和扩张。所以，刑法需要保持内容的确定和稳定，并且在确定和稳定的基础上，尽可能地缩小法律效力所能波及的范围。因此对于刑法来讲，类似于“道德”、“习惯”、“感情”等不容易保持确定性定义的内容，是先天排斥和反对的。在现在的刑法学走向上，一个鲜明的特征就是“规范化”。② 在当下的观念当中，主流的态度认为“法学是以处理规范性意义下的法规范为其主要任务的学问，

---

① 徐国栋：《民法基本原则解释》，中国政法大学出版社 1992 年版，第 124 ~ 130 页。

② “规范”一词可以说代表了中国于 20 世纪 90 年代之后“脱苏联化”法治道路上的刑法发展模式。陈兴良教授著有《走向规范的刑法学》，冯军教授著有《刑法问题的规范理解》，等等。

其主要探讨的是规范意义”①。关于法的规范价值的研究也确实值得借鉴和追求。但是，这并非意味着“普适法治”的到来，也不代表着对过去惯常观念的颠覆就能到达“理性和发达”的彼岸（例如在任何带有“立法建议”的论文里常见的：借鉴某某国家的经验）。苏力对这样的现象有精到的评述：“西方式的法律知识只是正义的一种，没有资格自称‘大写的真理’，（它仅仅）代表着语境的、普适的权利界定和保护。如果我们对此不保持清醒的怀疑态度，那‘大写的真理’就会‘变得暴虐’，让其他语境话语的定义、思想和做法都臣服于它。”② 他在“秋菊的困惑”中写道，“中国当代正是法律的运作逻辑在某些方面与中国的社会背景脱节了”。国家法律的现代化过分强调了“与国际接轨”，而在运作中压制了民间法及其他传统规范的成长，忽略了这些“规则”曾经长期有效地调整的社会关系。③ 所以，任何法律制度和司法实践的根本目的并不在于树立一种权威化的思想，而是为了解决实际问题，调整可能恶化的社会关系，调和市民之间的矛盾，纠正对社会秩序可能造成损害的行为，从而达到一种制度上的正义。但是，在“规范化”的刑法思潮中，又是如何对待权威话语和实际问题的呢？法律部门之间的不同价值取向，对于将道德纳入刑法视野加以考察来说，无疑面临着相当大的现实困难。作为一种被先验确证为否的内容，却希求在被否定的体系中获得存在的正当依据，无异于与虎谋皮。刑法是讲究立场的学科，在立场的选取上，无论如何摆布，都不能跳出刑法规范确定性和实证性的窠臼。于是在刑法中研究道德问题，好像不太名正言顺，但又不能回避。因此，在当下的探索中，呈现出两种明显的脉络：一方面，是类似于法理学的研究

---

① ［德］卡尔·拉伦茨：《法学方法论》，陈爱娥译，商务印书馆 2003 年版，第 5 页。

② 苏力：《法治及其本土资源》，中国政法大学出版社 2004 年版，第 27 页。

③ 冯象：《木腿正义》，北京大学出版社 2007 年版，第 54 页。

方法，即对于刑法中涉及的具体的道德问题，譬如刑法所追求的公平、正义、人道等基础价值进行梳理；另一方面，则是有限地对于刑法中存在的道德实在进行描述，并且大多希望通过某种概念的表达，在不破坏“规范”的前提下，把道德也纳入具备明确性和规范性的刑法理论抑或文本中。

出于上述原因，对于刑法中的道德问题，迄今仍无系统的研究规范，但是刑法学的研究并没有回避这一环节。譬如有陈兴良教授所著《刑法的人性基础》、任喜荣博士所著《伦理刑法及其终结》、张武举博士所著《刑法的伦理基础》等专著；同时也有一定量的学术论文对这一问题加以讨论，例如黄立的博士学位论文《刑罚的伦理审视》，赵运锋、宋远升的《刑法和道德的界限考察》（载《政法学刊》2007 年第 2 期），张琦的《道德与刑法有限性的关系》（载《河南公安高等专科学校学报》2006 年第 4 期），肖文、朱千里的《论刑法适用中道德因素的考量》（载《西南政法大学学报》2006 年第 3 期），祁若冰的《试论道德刑法化》（载《兰州学刊》2004 年第 5 期），等等。

尽管如此，在现存的研究中，总是存在着某些共同的现象，这大多表现为研究的方式主要停留在法律与道德的概念表达，或者在立足于西方某一法学流派的基调上对法律和道德的问题做出理论解读，一般的表现形式都是“把中国传统社会的法律和法律思想填入西方的概念体系……这种填充是令人误解的，无法有效展开分析和论证。”[①] 所以当前研究的内容，大多集中在两个方面：一是对刑法本体所蕴含的道德观进行考察，例如高巍的《论刑法的道德性》（载《贵州社会科学》2007 年第 3 期），属于法律中的道德问题在刑法范围内的细化与展开，并不超越法律与道德命题的本质；二是对于刑法内的道德现象进行梳理，将刑法中所呈现的道德现象

① 苏力：《法律与文学——以中国传统戏剧为材料》，生活·读书·新知三联书店 2006 年版，第 269 页。

在具体个案中的表现进行再总结，以此作为在法律与道德中间寻求平衡点的例证，例如王建平的《从“张金柱现象”到孙伟铭案的法学家“理性”》（载《政法论丛》2009年第5期）。这些研究不能说没有意义，但是作为一般的评价，前者就是在细化法律与道德的基本关系，只不过把研究内容缩小了范围，将道德的内容限制在刑法当中；而后者，也是在近些年流行的“田野调查”和数理统计的基础上，在社会学等边缘学科的指导下进行事实的理论化再现。前者过于重视理论和规范，而后者又缺乏法律上的指导意义，在某种程度上道德与法律的冲突不能从抽象的理论层面进行调和，相反的，只能做个案中的价值协调。这两种类型的研究并不鲜见，道德判断作为考察刑法正当性、合理性的价值基础以及在个案平衡中的司法参与，地位不言自明，但是当前的研究却没有充分地去触碰这一命题的本质规律，而仅停留于现象描述。这可能就是学科建设过程中每隔数年就会出现的“寻求突破口”的状况诠释。在现有的法学研究中，往往会听到某种学术方向或内容被“搞滥”的话语，这一方面导致拥有先占权的学者们可以坐拥现有的成熟理论而占有话语权，另一方面也迫使其他后来者只能通过另辟蹊径才能满足于学术建设上的成果保证。

“当代中国的法治理论主要以西方的法治思想为资源和工具，忽略了近代中国思想家和法学家对中国法治问题的思考，结果是使得近代中国宝贵的法治理论遗产，无法融入当代中国的法治理论之中……而进一步的问题是，人们可能常常把西方的法治问题简单视为中国的法治问题，或者用西方的法治理论界定和解释中国的法治问题……而实质上，在法治的基本或者核心问题上，中西是一致的。”① 利用西方的法学智识和理论，可以在向来以“借鉴”为主的中国法学研究中占有先机，另外对于所得出的结论也不容易招致

① 程燎原：《清末法政人的世界》，法律出版社2003年版，自序第5页。

同行的反驳和批判。当然，这些研究可能是基于这样的背景而生，但其意义并不局限于此。在很大程度上，法学研究中的新路仍旧需要这样的开拓者加以指引，这样我们才知道那可能是一条通往真理的路，而不是在杂草灌木掩盖下的陷阱和机关，也只有这样，我们才能鼓起前行的勇气。

“中国法学理论研究现状和法学教育现状……应当更有意思，应当说当代中国人的话，而不是说外国人的话，或者像外国人说中国话，或者像古代人说当代的话……我不相信法学理论的基本问题或者主要问题全都已经为我们的先辈或外国人发现了，我们的任务仅仅是把他们嚼过的馍再嚼一遍，嚼得更精细一些或更圆润一些。”① 我们如今的研究话语，缺乏对当今状况的彻底摸排，也没有通过独立的研究类型来关注刑法本身所出现的问题。“思想者的任务在于，让那些因为自身愚钝加上缺乏自信而无法作为资源进入我们理论思考的中国历史和现实的材料……进入我们的话语，但不仅仅作为被批判的对象，不仅仅作为西方学术的陪衬。”② 同时，在研究的态度上，法学家对于道德的理解，通常带有先验确证的态度。在哲学、伦理学和法学的范畴内，对于道德含义的理解一直是不能统一的。法学所强调的道德，是在法律之外也在调整社会关系的行为或者外在表现中所沿袭的习惯，因为与道德相反，法律是通过各种制裁来发挥作用的，它必须以某些切实的事物为依据。而对于伦理学来说，当法学家开始考虑道德是否要进入他们的研究范畴和视野之时，“我们人文主义的道德家们就开始摇头悲叹，他们所

① 苏力：《法律与文学——以中国传统戏剧为材料》，生活·读书·新知三联书店 2006 年版，第 15 页。

② 苏力：《法律与文学——以中国传统戏剧为材料》，生活·读书·新知三联书店 2006 年版，第 17 页。

要求的道德就是在被人打你屁股的时候，脸上面带微笑的道德”①。

这样的冲突是学术上对所投身的学术圈子的热衷和对他人的不屑，犹如“我不同意你说的话，但是我誓死捍卫你说话的权利”。大家各说各话，学说上标准的分歧并不必然造成思维的混乱和对实际指导的偏差，但是学科之间的不和谐可能带来的是对学术严密精准的破坏。赵汀阳论及于此时说道：“法律的道德基础一直是法学和伦理学的共同问题，不过法律有着伦理规范所没有的独立性。于是，法律的道德基础问题似乎比伦理规范的道德基础问题更需要小心对待。”② 所以，在不同的学科范畴内都对道德问题作出了符合自身逻辑周延以及语言方式的表达，这种对同一对象不同解释的现象，既是法学研究应当珍视的财富，同时也是需要谨慎处理的对象。确认在刑法中道德的概念和地位，是最需要正本清源的内容。对于道德的解释和定位标准，应当在刑法体系的指导下，既保持学科自身的使用习惯和场合要求，又汲取对于道德的语词意义和基准解释。唯此，才能在逻辑和实证中都保持概念运用的中立以及判断的合理。

基于上述背景的描述和现状的判断，本书采用了以下的研究方法对刑法中的道德判断问题进行了梳理。首先，是历史的方法。“法律是社会产物，是社会制度之一，是社会规范之一，它反映某一时期、某一社会的社会结构，法律与社会的关系极为密切，任何社会的法律都是为了维护并巩固其社会制度和社会秩序而制定的，只有充分了解当时某一法律的社会背景，才能了解这些法律的意义

---

① ［美］罗斯科·庞德：《法律与道德》，陈林林译，中国政法大学出版社 2003 年版，第 97 页。

② “在这个问题上，无论是法学还是伦理学都不可以从各自角度痛快地思考：一方面，伦理学必须考虑法律的技术性要求，不可能一味以道德标准为准；另一方面，法律必须是一种把道德考虑在内的法律，法律的技术性要求也不应该超越道德。”参见赵汀阳：《论可能生活》（修订版），中国人民大学出版社 2001 年版，第 243 ~244 页。

和作用。”① 因此，从社会的角度看，刑法也是社会在特定环境下的产物。在对待刑法的研究上，应该以社会为背景来进行研究，而不是就规范论规范，刑法规范的具体运行是以社会现实为基础的，但也不可能摆脱历史的影响。刑法的传统对于刑法的未来有着极其重要的影响，没有历史的探究就无法理解刑法中道德存在的渊源和走向，没有历史的印章也就没有基础去实现刑法的现代化。因此，历史的方法是研究的重要手段。梁漱溟曾说：“我以为我们去求一家文化的根本或源泉有个方法。你且看文化是什么东西呢？……然则你要去求一家文化的根本或源泉，你只要去看文化的根源的意欲，这家的方向如何与他们家的不同。”② 不同的文化、民族的精神、道德和法律都是不同的具体历史进程，“每个民族都有他们起源的痕迹。兴起时所处的有助于他们发展的环境，影响着他们以后的一切”③。

其次，应当是比较的方法。“了解什么是应当做的、合乎道德的事，这并没有为做此事提供任何动机，也没有创造任何动力；动机和动力必须来自道德之外。”④ 如同对于法律与道德问题的探索，研究的对象和范围，并不取决于问题所带来的学术需求本身，而在于问题能给我们的社会生活带来怎样的改变所提供的动力。因此现有的研究并不局限于法律的框架内，伦理学、社会学以及政治学都对这个命题充满好奇。造成这种现象的原因很多，首先是在学科的界限上，法律和道德的概念上都没有明确的归属，在概念的外延上也没有明显的边界。“形而上学是所有学科的逻辑性根基。所有学

---

① 瞿同祖：《中国法律与中国社会》，中华书局1981年版，第1页。

② 梁漱溟：《东西文化及其哲学》，载《梁漱溟学术论著自选集》，北京师范大学出版社1992年版，第10页。

③ ［法］托克维尔：《论美国的民主》（上卷），董果良译，商务印书馆1991年版，第31页。

④ *The Economist Review*, September 18, 1999, p. 8.

科都是一个由对其现象的实存或本质的普遍的、必要的判断构成的体系，在这种程度上它们构成了正确的、真的认识。”① 当然这并不是最为主要的因素，因为学科范围的定义本身就是人为的和模糊的，习惯的积淀能够成为学科划分的重要标准，但是也不妨碍在不同的学科范围内讨论同样的问题。正如“当对某个法律争议，法律实证主义无法得出令人满意的结论时，法律是应从哲学还是应从科学中获得指导”②，波斯纳的答案是“科学”，但这并不妨碍求助于哲学和其他路径的研究范式。③ 所以，对于概念上的问题，需要做出最基本的厘清，但概念的厘清却只是解决问题的基本前提。

概念需要厘清，更需要在相对的环境中释义，才能理解概念之上的根本问题。在西方的法理学中，道德与法律的关系问题主要会涉及以下讨论“有关法律概念是否逻辑地包含道德？道德与法律的分界如何确定？道德的法律强制在道德上是否正当？人们是否有不遵守不合道德的法律的义务等等”④。而在中国的传统文化语境特别是在儒家的语境当中，这些对于西方核心的争论似乎都是多余并且毫无意义的。在儒家的法律思想里，“法”就是“刑”，是没有独立身份而只为“礼”的实现作为工具使用的“体”，所以法的存在是以道德为逻辑前提的，不存在法律与道德互相分离的状态，

---

① ［德］海因里希·罗门：《自然法的观念史和哲学》，姚中秋译，上海三联书店 2007 年版，第 166 页。

② ［美］理查德·A. 波斯纳：《道德和法律理论的疑问》，苏力译，中国政法大学出版社 2001 年版，第Ⅴ页。

③ 波斯纳和德沃金的论争即在于此，法律问题的研究应当是纯粹哲学和政治学的范畴，还应当扩展到其他如经济学和社会学的领域，这已经不是一个问题。法经济学和法社会学的兴起扩充了法学研究的范式和手段，这已经是一种不可避免的潮流。然而，在中国的刑法学研究中，这种思潮似乎还没有太大的影响，文本和注释仍旧是研究的主要素材和方法。

④ 参见张文显：《二十世纪西方法哲学思潮研究》，法律出版社 1996 年版，第 396 页。

因为道德的法律强制是天然合理的，法律从最终的意义上讲本身就是从道德中产生的。所以，在不同的语境和文化环境下的探讨，必须放在同一维度下进行比较，才能保持所研究内容的同一性，而不是“各说各话”，互相隔离。

最后，应当是实证的方法。对于如何在法律与道德之间保持平衡，如何确保法律的强制和道德的柔性在共同作用。[①] 这些问题的回答都必须经历长期而艰苦的探寻，不仅仅是观念和逻辑上的自证，还需要实证的积累和数量的统计。霍姆斯在《法律的道路》中这样写道：“理性的研究法律，时下的主宰者或许还是‘白纸黑字’的研究者，但是未来属于统计学和经济学的研究者。”[②] 显然，在霍姆斯这篇论文诞生100年后，我们已然看到边缘学科的勃兴不断在扩充法学研究的手段，事实也的确印证了他的语言——法经济学和法社会学在逐渐成为主流。但是，传统的研究手段也并没有被削弱，这与当下正在发生的现象并不矛盾，中国学者对于文字释义的信仰远胜于漫长枯燥实证所得出的结果。“法律之思或法治学术，不外乎逻辑与事实两个方面……政治法律哲学在论证法治的信念和原理时，常用的是逻辑证明；而透过社会学、历史学的方式讨论法治问题，往往偏重于经验证据，即用事实说话……”因此，“有些命题可以用逻辑证明加以确定和论证，有些命题则不能用逻辑方法证明，只能寻求经验证明或者事实的支持”[③]。所以逻辑虽然重要，但是逻辑之后的法律实践，也有值得我们加以重视和注目

---

① 甚至在历史的某些阶段，道德具有权威的效力，然而人们让他们通过法律的途径去发挥作用。这是个非常有趣的问题，本书会在适当的时候做出解答。

② Oliver Wendell Holmes, “The Path of the Law”, 10 Harvard Law Review 457(1897), p. 469. 转引自［美］理查德·A. 波斯纳：《道德和法律理论的疑问》，苏力译，中国政法大学出版社2001年版，译序。

③ 程燎原：《清末法政人的世界》，法律出版社2003年版，自序第4~5页。

的意义。

法律的适用是从制定到适用再到修订的动态过程，任意一个环节的波动都会给整个法律体系带来影响。在如今的刑法研究中，重视规范和逻辑的周延较为普遍，而着眼于个案的法律效果却寥寥无几。立法者不是思维毫无瑕疵、眼界远超一般市民的完人，而司法者也并非僵硬的只依循程序运行的机器。立法活动的局限性，导致了立法既无超凡的理性能够认识和预测到现在和未来的一切，也没有尽善尽美的工具可以表达和实现他所愿意表达和实现的一切，所以当立法者的思想以成文法典确定的时候，就意味着这种局限将被裹挟着很自然地被夹带到司法的领域内。“法律条文不愿变成一滩死水，而意欲活生生地在司法判决的过程中，正确地、合理地解决人类现实生活中永无止息的纷争，最重要的前提，它必须能配合和适应人类各种不同的需要。”① “人类各种不同的需要”，显然不是有限的理性和语言能够创造的，法律需要解释，更需要实在地发生效果。对于法律实际效果的考察，更容易从简单语言的内容中，得出逻辑研判和规范考察所不能获知的社会实效，从而为在基本的法规范之下的解释和裁判提供更为充足的依据。

① 王利明：《司法改革研究》，法律出版社 2000 年版，第 212 页。

第一章 法律与道德概论

惠子曰："子非鱼，安知鱼之乐？"庄子曰："子非我，安知我不知鱼之乐？"

——《庄子·秋水》

研究刑法中的道德问题，首要的或者说不可回避的前提，就是在基础理论的层次上对法律与道德的问题作出明晰而充分的界定。所谓的"基础理论"，是法学乃至于社会学科的理论范畴。从部门法意义上看，刑法在内容和形式上应当从属于一切法都具备的普遍性质——在法律和道德的判断上，刑法也必须遵循普遍的规律；而且法律与道德的纠葛关系，自然就蕴含着对于在刑法内部解决道德判断的路径——将刑法与道德相互区别和比对的过程，本身就是在刑法当中讨论道德能否存在或者存在之后可能的作用范围。同时，法律与道德的关系并不是法学的特有命题，在一般的社会科学，譬如哲学的范畴内，这一命题仍旧是有存在和讨论价值的。

从历史的角度看，在古代中国，法律与道德是彼此不分、唇亡齿寒的概念，法律的道德化，抑或是道德的法律化，在"德主刑辅，礼法合一"的统一下形成了中国法律文化所特有的现象；而在西方，对法律与道德的认识却有着另一番景象，无论是从自然法所理解的法律源于人类的理性包含了道德的内容，还是实证主义法学所认同的法律与道德的割裂，都是在对这一问题做出另一番探索——道德能否成为法律的渊源？或者法律中能否现实地包含道德的内容?[①] 相形而言，如同作画风格的迥异，东方重意境，西方重写实，对于法律与道德的关系，东方的智识认为并不需要把他们加以割裂，而是将其共同放到从个人修身到君主治国理念中进行完整的理解。孔子曰“道之以政，齐之以刑，民免而无耻；道之以德，齐之以礼，有耻且格。”[②] 便能清楚地看到在中国历史上法律与道德的相互关系。而在西方的哲学和法学视野中，法律与道德的问题，根本上却是在浓厚的宗教习惯和意识支配下的哲学或者科学的诠释,[③] “自然的法律与人类同在，他由上帝本人订立，当然高于其他任何法律……那些有效的法律则是直接或者间接地从这个源头汲取自身所有的力量和有效性。”[④] 正因为文化和文化影响下制度安排的种种差异，才使得对法律与道德概念进行梳理的意义重大。

一、概念分界的缘由

大多数时候，语言的表达如同庄子对于鱼是否“乐”的命题一样，我们无法用语言来临摹身处另一个维度的事物。鱼是否“乐”，在鱼的“理解”里，显然与人的苦乐观念是不同的。但是我们不得不试图用某种方式（例如语言）来表达，因为除了这种

---

① ［美］罗斯科·庞德:《法律与道德》，陈林林译，中国政法大学出版社2003年版，第1页。“如果我们将18世纪末到19世纪末的法学著作和司法判决进行比较的话，就会注意到对于法律的性质、法律规范的约束力来源、法律与道德的关系……态度发生了通盘转变。”无论庞德所谓的“转变”如何在学派之间进行，法律与道德的关系始终是讨论的核心问题，否则这种“转变”也就失去了存在的意义。

② 《论语·为政》

③ 自然法从道德哲学中寻求法律的正当性，而实证法从科学和政策中为法律获得指导。参见 Richard. A. Posner. “This Magic Moment”, New Republic, April 6,1998。

④ ［美］罗斯科·庞德:《法律与道德》，陈林林译，中国政法大学出版社2003年版，第2页。

方式之外，没有其他可替代的选择，我们只能用“乐”来形容人对鱼的身体活动所产生的感受，因为客观上人无法与鱼用一种相互认同的交流方式来进行沟通。这恐怕是所有的社会科学在奠定研究基础和所持视角时都会遇上的两难命题，因为某一种定义的产生终归会回到对于现象把握或者逻辑的基础之上，而对于所谓“客观”的现象直至逻辑的思辨所进行的描述无一不会带有经验的成分。立论的诞生，往往意味着对意在破除对象的反对，而人们总是能找出各种理由来把由立论所引起的反驳永无休止地进行下去。毕竟，“每一种学说都能揭示真理的一个环节”①，而只要不能完全地涵盖真理，就能找到可以攻讦的对象。然而，学术也好，生活也罢，现实中总是需要交流和沟通的，而任何交流和沟通最终都会回归到语言上来，而这些语言的基本单位——字、词、句，都会被人为地赋予其本身价值无涉的判断，从而具有最基本的含义。我们必须为一些现象界定基本的可被共同理解和接受的含义，以及赋予他们所能使用的原则。然而，赋予语言概念的原则处于观念和现实的共同限制之下，我们不能脱离观念的范围去生造概念，也不能离开现实的生活去创制所谓的纯粹概念。即使在某些时候，为了理论上的自证，研究者会在自己所圈定的范围内赋予一般的观念以超出一般的概念，但是这些概念含义的来源也都是站在特别或者个体的视点上为了满足理论自洽而做出的，也仅仅能在这一人为划定的框架内适用。

其次，语言所圈定的概念，在被解读的时候都会自然地适用于某些特定的语境，在不同的语境中对于同样语词的诠释是完全不同的。在语境的选取上，历史的视角所产生的影响是最为显著的。历史的传统和文化的习惯，使得语词的含义被特定或限制，而历史的发展和文化的颠覆，又将会把他们所辖的观念更新，做出另一番适

---

① Jeremiah Smith, *Legal Cause in Actions of Tort*, Harvard Law Review, Vol. 25, No. 2. (1911), p. 105.

应社会潮流的解释。但是，无论概念的内涵所辐射的外延范围如何变更，由于长期形成的思维方式和观念模型，使得概念在被观念所理解的基础上，总有那么一些能够被继承的痕迹。所以，赋予概念的前提，至少应当在某种程度上适应和符合历史的惯性。不管时代如何变迁更迭，社会观念和生活方式如何变化，在一个国家和民族的历史发展进程中，或多或少都会留下历史在习惯中残存的印记。特别是中国这样拥有悠久文化的国家，尊重历史的传承，中立而不偏视地看待继承历史所延续的文化底蕴，应当是在界定概念时需要把握的另一个要素。

再者，随着时代的进步和人类文明的发达，东西方文化的交流与融合已经达到了相当的程度，即使不同文明总是不能避免激烈的碰撞和冲突，但是在碰撞之外的主流，却是积极的互相促进和交融。随着文明的交流，社会的开放，以及人们生活范围的扩大与革新，域外理念的影响在不断扩散和增强，一些先进并且得到普遍认可的西方文化传统或者习惯已经在本土的观念中填充甚至取代了固有的观念。所以，对于概念的诠释，也不能忽视域外文化的浸染和影响。对于已经得到认同的，特别是与文明发展方向相一致并且能够在社会发展过程中占据一席之地的域外观念，也应该成为我们对于概念定义所不可或缺的来源。

“概念是解决法律问题所必需的和必不可少的工具。没有限定的专门概念，我们便不能清楚地和理智地思考法律问题。”① 在解决问题之前，概念的定义和解释能够清楚明了地决定解决问题的渠道和基调。在概念的定义上，应当坚持上述三项原则，即在语义、语境和文化分离的不同层面上，才能做出最恰当的判断。

---

① ［美］E·博登海默：《法理学：法律哲学与法律方法》，邓正来译，中国政法大学出版社 1999 年版，第 486 页。

二、关于法律

法律是什么？法律概念的范围何在？这恐怕是一个人人都试图解读却又不可尽意的问题。清末著名的法学家沈家本曾说：“法者，天下之程式，万事之仪表也。”① 在他的语境里，法律是天下和万事的衡量标准，而在不同的语境当中，法律的概念总是有着不同的含义和表达方式。

（一）法律的西方解读——从“安提戈涅”到科学的理性

“法律是行为的规则和尺度，据此，人们被诱导进行某些活动或克制进行某些活动。”② 托马斯·阿奎那这样总结法律的一般概念。而“从词源学上，‘法律’（Lex）这个词来源于‘约束’（Ligare）。一个恒久的问题就是，法律怎样才能约束众多本来有能力形成自己判断、做出自己决策的自由的主体。”③ 在西方的法律语境里，法律的含义在不同的历史阶段呈现出不同的意味，法律的概念也在不同的学派里衍生出不同的观念。但这并非意味着在西方文明的历史变迁中，对于“法律”一词的解读存在着极端的变化。相反，正是时代的变迁使得人们让法律体现了迎合现实的解读，才使得现在的思考者在历史积淀之后对法律的概念难以捉摸。西方的法学发展大致经历了从自然法到实证法再到社会法的更迭，而这一历史过程，并不遵从一般的进化道路，因为时间上的继起，并不意味着后者对前者的简单覆盖。

---

① 沈家本：《历代刑法考》（附寄簃文存），邓经元、骈宇骞点校，中华书局 1985 年版，第 2243 页。

② Summa Theologica, Ia IIae, p. 90. a. 1. 转引自［德］海因里希·罗门：《自然法的观念史和哲学》，姚中秋译，上海三联书店 2007 年版，第 173 页。

③ ［德］海因里希·罗门：《自然法的观念史和哲学》，姚中秋译，上海三联书店 2007 年版，导论第 16 页。

1．自然法

亚里士多德说："正是由于好奇，人们才开始并且第一次开始了哲学思考……自从他们为了摆脱无知而进行哲学思考，他们显然就是为了知识而追求科学，而不是为了任何功利的目的。"[①] 对于与宗教和习俗共同起源并且带有同样神秘色彩的法律，如何将那些来源于神的规则外化为人类世界的规范，人们对于神所安排的规律和人定法关系的好奇很快就触及自然法，当然也触及法律的道德基础问题。自然法是西方法律史演变过程中最古老的思想，它的发展经历了从原始朴素的自然法观念，到神学色彩的自然法理论，再到启蒙思想家所倡导的古典自然法理论，再到当代新自然法思想的嬗变。

索福克勒斯所著的《安提戈涅》被认为是最早反映自然法的历史标志。[②] 故事来源于底比斯，底比斯王俄狄浦斯得知自己弑父娶母，自感罪孽深重，因此去位并客死他乡，他身后留下二子二女。二子为争夺王位，刀兵相见。其中一子波吕涅刻斯勾结岳父城邦的军队攻打底比斯，另一子厄特俄科勒斯率底比斯军队抵抗，两人都战死沙场，他们的舅舅克瑞翁继任底比斯城邦的王位。为惩罚叛徒，他下令不许安葬叛变者波吕涅刻斯的遗体，违者会被处死。克瑞翁的侄女安提戈涅挑战了他的政令，她私下给哥哥波吕涅刻斯进行了土葬，因为在她看来人死了入土为安是天神制定的永恒不变的不成文法。于是克瑞翁判处安提戈涅死刑，将她关进了墓室。与此同时，克瑞翁遇到了一个占卜者，说他的所作所为冒犯了诸神。于是他开始后悔，但是当他醒悟过来去救安提戈涅时，她已经死

---

① Metaphysica, A. 2, 982b; trans. W. D. Ross. 转引自［德］海因里希·罗门：《自然法的观念史和哲学》，姚中秋译，上海三联书店 2007 年版，第 3 页。

② 陈林林：《从自然法到自然权利——历史视野中的西方人权》，载《浙江大学学报》（社科版）2003 年第 2 期。

去。安提戈涅在对抗克瑞翁时有一段常常被法学家所引用的台词："我并不认为你的命令是如此强大有力，以至于你，一个凡人，竟敢僭越诸神不成文且永恒不衰的法。不是今天，也非昨天，它们永远存在，没有人知道它们在时间上的起源！"①

不管如何解读这出著名的悲剧，自然法的引申含义总是被反复提起。安提戈涅口中"诸神不成文且永恒不衰的法"化身为高于人间法律的"高级法"，一种效力大于实定法但是又与之冲突的莫可名状的规则所能够表现的法。于是，自然法总是从抽象的公平或者正义概念去探索法律的内在精神。思想家们认为，有一种先验存在于国家的规则与秩序，这种规则和秩序来自于"上帝"或者"理性"。② 而建基于上帝的旨意或者人类理性的自然法，所要关注的就是公平和正义。乌尔比安说："法乃公平正义之术"；西塞罗也认为："我们区分好的和不好的法律，只能凭自然的标准。我们遵循自然，不仅区分合法与非法，而且区分高尚与丑恶。"③ 人间的一切都可以寻找到上帝所赋予的自然基础，因此人间的法律也应当符合自然规律或者理性，而且由于永恒理性的存在，使得自然法的内容不容更改。正如西塞罗的名言："真正的法律是合于自然的正确的理性，它是可以普遍使用的，不变的和永恒的；它通过它的命令提出义务，通过其禁令避免人为非作歹……那永恒的不变的法

---

① 参见［古希腊］索福克勒斯：《索福克勒斯悲剧四种》，罗念生译，载《罗念生全集》卷2，上海人民出版社2004年版，第307～308页。

② 格劳秀斯说，自然法的基础是永恒的理性和"那位只欣赏理性的上帝的意志"。作为自然法的基础，"上帝的意志"伴随着神学的衰微而势弱，因此理性就展示了自然法的所有内容而"无须借助于上帝的声音"。不管对自然法基础的理解如何，在自然法的体系中，理性（或者道德，或者自然的正当）是牢不可破的基础。参见［美］罗斯科·庞德：《法律与道德》，陈林林译，中国政法大学出版社2003年版，第17页。

③ ［古罗马］西塞罗：《论共和国·论法律》，王焕生译，中国政法大学出版社1997年版，第202页。

律对所有国家和所有时代都是有效的。”① 在早期的自然法思想中，“和自然相一致地生活”的准则就是法律，法律被看作是不可侵犯的神谕，而且法律和所有的自然现象一样，都属于世间万物所存在的空间内自在的生成物。所以法律，应当像其他普遍的自然存在一样，遵循自然的规律和发展过程。

自然法是法律盖有“神的印章”所得出的必然结论，神的赋予是法律能够在蒙昧状态下使得他人服从的最好借口。中世纪经院主义哲学的代表人托马斯·阿奎那却从另一个角度诠释了法律——虽然在他的《神学大全》里总共有500个问题却只有一个问题在研究自然法，但就是在这一个问题的解答中，他认为法律是借助理性的义务发挥约束作用的。“法律不是强力，也不是单纯的劝告，而是理性的指引。”② 自然法在阿奎那的眼里并不是至上的法则，而是“理性动物对于永恒法的参与”，上帝的永恒法是不可接触也不能被理解的，而自然法解释了永恒法的某些原则或者理念，从而能够被人所知觉，也正因为如此，人间的制定法必须符合自然法的理念，才符合正义和善良的需求。所以“法的效力取决于它的正义范围。任何来源于自然法的人法都是正当的，具有法的特征。否则，它就不再是法。”③

被解释为符合理性与正义的自然法，与道德的关系是天然且亲和的。道德观念的产生与变化，都与人类不断进化的人文特征相关联，在进化的过程中，法律这样的外部规则当然也会受到影响。即使后来的自然法观念出现了不同的解读，也没有触及这一自发的紧

---

① [古罗马] 西塞罗：《国家篇·法律篇》，沈叔平译，商务印书馆1999年版，第101页。

② [德] 海因里希·罗门：《自然法的观念史和哲学》，姚中秋译，上海三联书店2007年版，导论第17页。托马斯·阿奎那也有类似的名言：“法律无非是理性的作品而已。”笔者注。

③ 张乃根：《西方哲学史纲》，中国政法大学出版社2006年版，第117页。

密关系。在16世纪的启蒙运动那里，自然法被赋予了更多政治含义，人权、自由、平等观念的介入，使得法律逐渐被解释为“自由意志”，法律从神学的精神控制中分离出来。格劳秀斯说：“事物的本质性秩序，更具体地说，人的理性的善，是自然的道德律的义务的最近源头……道德义务完全形成于一个行为在与某种绝对的有目的的必然性中，这取决于上帝和他的永恒法。显然，没有上帝，万物都不存在，因而也就没有任何自然法”；洛克也说：“自然法是权利的象征，而这些权利出自于个人的权利”①。在古典自然法思想那里，显著的特征在于将法律“内在神圣”的核心从对神意的崇敬膜拜转换成了“人的理性”。在休谟看来：“理性只是，并且也应该只是情感的奴隶，除了服务和服从情感之外，不能称还有别的功能。”②

对于个人欲望和情感的自由追求，使得自然法思想蒙上了人本主义的意味，而人本主义的基本理念和倾向将“理性”根植于法律之中，使得符合理性追求的首要目的就是将不符合自由和正义的封建制度打破，所以自然法的内容激励着启蒙运动的风潮并伴随着新兴的资本主义国家的建立成了法律理念的核心来源。英国法学家迪亚斯认为：“自然法这个术语意指（1）指导法律发展和实行的理想；（2）法律制止将‘实然’和‘应然’绝对分离的基本道德性；（3）发现完善法的方法；（4）可由理性推断的完善法的内容；

---

① 参见［德］康德：《道德形而上学原理》，苗力田译，上海人民出版社2002年版，第3页。康德说“德性只是在责任的恪守中人的意志和道德力量，而责任是人民自身立法意志所产生的道德必要性”，同时社会契约论的观念导致自然法开始倾向于“自然状态是和平善意并且互助的，自然法的观念应当为论证从自然状态就诞生的个人权利而努力”。

② ［英］休谟：《人性论》（下册），关文运译，商务印书馆1996年版，第453页。

(5) 法存在所绝对必须的条件。”[①] 根据这一概念，法是由两部分组成的：一是权力的表现，这是为了保障法律的确定性、稳定性与权威性，这是所有的法都应当具备的前提条件，法律通过强制力的保障与作用，来实现规范的普适性与被规范者的服从；二是道德真理，是生活在法律秩序中的人们所选择和表达的正确与错误的观念，如果缺少第二部分，那么被宣称是“法律”的东西就不是法。

然而，对于自然法的信奉并不是坚挺和持久的，在经历了功利主义、历史法学和分析实证主义自14世纪就开始的冲击之后，自然法沉寂了很长一段时间。自然法的历史使命，在资产阶级取得权力之后被闲置起来，它所倡导的“纯粹的自由和平等”显然并不符合维持政权的需要，而自身逻辑上存在着含混的难题，使得自然法在19世纪走向衰落。然而，正印证了事物总是螺旋上升的辩证法思想，“二战”对于人类文明的侵袭使得人们不得不反思实证法对于“恶法”的正面态度而导致的悲剧，于是自然法以其所蕴含的人类对自由、公平、正义、人道等永恒追求，使得人们开始重新审视它的价值，从而成就了自然法的复兴。[②] 自然法的复兴主要是对德国纳粹立法的检讨和应对，同时为战后对法西斯战犯的审判提供正当的依据。在纳粹的立法中，西方文明传统中的人文价值以及法律的基本原则遭到践踏。“人们认为，只有接受一种超越专横权力之上的自然法，才能防止今后再出现这种法的衰败。”[③]

新自然法学派，从法律与道德的联系中来界定法的概念，强调道德伦理与正义目的对于法的重要意义，并将其看作是法的内在属

---

① *Dias*, *Jurisprudence*(5th edition), Vol. 12, 1977, p. 863. 转引自张文显：《二十世纪西方法哲学思潮研究》，法律出版社2006年版，第32页。

② 一般认为，自然法的复兴，主要因素在于对法西斯专政的必然反应，美国种族歧视和对外战争所透露的民主危机，以及战后的纽伦堡审判所造成的影响。

③ H. J. Hommes, *Major Trends in the History of Legal Philosophy*, North Holland Publishing Company, 1979, p. 329.

性。对于新自然法来说，古典自然法学所认为的永恒不变的具有绝对性的“自然法”已经不复存在。相反，“自然法”是可以容纳不同观点的普遍形式，其内容是可变的，可以是正义和平等，也可以是非传统的自然法范畴——例如自由和效率。[①] 对于自然法的解释也出现了切合现实的解读，譬如认为“自然法指的是一种方法，我们运用它以判断个人伦理或者实在法的原则是什么……而不是依靠神或者先知的灵感所作出的判断。一个人可以相信自然法的存在而不用同意亚里士多德或者阿奎那的自然法体系，（自然法）应当是一种思想方式”[②]。富勒的观点与此观点类似，他认为，“法律就是使人类行为服从规则治理的事业”[③]。法律是从人类生活在一起就必须有规则维护人类之间和平的需求中产生的，那么法律作为一种“有目的的事业”，必须具有普遍的道德性。“‘不得杀人’这一道德禁令无须以任何完美的生活图景为前提，它只是建立在这样一个平凡的真理之上——如果人与人之间互相残杀，任何可以想象的愿望的道德都无从实现。”由此他认为法律应当符合道德的影响，即使这种影响“间接，但无所不在”[④]。罗尔斯则从自由主义出发，认为“法应当用来表达正义的观念”，而“正义观是一种理论，一种有关于道德情感的理论”[⑤]。法律是为了实现社会正义理想的公正的社会制度的安排，而正义、理想和公正都是普遍具有先验性的

---

① 张文显：《二十世纪西方法哲学思潮研究》，法律出版社 2006 年版，第 45 页。

② ［美］菲利浦 · E. 约翰逊：《对自然法的某些思考》，吴玉章译，载《法学译丛》1988 年第 6 期。

③ 张文显：《二十世纪西方法哲学思潮研究》，法律出版社 2006 年版，第 53 页。

④ ［美］富勒：《法律的道德性》，郑戈译，商务印书馆 2005 年版，第 15 页。

⑤ ［美］约翰 · 罗尔斯：《正义论》，何怀宏、何包钢、廖申白译，中国社会科学出版社 1988 年版，第 50 页。

人类道德所确证的。德沃金也认为，“权利是掌握在个人手中的政治王牌，是要求保护的道德主张”①。他批评实证法把权利的来源仅仅设定为法律本身，而忽视了权利的道德来源。所以，在自然法学派眼里，法律就是自由、平等、正义、秩序等抽象的伦理理念和道德原则的具体化，法治应当是“一个具体的善”，是一种具备内在道德的良好状态。②

2. 实证法

“实证”作为一种认识和思想方法，在人类历史早期阶段就已经存在。作为法学学派之一的实证法学，是作为与自然法相对立的学术派别而诞生的，实证法着眼于“如何将法自身与法应当怎样二者区分开来；着重分析法概念；根据逻辑推理来寻求可行的法；并否认道德判断有可能建立在观察和理性证明的基础之上”③。在实证法看来，法律就是主权者或国家制定的，对社会成员的行为具有实际约束力的，并在形式特征上符合逻辑要求和规律的实证规则或规范。因此，“任何道德价值因素都不可进入法律的定义，而法的规定是由经验上可观察到的标准所确认的……法律的存在只有实在法，根本没有‘自然法’这种东西”④。

对于实证法的认识，较为普遍的是“恶法亦法”的观念。与自然法的悠久历史和理性传统不同，实证法学派是在资本主义革命之后在当时的社会需求指引下出现的。自然法在指导启蒙和革命之后，资本主义国家的建立，导致了社会矛盾的更新——为推翻封建而作为理论依据的自然法现在却成了无产阶级反对资产阶级的武

---

① R. Dworkin, *Taking Rights Seriously*, Revised Edition, Harvard University Press, 1978, p. 11.

② 张文显：《二十世纪西方法哲学思潮研究》，法律出版社 2006 年版，第 64 页。

③ *Encyclopedia Britannica*(15th edition), Vol. 10, 1977, p. 718. 转引自张文显：《二十世纪西方法哲学思潮研究》，法律出版社 2006 年版，第 67 页。

④ Harris, *Legal Philosophies*, Butterworths, 1980. p. 16.

器，“资产阶级用来推翻封建制度的武器，现在却对准资产阶级自己了”①。同时，经验主义和科学主义在哲学上的发展，反对形而上学而将哲学的视野限制在经验的观察和判断上，导致法学的思维方式和思考内容竭力摆脱自然法所蕴含的契约或者理性传统，而向排除价值思考的中立事实靠拢。

边沁的功利主义思想是实证法学的渊源之一，实证主义法学家将功利主义奉为道德和立法的原则。边沁认为应当分清实际的法和应当的法，这种做法就是“为了避免将法律与道德产生混淆”，因为“如果仅仅从一个规则违反道德标准这一事实就断言这个规则不是法律，就会导致无政府状态或者放纵；反之，如果仅仅从一个规则符合愿望这一事实，就认为它是一个法律规则，就会导致法律的混乱和专横”②。法律之所以是法律，仅仅是因为“法是国家权力处罚犯罪的威吓性命令”，也就是说，只要有权力作为实施保障，规则就可以称之为法律，而不管它是否符合道德。奥斯丁也认为：“‘法律’一词或所谓严格意义上的法律，是命令。法律如果不是命令，则不成其为法律，或不能算作严格意义上的法律。”③凯尔森则认为：“法律秩序并不是由一种由同等层次的并列的规范组成的体系，而是一种由不同层次的法律规范组成的等级体系。”④无论如何表述，我们都可以看出，实证法讨论的法，唯一的判断标准在于其外观是否具有合规性，而不考虑其是否应当具有道德意义上的正当性，也就是“法都是实在法或严格称谓的法，而不考虑

---

① 《马克思恩格斯选集》（第1卷），商务印书馆1959年版，第257页。

② ［英］边沁：《政府片论》，沈叔平等译，商务印书馆1961年版，第93页。

③ ［英］奥斯丁：《法理学的范围》，刘星译，中国法制出版社2002年版，第20页。

④ Kelsen, *The Pure Theory of Law*, University of California Press, 1967, p. 221.

其好坏”[①]。可以看出，实证主义法学坚持法律的规范意义是法律赖以存在的基础，而规范属于“应当”的范畴，法学必须严格区别应然与实然的关系，并且法律的“应当”是实在的应当，它是由国家主权者制定和现实存在的，以此来区别于道德的“应当”，因为道德的应当是“道德家向人们提出来的，不具有法律的客观性”[②]。

然而，“二战”之后，自然法的再度兴起在很大程度上削弱了实证主义法学的势力，对于法西斯“恶法”的抨击以及自然权利概念和内容的充实，让实证主义不得不寻求理论路径上的改变。拉德布鲁赫在“二战”前后的态度变化生动地说明了实证法的困境：战前他是实证主义的忠实拥趸，他说：“我宁可要不公正的秩序，也不容忍混乱。”而在第二次世界大战之后，他却走上了反对实证法的道路，他认为实证主义鼓励法律站到了纳粹的暴行一边，因为纳粹通过宣布“法就是法”来作为种族灭绝和发动战争的绝好理由，所以法学应当“返回到有千年历史的光明道路上去”（自然法），当实在的法同“自然法”冲突达到不可容忍的程度，实在法就不仅是“不公正的法”，而且完全失去了作为法的本性和效力。[③]

---

① J. Austin, *The Province of Jurisprudence Determined*, Weidenfeld &Nicholson, London, 1954, p. 126. 转引自张文显：《二十世纪西方法哲学思潮研究》，法律出版社 2006 年版，第 71 页。

② H. Kalsen, *General Theory of Law and State*(revised edition), Harvard University Press, 1945, p. 111.

③ 关于拉氏的言论，整理自张文显：《二十世纪西方法哲学思潮研究》，法律出版社 2006 年版，第 44 页以下。拉德布鲁赫在 1945 年提出的“极端不法（不正义）不是法”宣告了他从实证主义转向自然法，他认为的“实定法违背正义达到了不能容忍（unerträgliches Mass）时，制定性和实效相对于正义受到了限制”被德国司法机关用来审判纳粹的不法行为。参见［德］罗伯特·阿列克西：《法：作为理性的制度化》，雷磊编译，中国法制出版社 2012 年版，第 17 页。

实证主义受到了前所未有的挑战，而实证法的应对方式是向新分析法学转变，也就是在理论异化的过程中吸收一定量的道德因素。哈特在 1957 年所作的《实证主义和法律与道德的分离》主题演讲中，他把新分析主义法学视野下的法律概括为以下内容：(1) 主张法律是人类的命令；(2) 主张法律和道德之间（无论是应然还是实然）无必然联系；(3) 主张法律概念分析；(4) 主张法律体系是一个封闭的逻辑体系，人们无须参照社会目标、政策和道德标准，而只须从作为前提的法律规则出发，借助逻辑推理便可以获得正确的结论；(5) 主张道德判断与事实陈述不同，它不能靠理性推理、证据和证明等手段获得。[①] 在这个解释中，虽然哈特主张“法律和道德之间无必然联系，法律是封闭的逻辑体系”，但是他也认为“法律是人类的命令”，这与以往实证法学认为法律只是来自于权威的观念大相径庭。而随着哈特思想研究的深入以及对同时代德沃金等学者批判的回应，实证主义法学形成了排他性实证主义、包容性实证主义以及制度性实证主义三大流派，而区分三者的标准主要在于他们对法律内涵的理解以及对于道德蕴含于法律的容量。排他性实证主义认为法律与道德没有必然的概念上的联系，法律是政治权威赋予的效力，而公民应当有服从法律的绝对责任。道德标准不是外在规范获得“法律地位”的条件，“法律的存在和内容应当完全由社会来源所决定”。[②] 但是即使排他性实证主义不认可法律与道德的必然联系，也认为道德标准可以作为法律参考的因素，因为“道德标准也许约束着官员，但不是法律；也许作为法律具有约束力，尽管只是根据它们的社会来源而被确认；道德标

---

① H. L. A. Hart, *Positivism and the Separation of Law and Morals*, 71 Harvard Law Review 601(1958).［英］H. L. A. 哈特：《实证主义和法律与道德的分离》，翟小波译，强世功校，载《环球法律评论》2001 年夏季号，第 186 页。

② Joseph. Raz, *The Authority of Law: Essays on Law and Morality*. Oxford University Press, 1979, p. 46.

准也许不具有法律约束力，但是作为自由裁量的标准而进入法律辩论。”① 包容性实证主义法学则认为，法律同道德之间可以有概念上的联系，但这种联系并不是必然的，在面临“道德规范经常成为法官在解决法律争议时所诉诸的标准”这一问题的时候，包容性实证主义认为，法官之所以诉诸道德因素来解决法律争议，是因为它们对法官具有约束力，而作为法律的约束力，这些道德规范因其可能具有约束力的价值而成为法律；换言之，因为这些规范表达了一种关于正义或者公正的妥当维度。显然，包容性实证主义并不愿意抛弃“实证”的内核而放弃法律独立的领地，只是面对道德渗透的时候，使用了一种类似于文字游戏的方式来避免攻讦。“对任何种类的实证主义论者来说，在任何社会中合法律性的判断标准的存在依赖于社会事实而非依赖于道德论证。在这一意义上，合法律性的判断总是习惯性的。”② 从实证主义法学的角度出发，道德进入法律的内容并且成为法律判断所要遵循的标准，取决于一个社会的或习惯的规则，即法律能否把道德纳入规范中的规则。科尔曼在《消极与积极的法实证主义》中指出，把道德原则当作法律可适用的规范，并不影响法律与道德的分离这一命题。因为一个规范要成为法律的一部分必须首先是道德原则，从而导致道德原则成为保障所有法律体系合法性的必要条件。这相当于是对“道德”的再解释，意即把进入法律判断的道德因素作为“法律正当性的基础”来解释，那么所有在法律中所判断的道德应当而且必须是具有法律规则象征的，这就避免了在法律与道德判断绝对的对立状态。科尔曼把这一论点解释为“安置”，意即通过合理的解释，将道德毫无突兀地安放到法律体系当中，而不引起法律适用上的障

① Jules L. Coleman, *The Practice of Principle*. Oxford University Press, 2001, p. 107.

② Jules L. Coleman, *The Practice of Principle*. Oxford University Press, 2001, p. 107.

碍。在这一论调之下，道德原则被认为是保障法律体系“合法”的必要条件。道德原则可以与法律规则相协调，是因为道德是某些法律规范合法性的条件，承认法律规则可以包含道德，无非是把道德“安置”（或者“解释”）到法律中的过程，而这一过程正是将法律正当化的途径。

这一观念得到了较为普遍的认同，因为把道德作为法律来源的解释，既说明了法律具有道德基础，也留下了在法律中排斥道德的理由。所以，在哈特看来，法律和道德应当是在基础上有所区分的，法律的定义实现有赖于道德的“规范化”，他既不同意传统的实证主义所持的“绝对区分”论，也不赞成自然法学派“绝对联系”的见解。“纯粹以权力为基础的法律和被认为道德上有拘束力的法律之分歧不是相互排斥的”，在法律的发展过程中，传统道德的影响是必然存在的，这些影响要么通过公开的立法活动，要么潜移默化于司法过程进入法律之中。但是，这并不意味着法律制度必须符合道德，或者法律的效力必须来源于道德或正义原则。法律的存在在于“最低限度的自然法”，这种自然存在并不是客观的纯粹的自然，而是以社会的存在和延续为前提的，也就是说，只要符合了某个历史阶段的道德观念并且在制度上表现出趋同的判断，那么法律的正当性就是毋庸置疑的。

对于实证主义法学来说，法律的概念是从现实存在的意义上进行的归纳，法律是纯粹的事实判断，只要法律存在并且有权威作为保障，那么法律就已经合理存在并且产生效用了，而法律的“优劣”并不是法律本身所蕴含的问题，而且判断法律的“优劣”也不能在法律规范之外使用道德因素作为判断的工具。实证法的内容是法律权威所树立的命令和规范，除此之外，法律不应当有任何价值评判。

3. 社会法

20 世纪才出现的社会法学派，开始反思自然法和实证法的冲突，并且力图脱离以往对于法律进行描述的抽象思维，希望从法律的实践意义出发，避免理论纠结和空谈，从法律的社会作用出发来探索法律的价值。社会法学认为，法律应当是社会制度的一种，也是社会控制的手段之一。人们在创设法律的时候，既通过经验去总结法律，也在有意识地从预判中去创造法律。所以，法律的来源并不是特别的重要，它只是法学所要关注问题的一小部分，不管是把制定法当作法律的典范，还是把习惯法当作法律的权威，都不是最为关键的。关于法律，最为关键的判断，是如何使法律形式最适合社会秩序的维持和进步。法律更应当关注法律对于社会的增益，而法律规则的最终权威应当来自它所保障的社会利益。

确切地说，社会法学派并非开创了一番新天地。因为大多数社会法学也是在科学主义哲学指导下的实证革新——既然实证法经不起所谓“善与恶”的命题考验，那么就把“善恶”的标准抽离，改换成字面上看来不带有价值判断的“促进社会秩序”。相对于自然法与实证法在概念上的隔空喊话，社会利益是一个有血有肉的范畴。在这一概念之下，市民的生存状态，国家的发展趋势，社会阶层之间的融合程度，都是可以用来衡量社会利益的具象表现。在关注社会利益的基础上，以往的“权利”和“制度”等，都成为抽象的概念，社会利益的最大化才是法律所应当具备的本质特征。社会法学派的诉求事实上就是“多谈些问题，少谈些主义”，不要关心概念上的公平正义，而是从法律的效用来评价法的正当与否。从这个角度出发，社会法学派一般都反对自然法，“权利并不建立在正义的基础之上，相反，正义只能通过一个国家内存在的真实权利才能建立起来”。[①] 所以，在社会法学派的观念里，犯罪也被认为是一种客观的社会现象，具有其社会根源，正是由于犯罪是“异

① 张文显：《二十世纪西方法哲学思潮研究》，法律出版社 2006 年版，第 94 ~ 95 页。

常”社会现象的现实反应，犯罪的罪责应当由罪犯和社会共同承担。①

由此看来，法律是人们按照在司法与行政过程中运用权威性律令来实施的高度专门化的社会控制的形式，实在的法律规则只是法律的一小部分，官员和平民法律实践活动才是真正的法律，即所谓“行动中的法”。此外，社会法学派甚至将法律的概念扩大到非国家领域的“非国家法”。他们认为对于法律，最重要的是法律的适用和施行，因此大量的立法和司法判例成了最好的研究素材。所以社会法学认为，不管是自然法还是实证法，试图从逻辑分析和抽象归纳上得出结论的做法是不明智的。埃利希倡导“活法论”，他认为法律有两种：一种是国家制定的“国家法”，另一种是“社会秩序”本身，或者称为人类联合的“内在秩序”。② 后一种法律称为“活法”（Living law），这种类似于“习惯法”的“法律”不同于国家制定的法或由法院强制执行的法律，而是在社会中长时间积累的具有规则效力的行事方式，这些“活法”被社会经验所创设，并且在社会运行中能够获得其固有的效益。所以，“无论是现在或者是其他任何时候，法律发展的重心不在立法，不在法学，也不在司法判决，而在社会本身”③。庞德也严厉抨击以往的法学存在的机械化和概念化，认为把法律作为逻辑命题以及法官为了保持逻辑一致性而使用法律是完全不恰当的，以社会法的理解对自然法和实定法加以取代，是符合人类对于法律的判断标准的，“法应当是一种社会工程，要研究秩序，而不是争论法的性质；要考虑人们所需

---

① ［法］迪尔凯姆：《自杀论》，冯韵文译，商务印书馆 2001 年版，第 392 页。

② E. Ehrlich, *Fundamental Principles of the Sociology of Law*, Harvard University Press, 1936, p. 37.

③ E. Ehrlich, *Fundamental Principles of the Sociology of Law*, Harvard University Press, 1936, p. 493.

要满足的东西，而不仅考虑用来满足这些东西的制度；要根据法律主体和秩序的活动而不是经验和制度来考虑”①。

当然，西方的法律思想并不是用此三者就能完全表达清楚的，在西方法治变迁的历史中，对于法律释义的总结和归纳大相径庭，但是都不能脱离道德判断的窠臼。自然法认为道德是法律的必然要素，并且以是否体现道德来衡量法律的“良”与“恶”；而实证法立足于科学主义的哲学观，把法律当作政治和国家制度的产物，因此对于法律中是否含有道德的存量并不深究，认为道德与法律无涉，权力的存在即是法律正当性的基本条件，所以“恶法亦法”；而对于社会法来讲，抛却道德存在与否的问题，从法律能否创造社会利益最大化的角度来定义法，并不见得社会法会在法律与道德问题上开辟出了第三条路，因为社会法所谓的“利益”仍旧需要对法律进行价值判断，只是这种判断不是明确以“道德”作为裁量要素，而是以“社会利益”作为标准。但是在划分“社会利益”的内容以及社会各种利益产生冲突的时候，社会法也不能免俗地将道德内容作为考察法律的重要参考。所以，在西方的法学语境中，对于法律的概念，需要的终极参照物就是道德的存在与否以及道德的存在含量。

（二）法律的东方领悟——“德礼”与“术势”

中国文化观中对法律的理解与西方截然不同。古代中国的“法”一般仅指“刑法”。例如《尔雅·释诂》中就有“刑，法也”的说法，在许慎的《说文解字》里也提到“刑，法也”的说法。所以，古代中国法仅仅是现代“法”所指意涵的一部分，至少不能与现代意义上的法律等量齐观。与西方法律发展的路径中涌现出不同价值判断的学派不同，中国的法律史在时间延续上更为久远，而且与西方的法律进化过程中的断续与样态差异（例如法律

① ［美］罗斯科·庞德：《法理学》，邓正来译，中国政法大学出版社 2004 年版，第 17 ~ 18 页。

渊源以及法系的差别）不一样的是，中国的法律几乎是以一以贯之的血脉来延续的。不管是以“礼治”和“德治”为治国思想的儒家，还是“任法而治”的法家，都不会在法律的定义里轻易抛弃“礼”与“德”的含义。儒家所谓的“为政以德，譬若北辰，居其位而众星共之”[①]，或者法家的“礼、义、廉、耻，国之四维。四维不张，国乃将亡”[②]，都把“德治礼治”的思想作为法律的精神象征和实质价值。因此，“德礼为政教之本”，法律的作用就是为了“礼义以为纲纪，明刑以为助”[③]。这种“道德入律”的历史现象，伴随着时代的变迁却毫无阻隔地延续下来，其中以“明德慎罚、德主刑辅”为法律要义的儒家更是影响了中国人的思想达千年之久。直至今日，仍旧在社会意识和法律政策的领域发挥着不可估量的效用。同时，在儒家之外，各种法律文化的兴起和衰落，虽然没有因为迎合了政治的需要而被埋藏在历史的尘埃当中，但也为法律文明的气息增添了不同的色彩。

1. 以礼入法，德体法用——儒家的法律观

对于儒家法律思想的辨识，仅仅从法律或者制度的角度来观察，并不能看到儒家思想演进的整体脉络。马克斯·韦伯在《儒教与道教》一书中，将儒家思想从一家之说的“家”归结为“教”，并且认为在中国没有真正意义上的国家宗教，而实际上儒家所主张的道德伦理教条兼有宗教教义的意义，因此才能够被称为“儒教”。伯尔曼也持同样的观念，他认为中国法的信仰基础，恰恰是儒家被国家所神圣化的道德本身。[④] 因为它不仅仅是政权赖以存在的基础，同时对于民众的教化功能实际上并不亚于宗教所产生的效果。

---

① 《论语·为政》

② 《管子·牧民》

③ 《新唐书·刑法志》

④ 参见范愉：《法律怎样被信仰》，载《法制日报》2008 年 10 月 24 日。

儒家从先秦奠定理论基础，春秋战国的战乱纷争和百家争鸣并未消减其势力，经历了汉代初期“无为而治”，终于在董仲舒“罢黜百家，独尊儒术”的风潮指引下成为治理国家的精神要义。在儒家思想中，法律的阐释始终是与“德”或者“礼”挂钩的。孔子说：

“道之以政，齐之以刑，民免而无耻；道之以德，齐之以礼，有耻且格。”①

“礼”是儒家思想中具有支配地位的核心内容，对于法律的理解也同样建立在对“礼”的解读之上，礼是判断法律是否正当的唯一内容。符合“礼”的内容，则法律倡导之推崇之，而不符合“礼”的，法律则摒弃之惩罚之。子产说：

“夫礼，天之经也，地之义也，民之行也。天地之经，而民实则之。则天之明，因地之性，生其六气，用其五行。气为五味，发为五色，章为五声，淫则昏乱，民失其性。是故为礼以奉之……为刑罚、威狱，使民畏忌，以类其震曜杀戮；为温慈，惠和，以效天之生殖长育。”②

“礼”的来源，在于人之能模仿天地；而礼的功用，在于生刑罚而使民不混乱。孔子言礼，也在于注重社会规范对于个人之制裁。《礼记》论及于此：

“饮食男女，人之大欲存焉；死亡贫苦，人之大恶存焉。故欲恶者，心之大端也。人藏其心，不可测度也；美恶皆在其心，不见其色也。欲一以穷之，舍礼何以哉？”③

---

① 《论语·为政》

② 《左传》卷二十五

③ 《礼记·礼运》

“礼者，因人之情而为之节文，以为民坊者也。”①

可以看出，“礼”的存在价值，在于“节文”人之情，一方面，礼是节制和压抑人的欲望流露而使之合乎某种（道德）标准或者限度；另一方面，礼是为了表达人的正当欲望的行为规范。荀子说人之性恶，人皆有欲，若无节制，则人与人之间必然会互相冲突而产生混乱，所以“先王制礼义而分之”，礼是一种统一的规范标准，在于调和自身的行事的动机。

“夫礼者，所以定亲疏，决嫌疑，别同异，明是非也。”“民之所生也，礼为大。非礼无以节事天地之神也。非礼无以辨君臣上下长幼之位也。非礼无以别男女父子兄弟之亲，婚姻疏数之交也。”②

可见，儒家对“礼”的阐释，在于礼能够从应然的角度纠偏人的行为和思想习惯，从而使之符合对于“人之情”的控制，是一种基于习惯和风俗而约定俗成的修为规范。礼的具备，即是“仁、德”，而“仁、德”的表现和标准，也是用“礼”来判断的。所以，当具有普遍适用效力的法律被制定出来时，法律也应当维护这种“人之情”的诉求，这不仅仅是法律的合理性的判断标准，更是“礼”能否实现的前提。正因为如此，在区别“礼”与“法”的时候应当是这样的标准：

“凡人之知，能见已然，不能见将然。夫礼者，禁于将然之前；而法者，禁于已然之后。是故法之所用易见，而礼之所为生难知也。若夫庆赏以劝善，刑罚以惩恶，先王执此之政，坚如金石，行此之令，顺如四时，据此之公，无私如天地耳。岂顾不用哉？然而曰礼云礼者，贵绝恶于未萌，而起教于微眇，使民日迁善远罪，而不自知也。孔子曰：‘听讼，吾犹人也，必也使无讼乎？’……

① 《礼记·坊记》
② 《大戴礼记》卷一、卷十五

以礼义治之者积礼义；以刑罚治之者积刑罚。刑罚积而民怨背；礼义积而民和亲。故世主欲民之善同，而所以使民善者或异。或道之以德教，或欧之以法令。导之以德教者，德教行而民康乐。欧之以法令者，法令极而民风哀。哀乐之感，祸福之应也。”①

可以看出，“礼”是“禁于将然之前”的劝善，是人自律和修养的道德品质；而“法”在于“禁于已然之后”，“法”的作用“易见”但不能提高民众的道德修为和教化，也不足以使民众自觉遵守礼治的要求从而达致和谐的社会秩序。所以，法律所规定的一般多为消极的，是在被动创制社会失序状态下的处遇方式，而“礼”却是在积极构建人们在生活状态上获得至善。所以，“法”的存在意义，在于辅助“礼”能够顺利地得以执行和理解，因此：

“名不正则言不顺，言不顺则事不成，事不成则礼乐不兴，礼乐不兴则刑罚不中，刑罚不中则民无所措手足。”②

在儒家的法律思想里，“刑罚中”的意义仅仅是为了“礼乐兴”，而“礼乐兴”则是为了“成事、言顺、名正”的国家治理状态。也就是说，法律的施行本身并不足以达成国家的良善状态，社会的运行优劣状况是依据“礼”是否“兴”来决定的，法律只是“礼乐兴”的手段，法律是“礼”这种在制度和思想层面渗透到社会各个方面的行为规则的外在表象，而法律的内容和实施态度必须以“礼”作为包装，否则“徒善，不足以为政，徒法，不能以自行”③。在这种观念下，法律的存在并不具有超越其他规则的权威，显然，如果“礼乐”可以通过其他的方式来达到“兴”，或者市民的道德教化程度本来就很高，那么法律就完全可以弃之不用。所以，在这一语境下，法律的存在价值是工具性的，甚至可以说是被

---

① 《治安策》
② 《论语·子路》
③ 《孟子·离娄上》

边缘化的：对于政权的稳定，仅仅需要法律展现的“恶”来宣示权威和暴力，但是依靠法律的威慑，国家的平稳与和谐又不可能完全实现。因为国家运行良好的判断标准是社会以及国民的道德教化程度是否符合“礼”的要求。这就是在儒家看来法律的作用——“政权稳固”的依附和工具，而非教化大众的良药。因此儒家对于法律的理解，都是作为道德教化得以施行的一种辅助制度，既然“礼”的存在是不好量化的，那么就需要一种外在的秩序来印证和维持道德的内容。荀子说：

“不教而诛，则刑繁而邪不胜；教而不诛，则奸民不惩；诛而不赏，则勤勵之民不劝；诛赏而不类，则下疑俗俭则百姓不一。”①

在这种指导思想下，儒家的法律思想就在对于天地礼仪的理解和摸索中，形成了类似于自然法的思想品质。这种类似是外观上的，即都在法律之外去寻求法律的正当性，自然法是用超越人类的自然观念来解释法律，而儒家则是用“礼”这种和谐的状态作为解读的依据。虽然儒家并不寻求“自然”和“理性”，但是他们都试图通过超越法律规范本身的解读来寻求法律本身的价值追求。只是自然法思想的本质，是为法律的效力寻求一种可被遵循和遵守的“理性”或者“自然”来源，并且以此作为法律适用的正当前提。相反，在儒家思想中，天地礼仪甚至宇宙万物所归结的“礼”，并不是给法律找寻一种适用的路径，而是在法律之外，试图用“礼”的规范来规制人的行为和思想，从而抛却对于法律的依赖。为此，法律才是“礼”之下的规范强制，目的也只是为了使“礼”更容易被理解，更加深入人心。所以，在儒家的思想当中，“礼”的规则是国家治理的核心秩序，这一秩序的内容是以工具性的法律规范维护“礼乐”为表现的道德秩序为价值引导的，并不必然具备使法律归于正当化的效力渊源。在“礼”之上，儒家的思想并没有

① 《荀子·富国》

做出理性的反思和理想价值的引导，因为“礼”的实在内容，并不是抽象的“天道”、公平或者正义等法治所关注的目标，相反的，在儒家思想的语境下，“礼”只能是“君臣父子”所需要恪守的遵守既定秩序的行为方式。所以孔子甚至反对立法活动，因为“法不可知，威不可测”。在汉代，董仲舒试图用另外一种解释方法来定义法律的精神实质，他认为德与刑的关系与阴阳四时是一一对应的，德与刑不可偏置，就像四时阴阳交替，不可能只有春夏而没有秋冬一样。

因此“阳为德，阴为刑”①，“刑者德之辅，阴者阳之助”②。这就是所谓的“德主刑辅”。法是不可废止的，为了礼教和道德得以维持，法律必须存续。但是法律的作用是第二性的，它仅仅是礼的附属，法律的意义在于引导世俗的行为去适应道与礼的规范。后世的儒家也接受这一思想，即虽然认为“刑不可废”，不仅不废，甚至还要“明刑”，但是不废刑的目的，并不在于提供普遍意义上的法律信仰，而是教导社会成员以法的禁止规范来规范自身的道德行为。朱熹提出“明刑弼教”之说，认为：

“昔者帝舜以百姓不亲，五品不逊，而使契为司徒之官教以人伦：父子有亲，君臣有义，夫妇有别，长幼有序；又虑其教之或不从也，则命皋陶作士，明刑以弼王教。”③

在德主刑辅这种“德为体，法为用”的思想指引下，法律的地位被道德和伦理所排挤是必然的现象。在法律的制定过程中，法律的律文本身就在贯彻儒家思想的基本精神和原则。除此之外，法律所不能尽绝的事项，也需要通过道德来推行。法律的强制力并不仅仅在于对规定在法律当中的道德规范予以支持，同时还得对法律

---

① 《汉书》卷五十六

② 《春秋繁露·天辨在人》

③ 《朱熹大全·戊申延和奏札一》

之外的道德内容加以推行。因此在汉代出现了“春秋决狱”的现象。

“数遣廷尉张汤亲至陋巷（访问辞官的董仲舒），问其得失，作《春秋决狱》二百三十二事，动以经对，言之详矣。”①

在这样的思想贯彻下，法律不是依法而确定的具有普遍性的行为规范，而是发自于大儒对于“事理”的理解，是从掌握“礼”的定义与适用条件居住在“陋巷阡陌”的大儒那里获得，这也正是儒家“礼法”思想的重要体现。“礼”的掌握，通常不是如法律一样凭借逻辑判断得出的结论。相反，“礼”的开放性特征使得需要大量的经验判断和事实罗列才能准确把握“礼”的意涵，而且“礼”的内容也不是固定的，而是可以介入人为的解释，这也就不难理解在法律适用的时候还需要“亲至陋巷”。

儒家思想在法律理念上的思维惯性，体现到立法上，就是在立法的内容上，重视道德的存在，以道德的规范要求来充实法律。董仲舒之后，陈宠在上疏中这样写道：

“臣闻礼经三百，威仪三千。故《甫刑》大辟二百，五刑之属三千。礼之所去，刑之所取。失礼而入刑，相为表里者也……汉兴以来，三百二年，宪令稍增，科条无限，而律有三家，其说各异。宜令三公、廷尉平定律令，应经合义者……令与礼相应。”②

法律的正当与否，应当以是否“应经合义”来判断，一旦法典的条文规定与“礼”相冲突，那么就应当以“礼”的内在精神来判断法律的规定是否正当。如果符合“礼”的行为与法律的规定产生了冲突，那么也无须受到法律的规制；相反，如果符合法律的规定但不符合“礼”的要求，很有可能要受到制裁（志善而违

① 《后汉书·应劭传》
② 《后汉书·陈宠传》

于法者免，志恶而合于法者诛）。所以，儒家法律思想的本质，实际上是将“礼”作为法的制定标准和依据，而道德规范是可以强制遵循和推广的行为准则。道德和法律的矛盾显然不能因为礼法的合一而消除。在宋明时期，程朱理学占据了主流思想的地位，并且在法律与道德的判断上具有重大的影响。法律规定丧偶妇女可以再嫁，而道德的要求却是“饿死事小，失节事大”；法律允许协议离婚（“和离”制度），而道德礼制则推崇“从一而终”。在法律与道德的冲突中，道德判断始终是居于优位的。在这样的法律环境中，丧偶妇女符合法律规定的再嫁成了“比饿死还大的事”，在贞节牌坊和舆论口舌是非的压力之下，丧偶妇女很难做出“适法”的选择。于是就有“酷吏以法杀人，后儒以理杀人”的说法。“存天理，灭人欲”的“理”，是儒学演进的后期标志，在“以理杀人”的背后，是“理”作为最高效力的规则，是“理”在地位上远远高于法律的客观反映。

“礼法合一”对于法律发展的影响是显见的，不仅在于思维上对于法律一贯的轻视，在实践中对于法律的轻易突破也是“以礼入法”的必然结果。立法过程中的道德泛化，造成了司法实践道德化的必然结果。儒家思想影响之下确立的法律原则，也自然地披上了道德的外衣。“原心定罪”正是这一现象的表现形式，人心或者人的主观思想是确定行为性质的标准，强调犯罪的动机，以道德考量确认犯罪与否以及刑罚的轻重，而不是依赖于对事实的判断。其原因就在于法律规定犯罪与刑罚，主要的目的不在于惩罚或者矫正犯罪人，而在于通过法律的规范使人向善。但是所谓的“善”应当如何表达呢?“善”并不是一个客观的事实判断，在不同的场合、族群以及历史阶段具有不同的判断结果，那么如何来寻找通行的“善”的标准就成为一个重要的问题。儒家学说认为，“善”应当首先表现为主观方面的要素，是符合“礼”的情感目的。所以在判断是否构成犯罪之时，行为人的主观恶性成为最为重要的判断要素，以行为人主观的“善恶”态度决定罪刑的轻重。也就是

“听狱也必其事而原其志，志邪者不待成，首恶者罪特重，本直者其论轻。”①

桓宽则将这一原则表述为：

“故《春秋》之治狱，论心定罪：志善而违于法者免，志恶而合于法者诛。”②

王充也说：

“刑故无小，宥过无大，圣君原心省意，故诛故贳误。故贼加增，过误减损。”③

可以看出“论心定罪”的要义在于考察行为人的“志”是否符合《春秋》的精神内核，而《春秋》就是对所谓“礼”的树立和描述。所以行为人主观向善，但是在这一主观方面的支配下实施了违法行为，那么要免除处罚；而行为人主观邪恶，却恰好在这一主观方面的支配下实施了合法行为，那么也要处以刑罚。同时，在司法审判的过程中，虽然需要尊重客观的事实，但更为重要的是追究犯罪动机和犯罪原因及罪犯的心理状态。凡心术不正，主观为恶，有犯罪动机，即使犯罪未遂，或犯的是小罪，也要加以惩罚和重罚。相反，如果所犯者动机合乎道德伦理，即使造成的结果违法，也可以免于或者减轻处罚，甚至犯重罪的也可以被宽恕。所谓的“君子原心，赦而不诛”，意味着只要掌握了行为的动机，并且以“礼”的标准来衡量动机的善恶，就能得出正确的结论，这个结论的得出，可以和法律毫无关联，法律只有在定罪量刑的时候起到裁判标准的作用。《太平御览》中记载着这样一个案例：有某甲之父乙与丙相斗，甲为助父用杖击丙，却误伤其父乙，问应当如何处罚甲。有的官吏认为，此罪属殴父性质，当“枭首”。但董仲舒

---

① 《春秋繁露·精华》

② 《盐铁论·刑德》

③ 《论衡·答佞》

引《春秋》经义，认为父子至亲，闻父与人斗，扶杖而救之，本意并非伤父。正如春秋时代的许止，因误送汤药而致使父死一样，不能论罪。① 所以客观方面造成的父亲伤害的结果不用进行法律上的考虑，而只需要明确伤人的动机就可以了。而动机的判断可以借助于一般的观念和情理，所以司法官完全不用掌握法律，只需要“通晓人情”就可以断案。

“廷尉本起于武吏，不通法律，幸有众贤，亦何忧！……三尺律令，人事出其中……为平处其轻重，十中八九。”②

一个行伍出身的武夫，不通法律，但是有众多“贤人大儒”所确定的礼乐经义，就不足忧虑了。因为仅凭对于人情伦理的判断，就能获得裁判“为平处其轻重，十中八九”的效果。这里所谓的“中”，显然不是对事实在逻辑和合法性的法律评价，相反却表现为在法律的形式（司法审判）下对事实作出了合道德的评价，因此“三尺律令”要表达的，就是“人事”，用儒家经义做道德判断，就能够得到“中”的认可。

在法律道德化的儒家思想中，这种状况的普遍存在正好是对民众道德教化所必需的手段。立法当中的“德体法用”，是儒家智性在以“礼”量法的过程中首先需要确立的原则。在这种立法思维的支配下，道德泛化对司法的浸润不仅体现出刑罚的必要性判断，还表现在司法过程同时也是一个彰扬教化、宣讲道德的过程。也就是说，法律裁判本身既是对道德的肯定，也是对道德继续扩张进行的宣传。

---

① 黎莲芬：《儒家的法律道德化思想》，载《广西社会科学》2003 年第 12 期。“许止虽弑君而不罪，赵盾以纵贼而见书”是《春秋公羊传》中的经典案例，许悼公服用了其子许止所呈汤药后死去，许止并非意图毒杀悼公，只是所进之药不相宜，所以许止没有被治罪，但仍旧被孔子认定为“弑君”。

② 《汉书·薛宣朱博传》

“儒生的听讼过程成为宣教活动，法庭则是教化的场所。”[①] 按照对于法律的普遍理解，法律的适用应当是尽可能在维持普适性和客观性的基础上，以法律逻辑和规则的本源含义作为司法裁判的依据，力争“同种状况得出同样结论”，而在儒家思想指导下的司法审判过程，则是以宣扬道德教化为目的，只要能在审判中宣扬道德内容，那么法律的规定不过是道德的陪衬。规范的弱化、淡出甚至消失，是在儒家法思想以及中国古代裁判中常见的现象。元代杂剧《包待制三勘蝴蝶梦》载：弟兄三人为父报仇打死了出身权豪的葛彪；包拯审理案件的时候，弟兄三人争着要承担打死人的责任；而母亲为了救老大老二两个并非亲生的儿子，情愿让自己的亲生儿子老三顶罪。包拯大为感动，认为“为母者大贤，为子者至孝”，于是下令将一名偷马贼杀死用其尸体顶替救了老三的命。[②]不仅如此，包拯还宣判：

“你本是龙袖娇民，堪可谓报国贤臣：大儿去随朝勾当（当官），第二的冠带荣身，石和（老三）做中牟县令，母亲封贤德夫人。国家重义夫节妇，更爱那孝子顺孙。”[③]

在这个案例中，尽管个人的行为违法，但是只要道德端正，甚至在事后补救的措施上符合道德的判断标准，（例如案中的“贤”和“孝”，这本身和杀人案毫无关系），就能免去法律责任，同时还能得到额外的好处（任用官职或者得到国家褒奖）。

在儒家思想的进化过程中，“儒家之兴起，为子学时代之开

① 黎莲芬：《儒家的法律道德化思想》，载《广西社会科学》2003 年第 12 期。

② 苏力：《法律与文学——以中国传统戏剧为材料》，生活·读书·新知三联书店 2006 年版，第 233 页。

③ （明）臧晋叔：《元曲选》（卷 2），中华书局 1958 年版，第 632 页以下。转引自苏力：《法律与文学——以中国传统戏剧为材料》，生活·读书·新知三联书店 2006 年版，第 234 页。

端；儒家之独尊，为子学时代之结局”[①]。在漫长的历史演进中，儒家的思想并不局限于初始的状态，但这些外在的变化从来没有脱离过最为基底的思想精髓——“礼”。作为正统的文化思想，在“仁与礼”作为法律精神实质被制度和理念传承的同时，儒家也逐步产生了类似于西方以公平正义等价值判断来定义“法”的思想内容，特别是宋明之后，理学开始对儒家的传统教义进行了改善。司马光说：“臣愚以为法者天下之公器，惟善持法者，亲疏如一，无所不行，则人莫敢有所恃而犯之也。”[②] 这种表达开始近似于乌尔比安所谓“法乃公平正义之术”，思想上的变化给法律添附了更为重要的价值，那就是在关注礼治之外，开始重视法律独立的价值。

在众多批判儒家思想的言论中，一直存在着将儒家“以礼入法”的法律文化归结为“等级伦理之下，个人毫无权利，公平和正义，只有绝对的服从”[③]。然而，在儒家的法律思想演进过程中，自宋代的理学开始，儒家不再“留意与修齐治平之道，疲精于礼乐刑政之术，虽间有仁义中和之谈，要不越日常道德之际”，而是转而重视法治的力量。唐末和五代的动乱和刑罚的苛滥，使得儒家一贯宣扬的伦理道德被现实无情地否定和践踏。“理”较之于“礼”，更加接近“正义”概念。朱熹说：“形而上者，无形无影是此理。形而下者，有情有状是此器。”[④] “理”是“物”的抽象和泛化，而“物”是对“理”的具象类化。每类事物都有理，如同先验的“未有天地之先，毕竟也只是理”[⑤]。理是超念和潜在的，

---

① 冯友兰：《中国哲学史》，华东师范大学出版社 2000 年版，第 296 页。

② 《资治通鉴·汉文帝十年》。梁启超也表达过同样的意思：“法者天下之公器，变者天下之公理。”参见梁启超《论不变法之害》。

③ 陈云良：《儒家伦理与法治精神》，载《中国法学》2000 年第 5 期。

④ 《朱子语类》卷九五

⑤ 《朱子语类》卷一

但是在现世中的核心内容，虽然仍旧是伦理纲常，但比起孔子所谓的“礼”更加客观。“君臣父子夫妇之义，皆取诸阴阳之道。”[①] 而“阴阳之道对于中国人来说，就是‘天理’，就是‘自然法则’，其具体的涵义就是‘三纲’……就是由此逻辑而推演出来的一切‘道理’。”[②] 在朱熹那里，“宇宙之间，一理而已……其张之为三纲，其纪之为五常”。“孝悌、忠信、仁义、礼智，皆理也。”[③] 理学既是脱胎于儒，因此在被尊为正统的文化教条之后，无异于将儒家的伦理搁置在佛家以及道家的宇宙观上，并且试图让一切社会活动都服务于这一准则，法律的内容也就在这种观念的引领下，开始萌生出公平和正义的内容，这一变化的实质无非是使儒家的伦理和礼法思想根源的解释更加玄妙和虚无，在“人伦”之上创制“天伦”并且赋予神圣的色彩。所以，在这里的公平正义和所谓的“天下公器”，仍旧是有限或者有条件的，而限制“公器”发扬法治精神的障碍，仍是儒家所谓的“礼”。

2. 任法而治，术势相合——法家的法律观

作为学术派别意义上的概念，“法家”最早是由西汉的司马谈在《论六家之要旨》中提出的。儒家及道家都有其政治思想，虽然各不相同，但是都从“人民之观点，以论政治”（冯友兰语），而法家专门从君主或国家讨论政治，因此被称作“法术之士”。法家作为学派，存在的时间并不太长，从战国初期到秦朝，秦亡之后，法家学说和思想在中国的思想发展史中就不再具有独立的地位。

冯友兰认为，法家产生的原因大致在于“春秋战国时，贵族政治崩坏之结果，一方面为平民之解放，一方面为君主之集

---

① 《春秋繁露·基义》

② 范忠信等：《情理法与中国人》，中国人民大学出版社 1992 年版，第 20 页。

③ 《朱子语类》卷四

权。……人民渐独立自由，国家社会之范围既广，组织又日趋复杂，人与人之关系，亦日趋疏远。则以前‘以人治人’之方法，行之自有困难。故当时诸国，逐渐颁布法律。”① 晋铸刑鼎以及郑子产作刑书，被视为公布成文法从而确定法律主义的重要事件。② 但孔子认为：“今弃是度也，而为刑鼎。民在鼎矣，何以尊贵？贵何业之守？贵贱无序，何以为国？”③ 而当时的社会环境已非孔子所向往的“以礼为度，贵贱有序”，现实的政治趋势在于重法治而尊君权。天下失序，“礼制”崩坏是笃定的结果，而需要修补“礼”沦陷之后的精神阵地和治国方略，强力规则所显示的效能是最明显的。对于时势的要求，法家“任法而治”的思想确实能受到新兴贵族的响应，在战国弱肉强食的政治环境中，国力的强盛才是君主和谋士们需要更多关注的问题。而“治世”环境中的“仁”和“礼”，似乎在残酷的政治和军事斗争中并不能取得明显的效果。因此，法家走上了历史的前台。

法家重视法律的作用，但也并不排斥伦理道德在治国过程中的意义，“天地设而民生之……其道亲亲而爱私”④。天地国家的存在是为了让人民得以生存的，而生存的本性应当自私和自爱，不过“亲亲而爱私”并不妨碍“君臣上下贵贱”的“礼治”安排：

“亲亲则别，爱私则险，民众而以别险为务，则民乱。当此时也，民务胜则力征。务胜则争，力征则讼，讼而无正，则莫得其性也。故贤者立中正，设无私，而民说仁。当此时也，亲亲废，上贤

① 冯友兰：《中国哲学史》（上），华东师范大学出版社 2000 年版，第 235 页。

② 《左传·昭公二十九年》。襄公三十年，晋作刑鼎，“著范宣子所为刑书焉”。

③ 《左传》卷二十六

④ 《商君书·开塞》

立矣。”①

民众的私心私利可以存在，但是需要利用君主手中的法度来使他们获得对于国家的认可，并且引导他们在公正的铁律面前发出对国家权威的顺从；而“仁”的称号，也并非来自于君主自身的身行和修为，而在于让法律“立中正”和“设无私”，建立让民众安稳和服从的秩序。在法家的理想里，礼和法的作用都是为了助长君主的贤德和公众的服从，而相对于“礼”，法更容易得到认可，因为“礼”是需要解释的不可捉摸的精神原则，而“法”是可以表达并且能被直观理解的现实规则。

“……各当时而立法，因事而制礼。礼法以时而定，制令各顺其宜……”②

法家认为，礼与法都来源于国家和时代的需要，法家认为并没有先验的“礼”存在，既然没有必须统一遵从的精神原则，那么依“顺其宜”而制定的法律，就应当负起指导国民行事的任务。也正因为如此，为了国家的强盛和民众对于权威和命令的服从，法是应当存在并且严厉的。对于存有私念的国民，只有将治国的思想存于普遍强制的法中，才能破除政治力量的博弈冲突以及多元言论所引起的空谈误国，也唯有法，才能树立君主的绝对权威。

“法令者，民之命也……犹欲饥而去食也，欲无寒而支衣也，欲东而西行也，其不几亦明矣。”③

“故有明主忠臣产于今世而散领其国者，不可以须臾忘于法。破胜党任，节去言谈，任法而治矣……故臣曰：法任而国治矣。”④

---

①《商子》卷二，载《四部丛刊》，第9页。转引自冯友兰：《中国哲学史》（上），华东师范大学出版社2000年版，第236页。

②《商君书·更法》

③《商君书·定分》

④《商君书·慎法》

法家思想中带有罪刑法定的雏形思维，把法令视为民众的诉求，因此法律应当顺应“民之命”，才能符合社会发展的客观要求，同时法家思想蕴含着“依法治国”的意味，现在有明主忠臣出现能够统治他们的国家，不能片刻忘掉法度。打破战胜党羽的奸巧，制裁并取消虚妄之言，只能依照法度。因此对于法律，应当颁布天下，作为度量和仪表，给国民提供指引和判断。

“明主者，一度量，立表仪，而坚守之。故令下而民从。法者，天下之程式也，万事之仪表也；吏者，民之所悬命也。故明主之治也，当于法者赏之，违于法者诛之。故以法诛罪，则民就死而不怨；以法量功，则民受赏而无德也。此以法举错之功也。故《明法》曰：‘以法治国，则举错而已。’

明主者，有法度之治；故群臣皆出于方正之治，而不敢为奸。百姓知主之从事于法也，故吏之所使者，有法则民从之，无法则止……”①

在为自身的思想根基找准现实的治国需求之后，法家开始在对法律的态度上作出了详细完备的理论设证。法家认为，在治理国家的过程中，法律的作用应当是首要的。韩非子说：

“法者，宪令著于官府，刑罚必于民心，赏存乎慎法，而罚加乎奸令者也。此臣之所师也。君无术则弊于上，臣无法则乱于下。此不可一无，皆帝王之具也。”②

而且，在执行法律的过程中，法律一旦被制立，则一国的君臣上下，皆须遵守，而不能以私意变更。管子认为：

“《周书》曰：国法，法不一，则有国者不详……故曰，法者，不可不恒也。存亡治乱之从所处，圣君所以为天下大仪也。……万

---

① 《管子·明法解》

② 《韩非子·定法》

物百事，非在法之中者，不能动也。故法者，天下之至道也，圣君之实用也。……有生法，有守法，有法于法。夫生法者，君也。守法者，臣也。法于法者，民也。君臣上下贵贱皆从法，此所谓大治。”①

法家的重要代表商鞅，要求法律的适用不分等级，法律面前应当人人平等。用“一刑”的说法，阐释了“刑无等级”的思想：

“所谓一刑者，刑无等级，自卿相、将军以至大夫、庶人，有不从王令、犯国禁、乱上制者，罪死不赦。”②

在法律面前，无论是谁，只要触犯了法律的规定，就要受到同样的制裁，这恰好是对儒家“礼”所要求的“刑不上大夫，礼不下庶人”的直接否定。同时，法家不仅重视法律的作用，要求“以法治国”，还要求法治的内容应当公布法律，让民众了解法律的内容，即“明法而固守之”。韩非子说：

“法者，编著之图籍，设之于官府，而布之于百姓者也。”③

此外，法既已厘定，则需要“严刑而峻法”。法家主张治国必须赏刑并用，并且赏罚应当有所区别，严刑重法才能保证法的实施。这种思想贯彻于秦一世，是秦朝“轻罪重刑”立法特征的思想渊源。商鞅说：

“重刑连其罪，则民不敢试，故无刑也。……故禁奸止过，莫若重刑。”④

“夫利天下之民者，莫大于治，而治莫康于立君。立君之道，

---

① 《管子·任法》
② 《商君书·赏刑》
③ 《韩非子·难三》
④ 《商君书·赏刑》

莫广于胜法。胜法之务，莫急于去奸。去奸之本，莫深于严刑。”①

韩非子认为，法律最重要的目标和作用，应该是对国民的威慑，刑罚越重，国民越畏惧，那么法律的执行也就没有障碍，赏罚有序的良好秩序就可以形成。

“明主之所导制其臣者，二柄而已矣。二柄者，刑德也。何谓刑德？杀戮之谓刑，庆赏之谓德。为人臣者，畏诛罚而利庆赏。故人主自用其刑德，则群臣畏其威而归其利矣。”②

在法家看来，重刑是稳定和维护社会秩序的唯一保障，法律的意义就在于明确对罪行的处罚，并且在处罚的过程中，应当“重其罪”，重刑是禁止违法的根本方法，只有加重处罚的程度，民众才不敢以身试法，而刑罚如果太轻，就不能起到防止违法犯罪发生的功用。所以，法的作用在于：

“刑罚，重其轻者，轻其重者，轻者不至，重者不来，此谓以刑去刑，刑去事成……”③

“刑重者，民不敢犯，故无刑也。”“以杀去杀，虽杀可也，以刑去刑，虽重刑可也。”④

“以刑去刑”的思想，在法家的法律观念中根深蒂固，这种类似于功利主义的朴素法律观，显示出法家对于法律权威的信仰和依赖。除此以外，法家还对儒家的法律观进行了驳斥。在法家看来，法的内容应当并且必须服务于君主的强势地位，所谓“刑生力，力生强，强生威，威生德，德生刑”，国家实力的源泉来自于刑罚，道德教化并不能让国家产生实际的力量。所以儒家“以德治

---

① 《商君书·开塞》
② 《韩非子·二柄》
③ 《商君书·靳令》
④ 《商君书·画策》

国，德体法用”的思想在法家看来无益于国家实力的增长，反而会使得国家贫弱。

“用善则民亲其亲，任奸则民亲其制。合而复者，善也；别而规者，奸也。章善则过匿，任奸而罪诛。”①

“国为善，奸必多。”②

这里的“善”，就是指重视所谓的“礼”和道德支配下对于他人罪过的包庇，而“奸”，则是遵守法律的规定，揭发他人犯罪，从而谋取奖赏的人。如果国家宣扬仁义道德，并且褒奖行“善”的人，就会使人们把罪行都藏匿起来；而如果国家提倡法治，任用“奸”民，就会使犯罪无处可藏。德治非但不利于惩治违法犯罪的人，而且在法家看来，儒家倡导的道德教义是产生犯罪的根源。

“辩慧，乱之赞也；礼乐，淫佚之征也；慈仁，过之母也；任举，奸之鼠也。”③

辨识和智慧是助长混乱的，礼乐是淫逸的象征，慈爱和仁义是罪恶的来源，而对于“贤者”的举荐是作奸犯科者逃避惩罚的渠道。所以，法家坚决反对以德治国，把国家政治兴盛和统治稳定求助于重刑的威慑，用奖赏告奸和连坐的制度，鼓励人们互相告发和监督，从而达到严密法网的作用。

“以刑治则民威，民威而无奸，无奸而民安其所乐。以义教则民纵，民纵则乱，乱则民伤其所恶。”④

用刑罚作为统治的手段，民众就崇尚国家的权威并且害怕刑罚的威力，就不会违法作乱，而没有违法，民众就会安于稳定的生

---

① 《商君书·说民》
② 《商君书·去强》
③ 《商君书·说民》
④ 《商君书·开塞》

活。而用道德教义来指导民众，因为缺乏强有力的威慑，人们就会放纵，从而做出违法作乱的事情，而最终民众会被罪恶所害。要达到最终的统治目标，德虽然不可或缺，但必须以刑致德，用法律的强制力保障德的实现，而妄谈仁义和教化是没有任何意义的。所以，在法家的思想中，大多数的内容都是为统治的目标而阐发的，如果能够大致国家治兴，就不应该过多地在乎“礼数”。

“苟可以强国，不法其故，苟可以利民，不循其礼。”①

自汉代以来，法家思想在中国的政治活动中备受冷落——儒家一直霸占着正统的地位，而法家始终与“严刑峻法”联系在一起而饱受恶名；作为一个学派，思想的传承自秦亡之后就已中断，既无继承，也无著述。因此，对于法家法律观的理解多有偏颇之处。法家“任法而治”的朴素“法治”观念和平等思想，受到了儒家极力地贬斥和否定。司马迁指责“法家不别亲疏，不殊贵贱，一断于法，则亲亲尊尊之恩绝矣。”② 班固抨击法家的思想：

“无教化，去仁爱，专任刑法而欲以致治，至于残害至亲，伤恩薄厚。”③

其实，法家并非不讲“德治”，只是对于“德治”的理解建立在用外在规范去促进的立场。对于中国漫长的封建制度来说，“王权社会的全部活动，都是建筑在法家精神之上；而与历代王朝所大力提倡的儒家，却是多有背离的”④。表面上作为正统的儒家思想，只是法家借以巩固君主统治的工具，因为法家的内核并不试图在空想和理论上利用法制来建立和维护国家统治，而“法术势”三者的结合并且贯彻在政治活动当中，才能真正实际地体现其内在的价值。

---

① 《商君书·更法》

② 《史记·太史公自序》

③ 《汉书·艺文志》

④ 谢辉：《重拾被遗忘的法家精神》，载《读书》2009 年第 12 期。

与儒家“德体法用”的主张其实并不相悖，法家只是在“法用”的手段和方式上，更加关注法律独立的力量。因此，有学者认为，中国古代王权政治实际上是“阳儒阴法”的，在法家的思想中，以法治国、以刑去刑等思想，虽然在某种程度上无视道德教化的作用，但是其终极的目的是“建立一个开明君主专政的国家”，这与儒家所谓的“天下大同”对于中国的历史面貌似乎要现实很多。

综观儒家和法家的法律观，在“礼”是否入法以及“礼”法关系上的重要分歧，导致了学派间尖锐的对立。长久以来，人们在研习中国古代法律思想的时候，总是不自觉地把儒家和法家对立起来，认为对于两家言说，总是没有可融合之处。其实，对于同样根植于乡土的中国文化，思想上的流通可能在“百家争鸣”的局面下会有鲜明的立场以示区别，然而在维持制度的理念上则实实在在地交融在一起。

费孝通说：“从基层上看，中国社会是乡土性的……乡土社会是安土重迁的，生于斯、长于斯、死于斯的社会。不但是人口流动很小，而且人们所取给资源的土地也很少变动。在这种不分秦汉，代代如是的环境里，个人不但可以信任自己的经验，而且同样可以信任若祖若父的经验。一个在乡土社会里种田的老农所遇到的只是四季的转换，而不是时代的变更。一年一度，周而复始。前人所用来解决生活问题的方案，尽可抄袭来作自己生活的指南。愈是经过前代生活证明有效地，也愈值得保守。于是‘言必尧舜’，好古是生活的保障了。”① 在文化同质的中国社会里，儒法两家的分歧倒显得是其次，互补则成了主流。

“天地之大德曰生，圣人之大宝曰位。何以守位曰仁，何以聚人曰财，理财正辞，禁民为非曰义。”②

---

① 费孝通：《乡土中国》，生活·读书·新知三联书店 1985 年版，第 51 页以下。

② 《易传·系辞传下》

言下之意，在于言说“圣人”掌握“位”的重要性，而圣人执掌权术的前提，也包括了禁民之非的“义理”即“法”的重要作用，当然，这同儒家“德体法用”的观念如出一辙，但也显露出儒家并不随意轻视法律的立场。同时，儒家也并不排斥重刑轻罪的观念，例如对于“弃灰于公道”的惩罚是否严苛而进行的辩论：

“殷之法，刑弃灰于街者。子贡以为重，问之仲尼。仲尼曰：‘知治之道也。夫弃灰于街必掩人，掩人，人必怒，怒则斗，斗必三族相残也。此残三族之道也，虽刑之可也。且夫重罚者，人之所恶也；而无弃灰，人之所易也。使人行之所易，而无离所恶，此治之道也。’”①

虽然孔子的说法略显牵强，但是这种道德论证给“法”治理披上了“礼”的外衣，在这一点上其实和法家有殊途同归之处。法家并不介意法的最终目的是“凡治天下，必因人情”②，只是在实现“治天下”的路径上优先选择法罢了。在法家的思想深处，君主统治的强行手段和驾驭之术在于“法”，这样的思维与马基雅维利所言“一个君主被人惧怕比起被人爱，更为安全些”几乎完全一致。所以对于道德教化的作用，法家“因人情，治天下”的解释与“有必要让人民相信君主是集美德于一身的人”也很相似。法家把法治思想最终落脚于君主的德行教化对于国家所提供的现实意义上来，而对德行教化的排斥，并不是从根本上的批判，而是从实用的角度认为它们没有“法”所能及的作用。法家的代表人物韩非子，还曾经师从于大儒荀子。在中国的法律思想里，儒法两家的结合和并存现象，并不因为政治上的单一认同而泯灭。显然“以德代法”存在着先天的不足，其流弊便是“以忠信为甲胄，以礼义为干橹”，在弱肉强食的国力对比中，德不能带来任何实力上

① 《韩非子·内储说上七术》

② 《韩非子·八经》

的显著变化，仅仅倡导德治而不求竞争的国家，国势自然积弱不振。而“阳儒阴法”的历史状态，才是法律在中国之本色。瞿同祖认为：“儒家高唱礼治，法家高唱法治，针锋相对各不相让，为学理竞争时期。等到法家得势，法律经他们制定之后，儒家便转而企图将法律儒家化。所谓法律儒家化表面上为明刑弼教，骨子里则以礼入法，怎样将礼的精神和内容窜入法家所拟定的法律里的问题。”① 当然，法律的兴亡，必定存乎于政治的认可，法家被弃用之后，儒家思想贯彻于中国历史始终直至近代，法律的内涵也被儒家学说所填充。

梁治平曾经这样评价儒法二家的关系：“从历史上看，这种努力（春秋决狱）对于中国古代法的发展意义重大……因为它以一种特殊的方式开启了中国古代法律史上一个伦理重建的重要时期，儒家以其价值重塑法律，系统地完成了儒家伦理的制度化和法律化，结果是在继承先秦乃至青铜时代法律遗产的基础上，将礼崩乐坏之后破碎的法律经验补缀成一幅完整的图景，最终成就了中国古代法的完备体系。”②

（三）小结——东西方交融视域下的法律

历史法学家萨维尼曾说：“这个五颜六色的法律形态世界，跟语言、艺术和习俗一样，并不是借助于深思熟虑的自然反思或者对效用的理由之充分思考而形成的；相反，它源出于人民的共同信念，类似于对内在需要的感受。这种认识排除了一切关于其偶然的、随意的起源的想法。”③ 国家并不创造法律，而且国家也“不应当将其条文化”，立法者只是“发现”并适用它，而发现的过程

---

① 瞿同祖：《中国法律与中国社会》，中华书局1981年版，第329页。

② 梁治平：《寻求自然秩序中的和谐——中国传统法律文化研究》，中国政法大学出版社2002年版，第252页。

③ ［德］海因里希·罗门：《自然法的观念史和哲学》，姚中秋译，上海三联书店2007年版，第105页。

是根据民族固有的人文特征来展开的。民族精神是法律的来源，也是法律适用于某一个民族的正当性保障，每个民族都有不同于其他民族的法律，就跟语言一样。历史法学的观念可能有助于我们在纷繁芜杂的法律史演进中，去探究东西方法律的巨大差别。

在西方的法律语境中，在哲学之下的法律解释始终是法律的“元叙事”，在解决法律是什么的问题上，西方的思想总是依附于哲学的理念，从而试图从概念上给法律一个彻底的定义。然而，这种努力并没有收到定纷止争的结果，对于法律这种规则的描述，站到不同的哲学思想支配下，当然会得出相异的结论。自然法的哲学基础是经验主义，在追溯法律根基的过程中，自然法并不希望将太多的世俗内容添加进来加以考虑，“上帝的理性，以及人的理性，共同决定了法律的内容”①。世俗的政权以及国家，似乎都是在法律经验适用的过程中被自然法所决定的产物。而实证法正好相反，实证法的哲学源流是科学主义的，定性和定量并且在实践中予以考证是实证法所秉持的基本理念。对于法律，实证法关注于政治实体、社会秩序的状态等现实层面的因素，所以“在实证法之外不存在法律，构成所谓自然法概念基础的东西，恰恰是概念和规范，也是法律的理念。但是这些理念既不具有必要的确定性，也没有法律的拘束力。它们是有待政治共同体完善的目标，而不是已经有效的规范。因而，却是存在着理性对于法律的要求，但并不存在理性的律令”，所以“法律的约束性权威无非就是世界的秩序，其存身之地就是现有的法律，即使它与上帝规定的秩序发生可能存在冲突，臣民也不可依赖自然法来对抗实证法，这将是发动革命的犯罪活动”。②

---

① ［美］罗斯科·庞德：《法律与道德》，陈林林译，中国政法大学出版社2003年版，第3页。

② ［德］海因里希·罗门：《自然法的观念史和哲学》，姚中秋译，上海三联书店2007年版，第106～107页。

在中国的法律理解中，从来就没有人试图把法与政治或者权威分开来，在独立的价值角度探讨法律存在的必要性与合理性。无论是儒家坚持的“德体法用”，还是法家所谓的“以法治国”，都不是在哲学的层面来解决法律的归属问题，而是在实用的或者具体的视角上来决定法律的地位。在中国的传统理解里，法并不意味着至高无上的权威，而是在“德礼”或者对于国家统治的“术”之下，成为一种实用的规则，为了某种诉求（经义或者术势）法律可以随时做出改变。于是，我们当然不会有自然法或者实证法理论上的分歧，即使在某种表象上，中国的法律理念与西方的法律思维有外在的契合，例如“礼”和“自然秩序”的内在联系，又譬如“法术势”与“君主论”的同质表现，但是这些表面的相仿并不意味着中国传统法制思想中对于法律的理解存在“现代”意义上的发轫或者延续。冯友兰认为“中国哲学在论证和说明方面，比西洋哲学家大有逊色”，原因在于，“中国哲学不为知识而求知识，所谓‘吾欲托之空言，不如见之行事之深切著明也’。中国人重‘是什么’，而不重‘有什么’，故中国只有科学萌芽，而无正式的科学，其理由在此”。[①] 具体到对法律的理解，中国的传统思想中从没有把法律当作学科，也丝毫不用科学的分类来探讨法。在这种思维的影响下，法的本质是什么并不重要，重要的是“法可以用来干什么”，对法的评价收缩为具备工具性价值与否。在面对法律的时候，我们的解释都不是从法律本身来入手的，而是借助于其他的内容。法的价值唯有在“阴儒阳法”的统治秩序中能够表达，而并不存在对法律本源先验的客观评判。因此，在传统中国的语境里，法律的涵义并不具备现代性的意义，至少，不具备“法治”视域下的法律内涵。

但是，将西方和东方的法律思维作出比较，并不在于鉴别他们

---

① 冯友兰：《中国哲学史》（上册），华东师范大学出版社 2000 年版，绪论第 7 页。

对于法律的理解哪一种更加先进，而另一种就显得落后。“如果我们能够查清社会成员的来历，考察他们历史的最初遗存，我毫不怀疑我们会从中发现他们的偏见、习惯、主要情感和最终构成所谓民族性的一切的主要原因。由此也可以解释，一些民族何以被一种似乎不可知的力量推向他们本身也未曾料到的结局。”[①] 也就是说，制度本身并不存在优劣，在某种特定的环境下产生的制度总会带有其特殊的外在表现，民族进化的历程影响到制度和规则上的种种差异，根植于某种特定地域文化中的人们，只需满足于符合自身文化圈价值的规则并且保持规则符合主流文化的判断就可以了。法律毕竟需要仰仗社会环境才能形成符合历史片段的形态，而民族的或者地方的（local）也总是能解释法律现象的差异和文化上的分歧，因而在比较法律制度和法律思想的优劣上，我们没有可把握的客观标准。所以，“世界上没有什么有意义的道德公理，有些所谓的公理是赘述性的。例如，‘谋杀不公’是所谓的公理，但是什么才构成谋杀，在各个社会都会有很大的不同。世界上确有少量‘起码’的原则，例如不能总是说谎，但是这样的起码原则都成为普适的规则，那就太抽象以至于无法用作衡量标准”[②]。

因此，这种比较的意义在于：对于民族性或者地方性的法律作出解释，这种解释的目的并不关涉优劣的对比，而只注意民族性制约下的法律发展途径。“法律不是作为一个规则体，而是作为一个过程和一种事业，在这种过程和事业中，规则只有在制度、程序、价值和思想方式的具体关系中才有意义。从这种广阔的前景出发，法律渊源不仅包括立法者的意志，而且也包括公众的理性和良心，

---

① ［法］托克维尔：《论美国的民主》（上卷），董果良译，商务印书馆1991年版，第31页。

② ［美］理查德·A. 波斯纳：《道德和法律理论的疑问》，苏力译，中国政法大学出版社2001年版，第7页。

以及他们的习俗和惯例。"[①] 所以，对于法律的考察必须赋予文化的因素，在我国现行的法律样本中，当前的法律文化并没有完全取代传统的法律精神积累，二者的并存使得社会中个人的思想前提处于革新与守旧的情感纠葛中，如果前者更趋向于占统治地位的意识形态在法律领域通过制度的建设确立崭新的文化形态，那么后者就是渐进并且自发和隐性地决定了社会主体的价值观念和行为方式。文化的延续是文化的惰性决定的，传统的文化在制度革新的发展裹挟下，表现出来的既是对制度确立的巨大推动，也可能是阻碍和消解制度进步的力量。在中国的法学界对于中华法系的研究中，仍旧有观点将社会主义法治建设当做是中华法系的延续，原因就在于，在他们看来，"民族和历史的纽带"不曾断裂。而且，不管是从理论上分析民族性的法律传统对于当代社会的影响，还是从现在的法律适用中观察法律的特色，都能得出同样的结论。特定国家的法总是在特定国家的文化中形成的，并且也只能在那个特定的环境下才能起到良好的作用，"在一个社会，一个民族团体，有某种文化，就能形成某种法律。最好的立法并不是凭借自己的意识创造某种法律，而只有凭着自己的智慧选择出某种法律是民族需要的，是社会所期望的"[②]。

三、关于道德

在分析了中西方对于法律的释义和差别之后，可以看出，在不同的视域里，法律的解读总是与文化差异相关的。即便"法者，天下之公器也"或者"法律是城邦的正义"有无尽的相似之处，也无法脱离文化对法律实质的影响。哈特认为："关于人类社会的

---

① ［美］哈罗德·J. 伯尔曼：《法律与革命》，贺卫方等译，中国大百科全书出版社 1993 年版，第 13 页。

② 陈顾远：《中国文化与中国法系》，台湾三民书局 1977 年版，第 4 页。

问题，极少像‘什么是法律?’这个问题一样，持续不断地被追问着，同时也由严肃的思想家以多元的、奇怪的甚至是似是而非的方式提出解答。”[①] 在他看来，“什么是法律”应当是一个无须求证的问题，而之所以出现对于法律的解释不能被普遍确认的问题，关键是在我们的思想根源还存有一种“不可捉摸的东西”——“这种东西无法以明白的、可靠的和事实性的用语来加以分析”[②]。这种不可捉摸、难以描述的东西，就是道德因素。道德的相对不确定性以及处于变迁之中的特质，使得我们无法对法律得出精确的结论。对于道德的不同解读，以及其在法律中所起的作用，最终将决定法律的意义。

（一）道德释义

中国当代伦理学将“道德”界定为“人类社会生活中所特有的，由经济关系所决定的，依靠人们的内心信念和特殊社会手段维系的，并以善恶进行评价的原则、规范、心理意识和行为活动的总和”[③]，或者“人们在生活中形成的关于善与恶、公正与偏私、诚实与虚伪等观念、情感和行为习惯，并依靠社会舆论和良心指导的人格完善与调节人与人、人与自然关系的规范体系。”[④] 而在西方的观念中，道德常常被理解为出自“善良意志”的“绝对命令”[⑤]

---

① ［英］H. L. A. 哈特：《法律的概念》（第2版），许家馨、李冠宜译，法律出版社2006年版，第1页。

② ［英］H. L. A. 哈特：《法律的概念》（第2版），许家馨、李冠宜译，法律出版社2006年版，第12页。

③ 罗国杰：《马克思主义伦理学》，人民出版社1985年版，第4页。

④ 魏英敏主编：《新伦理学教程》，北京大学出版社1993年版，第114页。

⑤ ［德］康德：《道德形而上学原理》，苗力田译，上海人民出版社2002年版，第19页。

或者“自为的存在的自由”[1]，或者是“人类间缓慢地发达而且至今还在发达的情感与观念之复杂组织”，其分为本能（社会性之习惯）、正义概念的表象和理性所支持的情感。[2]

教科书似的定义并不能囊括对于道德内容的根本叙述，在西方的语境里，道德（morality）在词源上是从风俗（mores）演变而来的，而 mores 则是拉丁文 mos 的复数形式，意为品性或者风俗习惯。在英语中，morality 来源于词根 moral，在词典里被解释为“人们公认的评判行为好坏与否、公平与否、诚实与否的标准，这种标准又不是法律”（*relating to the standards of good or bad behavior, fairness, honesty, etc. which each person believes in, rather than to laws*）；而 morality，意思是“品质与行为得好坏标准”（*standards for good or bad character and behaviour*），显然，从道德的语词定义上就能看出，它起着与法律近似的作用，但又不是法律所包含的内容。在亚里士多德看来，广义的“道德”就是指事物“好”或“善”（good）的形式，而万物运动的过程就是把这种“善”作为目的并且向着它发展，最终把这一目的由潜能变为现实。[3] 所以，合乎“德性”是所有自然事物的本来面目，而人需要实现的道德也是由人的内在的符合“善”的属性所决定的。

在西方的观念史当中，“道德”一词是脱胎于“伦理”的，它们共同指向“风俗”和“习惯”。而在法学的范畴内，“道德”被认为是“应然法”（*law as it ought to be*），是法律“应当达到的程度”。在古罗马时期，“道德”一词开始取代“伦理”，作为一个宗

---

① ［德］黑格尔：《法哲学原理》，范扬、张企泰译，商务印书馆 1961 年版，第 111 页。

② ［俄］克鲁泡特金：《正义与道德》，转引自魏英敏主编：《新伦理学教程》，北京大学出版社 1993 年版，第 112 页。

③ ［古希腊］亚里士多德：《尼各马可伦理学》，廖申白译注，商务印书馆 2003 年版，第 32 页。

教信条被确定下来，在中世纪，“道德”的含义是劝导世人以善制恶、拯救灵魂和待人宽容。这种宗教的教义基本上是由“信、望、爱”三者组成的：“信”即信仰上帝，相信上帝的神圣；“望”是要求人们对自己生命的救赎保持希望；“爱”则是要“博爱”，爱周围的人乃至全人类。[①] 当然，这种神意道德观随着启蒙思想的出现和资本主义革命不再成为支配人们社会活动的思想。[②] 在现代社会，人们认为道德是一种在社会生活实践中形成和发展，主要依靠社会舆论、风俗习惯和良心的指导和约束，可以用善恶标准进行评价的个体和社会意识，人格品质规范和调整人与人、人与自然关系的行为规范。它是与这类意识和规范相联系的行为活动，以及通过这些活动所结成的社会关系的体系。

而在中国，“道”和“德”却有着根本不同的含义，道德一词也有着更为广泛的意义。道的本义是“道路”，《说文解字》载：“道，所行道也。”除此以外，“道”也常常蕴含着其他的极其丰富的含义。

“道者，万物之所然也，万理之所稽也。理者，成物之文也；道者，万物之所以成也。故曰：道，理之者也。”[③]

在这里，“道”即是万物所以生之总原理，“道”的作用，并非是有意志的人类文明的产物，而是自然如此。“道”的存在，是为人提供一种客观正确的人生轨迹。

“人法地，地法天，天法道，道法自然。”

---

① 曾志伟：《“伦理”与“道德”辨析》，载《长江论坛》2009 年第 4 期。

② 当然，作为个人修养和品行的监督，宗教在道德教化上的作用仍然深远。我们说它消失，仅仅是在规范的层面上作出的结论。

③ 《韩非子 · 解老》

“道常无为而无不为。”[①]

“道之大原出于天，天不变，道亦不变。”[②]

“道”是原理，而原理就是可把握的规律性，因此“道”自然就引申出法则和规矩的含义。例如子产说：“天道远，人道迩，非所及也。”其中的“人道”就是指人与人之间的行为规则，只是这样的解释是在“道”本源意思的基础上作出的限缩。

而“德”字在《卜辞》中为“徝”或“悳”，与“得”字相通。在段玉裁的《说文解字注》中，“德”的本义为“得”，意即对“道”的认识、践履而后有所得。故“德即得也……德，外得于人，内得于己也。内得于己谓身凡所自得也，外得于人谓惠泽使人得之也。”[③] 从“德”字的外形来看，从直从心，意为“心得即正”。于是，德被赋予了内在品质的含义。

“孔德之容，惟道是从。”[④]

“道生之，德畜之，物形之，势成之。是以万物莫不尊道而贵德。道之尊，德之贵，夫莫之命而常自然。”[⑤]

“道”是天地万物所以生之总原理，而“德”就是一物所以生之原理。“德”必须遵循“道”，是在完全理解“道”之后与“道”相契合而生的品性。“德者，得也，得起道于心而不失之谓也。”[⑥] 这就意味着，有“德”之人在处理人与人之间的关系时，一方面，能够“以善念存诸心中，使身心互得其益”；另一方面，又能“以

---

① 《老子·道经》

② 《汉书·董仲舒传》

③ 《说文解字注》

④ 《老子·道经》

⑤ 《老子·德经》

⑥ （宋）朱熹集注：《四书集注》，陈戍国标点，岳麓书社 2004 年版，第 107 页。

善德施之他人，使众人各得其益”。[1] 最早把“道德”作为一个词使用的是荀子和管子，荀子说：“故学至乎礼而止矣，夫是之谓道德之极”[2]，管子说：“德者道之舍，物得以生生，知得以职道之精。故德者，得也，其谓所得以然也。以无为之谓道，舍之之谓德。故道之与德之间，故言之者无别也。”[3] 因此，“道”和“德”是并存且内涵差异不大的范畴，“德”是任何事物遵循“道”的指向和安排，并且顺从于这种安排之下所获得的符合规律的属性。

不难看出，在中国的文化和语境里，道德的重心在于“德”。“道”是解释自然规律的，而自然的规律在人与人之间的关系则是“德”，在规律性的自然规则向人类社会蔓延的过程中，“德”才是普遍的可被遵循的行为规范，所谓“同心同德”。“道”是不带有价值判断的，凡符合自然规律的都可称为“道”，日出日落、候鸟迁徙都是“道”的具体体现；然而“德”却是具有价值判断的人伦秩序：“大学之道在明明德，在亲民，在止于至善”。“德”的最终目标在于形成社会共同遵守的“至善”，而这才是“道德”的归宿。所以，“道德”的意义就在于按照事物发展的规律和人们的共同价值指向来处世，不做出有违社会共同价值观念的行为，并且把坚守这种观念和做法内化为自己的行为自觉，就属于“得道”，也就是具备了“道德”。

（二）道德与伦理

在很多场合，伦理与道德是不加区分的，因为单论词义，“伦理”与“道德”的含义极其相近。伦理的词源“ethics”，其本义为“本质”、“人格”，也和“风俗”和“习惯”的意思相联系。海德格尔认为，“伦理”最初的意思就是“寓所”，而“寓所”就

① 罗国杰：《伦理学》，人民出版社 1989 年版，第 3 页。
② 《荀子·劝学》
③ 《管子·心术上》

是人类生活居住并且产生世俗的地方。[①] 在古希腊，伦理主要就是“德性伦理”或“美德伦理”，伦理学就是管理人自身的政治。亚里士多德认为：“灵魂的德性分为两类，其中一类是理智德性，另一类就是伦理上的德性。智慧和理解以及明智都是理智德性。而慷慨与节制则是伦理德性。”[②] 而伦理德性就是从风俗习惯沿袭而来，“因此把‘习惯’（ethos）一词的拼写略加改动，就有了‘伦理’（ethikee）。”[③] 随着罗马人征服希腊，用拉丁语中的“道德（moral）”作为“伦理（ethics）”的对译，也表示“传统的风俗和习惯”的意思，作为人类对社会文化、生活方式等的共同认同与遵守，所以“伦理”与“道德”的含义具有相近的背景。

而中文的“伦理”一词，最早出现在《礼记·乐记》中的“乐者，通伦理者也”。郑玄对之解释为：“伦，犹类也；理，犹分也。”因此，伦理是指人类的人伦关系特性以及与他类动物的区别。而《说文解字》则认为：“伦，从人，辈也，明道也；理，故从玉，治玉也。”[④] 所以“伦理”被引申为人与人之间的不同的人伦关系与社会秩序。“‘伦’就是指人际关系。‘伦理’，就是人际关系的应有之意，就是所谓‘义’、‘宜’、‘谊’。”[⑤]

词义上的归纳似乎找不出更多关于道德与伦理关系的线索，于是这两个词在使用中大多是混用并且可互换的。“伦理和道德具有大体相同的意义。两者均突出了行为准则在人们行为中的重要性，

---

① 梁燕成等：《后现代走向下的伦理志向与文化更新》，载《开放时代》2000 年第 9 期。

② ［古希腊］亚里士多德：《尼可马可伦理学》，苗力田译，中国社会科学出版社 1999 年版，第 26 页。

③ ［古希腊］亚里士多德：《尼可马可伦理学》，苗力田译，中国社会科学出版社 1999 年版，第 27 页。

④ 《说文解字》

⑤ 范忠信：《中华法系的亲伦精神——以西方法系的市民精神为参照系来认识》，载《南京大学法律评论》1999 年春季号，第 105～106 页。

唯有的不同在于，伦理并未突出人们个体的心理、品质。正因为如此，有人把伦理称为客观的法，指谓社会道德，把道德称之为主观的法，指谓个人道德。”① 然而，也有人归纳：“从词源意义上看，道德与伦理是基本相通的，在一定意义上可以互相替代。所不同的是，在伦理思想的发展史上，道德侧重于指人们之间实际的道德行为和道德关系，伦理则较多地指关于这种行为和关系的道理。”② 在精于思辨的哲学家看来，伦理和道德的差别在于“道德指个体的品性，是个人的主观修养与操守，是主观法；而伦理是客观的关系，是客观法。伦理一旦化为个人的自觉行为，变为一个人的内在操守，就成为道德。”③ 因此，伦理注重于强调各种社会关系的总和，在某一个社会片段，就有一套相应的伦理规范，伦理的称谓，应当是概括的、抽象的。而道德强调的是社会个体，突出的是在社会运行中个体的精神规范，是在整个伦理体系下所体现的个人品性。“伦理表明的是社会规范的性质，而道德表明的却是生活本意的性质。”④ 从这个意义上理解，伦理与道德是一种抽象与具象的关系，伦理是概括的道德统称，而道德则是伦理规范内的具体体现。

有论者认为，伦理具有双向性的特征，要求出于特定伦理关系的双方都要恪守同样的“理”，互为条件才能使伦理关系处于和谐融洽的状态。⑤ 譬如，坚持“诚信”是每一个社会成员都应当遵守

---

① 魏英敏主编：《新伦理学教程》，北京大学出版社 1993 年版，第 111 页。

② 郭建新、杨文兵：《新伦理学教程》，经济管理出版社 1999 年版，第 4 页。

③ ［德］黑格尔：《法哲学原理》，范扬、张企泰译，商务印书馆 1979 年版，第 42～43 页。

④ 赵汀阳：《论可能生活》，生活·读书·新知三联书店 1994 年版，第 17 页。

⑤ 曾志伟：《“伦理”与“道德”辨析》，载《长江论坛》2009 年第 4 期。

的，并且这一信条得到普遍遵循的前提是所有的社会成员对它产生认同，这就是伦理的要求。而道德是单向性的，道德的要求仅仅只能约束个人自身，而不以其他社会成员的道德沦丧而降低道德的要求，例如有人不“诚信”，破坏了道德原则，这并不影响其他人继续遵守道德。这种说法值得商榷，伦理的双向性和道德原则的单向性都不是绝对的。如果按上述理解，作为社会的整体规范，伦理是从社会的层面来把握确保社会顺利运行的行为规则，而道德是从个体的意义来判断行为和思想是否符合伦理的安排，那么伦理也可能是单向的，譬如在封建社会“守寡”的人伦操守，并不需要通过他人的互为恪守来实现；而道德也可能是双向的，例如“父子之间要保持相爱和融洽的关系”。

在与法律作为对比的概念体系里，一般的惯例是使用“道德”一词，这种学术上的偏好，可以看成在概念上为了工整的对应而作出的选择。庞德说：“在整个 19 世纪，哲理法学家们在讨论法律与道德、法学与伦理学的关系上倾注了很多精力……”[①] 我们似乎可以看出，“法律”应当与“道德”相对应，而“法学”应当与“伦理学”相对应，这可能仅仅符合我们翻译上的习惯。因为在西方“伦理学”一词，也被理解为“道德哲学”，但是不管如何，在学科层面的对立是“法学”与“伦理学”，而“法律”应当与“道德”放在一起讨论。[②] 这种解释也有牵强的地方，例如耶里内克就提出，“法律是最低限度的伦理，所以法律的领域是道德要求的一部分，在特定的社会发展阶段中，对这部分的遵从是必不可缺

① ［美］罗斯科·庞德：《法律与道德》，陈林林译，中国政法大学出版社 2003 年版，第 121 页。

② 这种现象与刑法中“刑法与伦理”的对应正好相反，这是非常有趣的。在中国的刑法学当中，语词的“霸权”来自日语的简单对照，所以在法理学看来“法律与道德”的习惯性对应，在刑法学当中总是以“刑法与伦理”来表达的，笔者后文会详细论述这种用词方法的弊病。

的……由此看来，法律的领域只是伦理习俗的一部分，或者说法律是与社会秩序之不可或缺的条件相关的那部分”①。在这些表达中，似乎“道德”和“伦理”也可以互换，不过基于约定俗成的含义，使用“道德”一词才成为具有惯性的学术传统。

当然，对这种语义深厚的词，还有更多层次的解释：“‘Recht’并不仅仅指通常我们在分析意义上说的‘法律’，而‘Sitte’的意思也比‘道德’更为广泛。Recht是‘权利与法律’——不能仅仅从法院适用的角度来理解，还应该从法院通过司法审判所追求的目标来理解。而Sitte的意义则意味着‘心灵的习惯’——文明社会中那些行为原则，我们也可称之为‘伦理习惯’。”②

可见，对于道德与伦理来说，需要作出的区分可能有很多，但是我们应当把握的并不在于它们所涉及的范围广度。在惯常的解释里，伦理是具有血缘关系的道德，而道德是范围更广的风俗习惯，或者伦理是抽象的道德，道德是具体的伦理。我们可能在学理上只能作出如此的区分，但是对于语词背后的实体内容来说，却远不止这么简单。在哲学层面划分的使用范围上，它们之间并没有太多值得区分的地方，以至于可以等同视之。然而对于法律或者刑法来讲，伦理和道德的区分却显得更加具有意义，特别是对于在中文里含义迥异的两个词来讲，它们的区别并不是含义上的，而是文化差异本身赋予的概念差别。

四、法律与道德的关系——从分离到融合

“法律与道德，其区别所在，自古昔罗马以来至于近日，屡经

---

① ［美］罗斯科·庞德：《法律与道德》，陈林林译，中国政法大学出版社2003年版，第147～148页。

② ［美］罗斯科·庞德：《法律与道德》，陈林林译，中国政法大学出版社2003年版，第123页。

法学者汲汲思索，而未能得确解”[①]。在西方的法学家看来，法律与道德的关系问题是贯穿于整个法哲学的重要问题。法律与道德的关系如此紧密，以至于对法律与道德的不同态度成为法理学界划分学派的基本标准，“基于法与道德存在着必然联系的观点，自然法学家反对人为地把法与道德分离，反对把对法的描述和对法的评价分离；而基于法与道德之间没有逻辑上的必然联系的观点，实证主义法学家坚持要把法与道德、法的效力和法的道德性分离，坚持把对法的评价和对法的描述分离”[②]。

在西方的文化圈里，法是“市民—国家”二元利益格局中以权利为本位并且由国家强制力保证实施的规范体系。法律制度是在关注法律性质的正义性以及如何对法律所关注的利益边界进行界定和给予救济。也正因为如此，在西方的法律意识里，法律与道德的关系争论是在不同的价值范围内独立进行的，并且由于这种对立的独立性才得以产生各种流派。而在中国的思想传统里，“法”并非是一个具有独立价值评判的存在物，它依附于“礼”，这种“法”本质上是义务本位的，是对“善恶”的界分而不是对于“是非”的辨别。因此在中国的法律传统里，道德与法律不是独立对应的价值体，而是道德作为根本的“体”与法律作为辅助的“用”之间的关系，法律的作用，是实施道德并且完善道德以至于使道德成为行为规范的手段。

分析法律与道德的关系，在现实的层面显得意义重大，然而又面临困难——语境的差异和文化的分歧，使得法律与道德本身的概念展开都复杂难辨，遑论厘清和辨识。然而，既然上文的概念界分已经做出了铺垫，我们也必须通过某种方式来简化和解构这一问题

---

① ［日］美浓部达吉、矶谷幸次郎：《〈法学通论〉与〈法之本质〉》，林纪东、王国维译，中国政法大学出版社 2006 年版，第 31 页。

② 张文显：《二十世纪西方法哲学思潮研究》，法律出版社 1996 年版，第 408 页。

的构成。在西方的分析方法中，法律与道德的关系大致是从分离和融合两个方面来叙说的。这种方式的起源来自人们对于概念比较的惯常手段——联系和区别。在联系中寻找差异，在区别中观察同源，也许只能采用惯用的手法，才能比较清晰地阐述问题的实质。庞德把法律分为萌芽、严格法、衡平法和成熟法四个阶段。[①] 在这四个阶段中，法律与道德的关系呈现出不同的特征。

（一）法律与道德的融合与分离

法律与道德的关系是一个动态发展的过程，是随着社会的发展而发展的，因此它们的关系也不是一成不变的。在不同的时期，法律和道德的关系是不同的。[②] 当格雷在《法的性质和渊源》中写道"法只是法院在判决中所规定的规则，道德是法的渊源，而不是法律"的时候，我们看到的是法律与道德的分离。而当哈特说，"每一个现代国家的法律工作者处处表明公认的社会道德和广泛的道德理想二者的影响；这些影响或者是通过立法突然地和公开地进入法律，或者是通过司法程序悄悄地进入法律；任何实证主义者都无法否认法律之稳定性部分地有赖于与道德的一致性"[③]，我们看到的是法律与道德的融合。

法律与道德的关系并不是固定的，而分离或者融合也只是相对的形态。即使是在学说上，"近几十年来，自然法学家与实证主义法学家开始缓和彼此之间的对立状态。较之过去，每方都表现出更愿意接受由另一方提出的某些学说的修正形式"[④]。

---

① ［美］罗斯科·庞德：《法律与道德》，陈林林译，中国政法大学出版社 2003 年版，第 37 页以下。

② 严存生：《近现代西方法与道德关系之争》，载《比较法研究》2000 年第 2 期。

③ ［英］哈特：《法律的概念》，张文显等译，中国大百科全书出版社 1996 年版，第 9 页、第 199 页。

④ ［美］伯尔曼：《论实证法、自然法及历史法三个法理学派的一体化趋势》，刘慈忠译，载《法学译丛》1989 年第 5 期。

在法律发展的早期，法律与道德是混合的，这一时期并没有独立的法律规范。庞德认为，在法律发展的始期，宗教、法律和道德部分彼此地混杂在一种简单的社会控制中。在公元前4世纪，希腊语中的“法律”，还用来指称传统的宗教习惯或仪式、传统的社会习惯或者道德理念。最初的成文法规，也不过是习惯的发布而已，例如，苏格拉底把一本园丁工作的手册称为园丁的法律，把一本烹饪书称作厨师的法律。[①] 伯尔曼甚至认为，在12世纪以前的西欧法律中的规则和程序，在很大程度上与社会习惯和宗教制度没有差别，因此不存在独立完整的法律原则。[②] 同时期的中国，在儒家思想的强烈影响下，也没有独立完整的法律分类，社会控制不是通过规范体系下分配权力和义务来完成的，而是通过对于维持家庭、君主以及社会伦理的道德规范来达到的。所以我们可以看到，中世纪的英国司法官，和中国的包拯，都在依据良心的命令来实施法律，虽然良心的来源不同（英国来自于罗马天主教的宗教信条，而在中国则来源于儒家的礼和德），但是在司法判决的过程中，都是通过自己良心或者道德的判断，很多情况下以感到罪犯伤害了社会情感而在没有明确规定犯罪要素的法规情形下来惩罚犯罪。因此在这一时期，根本无从谈论法律与道德的关系，因为既然不能区分彼此，那自然也就无所谓联系和区别。

法律和道德产生分离是法律成为独立的社会规范之后的必然需要。随着政治制度的变化和世俗政权的出现，近代的法律体系开始形成。“理性是法律的生命，不仅如此，普通法本身就是理性。普通法被认为是人为理性的完美表现，是从长期的学习、观察和实践

---

① ［美］罗斯科·庞德：《法律与道德》，陈林林译，中国政法大学出版社2003年版，第37页。

② ［美］哈罗德·J.伯尔曼：《法律与革命》，贺卫方等译，中国大百科全书出版社1993年版，第58页。

中得来的，而不是每个人的自然理性"①。这里的理性，就是将法律的精神抽离道德的控制，让"国王也明白，法律是建立于理性之上的……诉讼不是依据理性来决断的，法律唯有长期的学习和实践，才能获得对它的认知"②。在当时的智识下，要求法律从道德的内容中解放出来，以适应不断发展的市民社会以及正在启蒙的人权和价值观念。孟德斯鸠认为法律对于道德的树立是无能为力的，或者说，法律与道德本来就应该进行区别，法律所规范的内容不一定符合道德，法律应当关注的是对社会有益的并且需要强制力来规范的事物。所以"一个公民，因为丧失了道德的观念，以致违反法律，刑罚可以把他从社会里清除出去，但是如果所有的人都丧失了道德观念，刑罚能把道德重新树立起来吗？刑法可以防止一般邪恶的很多后果，但是不能铲除邪恶本身"③。贝卡里亚也表达过类似的思想，犯罪并不一定意味着不道德，因为道德是不稳定的，如果国家的成立本身就是不道德的结果，那么违背这种"不道德"所构成的犯罪，并不能认为是对人类普遍道德的违背，"在残暴法律统治下的国家，重大的犯罪将和伟大的美德并驾齐驱"④。在这一时期，古典自然法的思想再也不能支撑道德在法律中容身的场所，资本所要求的平等诉求，以及争取自由权利的欲望，为法律与道德的分离起到了强大的推动作用。康德把尚未纳入法律中的道德

① 庞德在《法律与道德》一书中对 Sir Edward Coke 的注释。参见［美］罗斯科·庞德：《法律与道德》，陈林林译，中国政法大学出版社 2003 年版，第 42 ~ 43 页。

② 庞德在《法律与道德》一书中对 Sir Edward Coke 的注释。参见［美］罗斯科·庞德：《法律与道德》，陈林林译，中国政法大学出版社 2003 年版，第 42 ~ 43 页。

③ ［法］孟德斯鸠：《论法的精神》（上册），张雁深译，商务印书馆 1961 年版，第 314 页。

④ ［意］贝卡里亚：《论犯罪与刑罚》，黄风译，中国大百科全书出版社 1993 年版，第 39 页。

原则归入个人的良心，而这和已经制定的法律已经毫无关联，“慈善行为受到的赞扬与法律无关”①。实证主义法学在理论上完成了这一任务，凯尔森说：“法律的概念中，没有丝毫的道德涵义。”在实证主义的倡导之下，“法在原则上只限于规定冷静而有区别的形式性的命令禁止和利害调整，人不被要求给予伦理性的情怀去行使权利，履行义务。”② 所以，法的道德性被认为是扰乱法的构成的完整性的东西。法律关系纯粹以形式逻辑推论的发展而构成是立法者的理想。“法学也不应考虑道德和伦理的秩序，以实证法规定为基础而构成概念，对这些概念进行整理分类以构成完整的逻辑体系是法学的目的。”③

印证了事物螺旋发展的公理之后，人们开始思考法律与道德的辩证结合。这一阶段的特色是在扬弃由实证主义法学所倡导的“形式逻辑”的运动中诞生的，而运动的标志就是自然法的回归。“二战”之后面对实证法在战争中所起到的负面作用，新自然法开始重新审视道德在法律中的作用，并且认为在法律的不同阶段，道德的介入应当被重新评估。在立法阶段，法律规范与道德规范内容的同一性被普遍接受，人们普遍认为法律的制定者们总是会受到社会道德中传统观念的影响，这种道德的基本内容不可避免地被纳入到法律体系当中。因此，“立法的民主参与就是为了创制符合最大多数人利益和愿望的‘良法’，这样才能使法律成为为大众所认同的、能够身体力行的行为规范。法律所追求和体现的‘公平’和‘正义’，实际上就是特定时期民众认同的价值和道德标准”④。而

---

① ［德］康德：《法的形而上学原理》，沈叔平译，林荣远校，商务印书馆 1991 年版，第 36 页。

② ［美］E·博登海默：《法理学——法哲学及其方法》，邓正来等译，华夏出版社 1987 年版，第 364 页。

③ ［日］川岛武宜：《现代化与法》，申政武译，中国政法大学出版社 1994 年版，第 24 页。

④ 范愉：《法律怎样被信仰》，载《法制日报》2008 年 10 月 24 日。

在司法的过程中，则普遍认为法与道德应当分离，博登海默曾说："在司法过程中，如果法律规则与道德要求之间的界限是不明确的或者极为模糊不清的，那么法律的确定性与可预见性就必定会受到损害。"①

显然，司法过程应当体现法律主义原则，在裁判的过程中严格遵守法律已然的规定，既然在立法的过程中已经考虑了"多数人所能身体力行"的道德因素并且以外在规范的形式进行了固定，那么司法裁量不可避免地也会带有道德内容。所以在裁判时的确不应该再考虑"已经蕴含着道德因素的法律"之外的其他价值判断，如果在司法过程中考虑法律之外的隐私，那么就会出现博登海默担心的现象，"道德标准的阐述，通常要比大多数法律规则的阐述更笼统、更不准确，而这就更加促进了敌对的道德力量的入侵"②。

而法律与道德辩证的结合，实质上是希望在二者之间寻求更加平衡的融合关系，在立法、司法、守法的法律动态运行过程中，法律的强制力和权威以及道德的柔性作用都是不可忽视的，即使在司法领域，司法过程如果完全脱离道德判断，可能带来的后果是对于民众道德信仰缺失，从而对立法的合理性产生怀疑。③ 所以，在现阶段的法律与道德关系，仍旧是困扰人们的重大问题。在多元化的社会当中，大量存在着"合法的道德恶行"问题，例如普遍存在的"无受害人犯罪"（如安乐死、通奸、同性恋），或者在"二

---

① ［美］E·博登海默：《法理学——法哲学及其方法》，邓正来等译，华夏出版社1987年版，第366页。

② ［美］E·博登海默：《法理学——法哲学及其方法》，邓正来等译，华夏出版社1987年版，第367页。

③ 2006年发生的"彭宇案"，司法系统在总结该案时，使用了这样的表述："一审判决的结果是适当和正确的，二审之前当事人达成庭前和解协议的直接效果也是好的……但是判决说理、表述不当"，因此"汲取此案的一个深刻教训，就是要注重司法裁判对社会主流道德取向的引导作用，要把正确的价值判断和社会主流价值观有机融入司法裁判全过程"。

战”后受到审判的纳粹罪行。这些行为在某些法律当中是合法的或者不受法律制裁的，无论是基于保障行为人普遍的自由（如通奸行为）还是基于法律的强制性规定（如纳粹依法实施的种族灭绝），在道德层面都无法获得较为正面的解释。因此，我们可能会面对更为复杂的命题：合法的但是在普遍道德上不能容许的行为，能否受到事后法的规制；同理，道德问题在没有进入法律之前，是否能够成为法律强制的一部分。这也就是庞德所说：“使法律和道德趋同的努力——以法律覆盖道德领域，并使既存规范吻合一个合理的道德体系的要求造就了近代法。”① 在我们可预见的未来，法律与道德的关系还将随着螺旋的发展轨道，在分离与融合之间寻求更为和谐的并存之道。

（二）法律与道德的关系价值

法律和道德的关系价值是不可忽视的。首先，在伦理学的基本理论中，关于道德上的善恶、关于道德上的应然以及关于人的道德品德是最为基础的问题，并且从这些问题当中衍生出价值论、义务论和德性论。其中的价值论，讨论的范围大致是围绕道德上的“善”展开的，研究道德本身的性质问题，以及道德应当具备的特征；而义务论主要围绕道德义务和责任，来表明人们行事时所应遵循的道德观念；德性论则提出人们所具体遵循的道德标准，就人们的行为举止以及心理提出符合道德的要求。在这些理论所研究的内容中，与法律在很大程度上表现出同一性。因为无论持哪种观念，自然法还是实证法，都不能避免道德在法律中的参与作用，法律依然需要考虑道德在其规范中的地位。而且，法律和道德具有实质上的内在价值。法律和道德在产生上是同源的，从时间上看，道德的存在先于法律，在法律还没有从道德中分离出来之时，法律和道德的诉求是保持一致的。道德要求的“善”、“正义”以及“公平”

---

① ［美］罗斯科·庞德：《法律与道德》，陈林林译，中国政法大学出版社2003年版，第45页。

等朴素观念，也是逐渐分离而独立的法律所要追求的价值。法律往往成为道德价值的具体化和外在表现，在中国的传统法律里，法律的作用就是为了达到道德所要求的水平，并且为了这一目标的实现，不惜以道德标准来确立法律。因此“法律作为一种公认的行为标准，实际上是道德的具体化、规则化和权威化，是公共权力机关通过正当程序而认可实施的。因此，法律从根本上依附于道德，无论是法律的制定或者实施都离不开道德”①。

其次，法律和道德都具有规范性的特点，并且是共同调整社会秩序的规则。道德是人们在道义上应当承担的义务与责任，而法律在某些特定的情形下，也通过将道德义务法律化的形式，赋予道义责任以法律上的固化。这种立法例也是普遍存在的，例如《法国新刑法典》第 223 -6 条之二规定的“怠于给予救助罪”：“任何人对处于危险中的他人能够个人采取行动，或者能唤起救助行为，且对其本人或第三人均无危险，而故意放弃基于救助的，处前款同样之刑罚（处 5 年监禁并科 75000 欧元罚金）。”② 这一条的规定是否正当，引起了对于“见危不救入刑”在中国的讨论。同时，道义责任也是法律责任正当化的基础，法律一般不会规定毫无道德依据的责任，即使是在实定法异常发达的当代。法律和道德都是社会规范的构成部分，都同样源于公认的价值观念体系。在日常生活中，我们可以看到，一个人的行为可能既符合有关的道德准则，又符合有关的法律准则，而部分规则本身既是道德又是法律。虽然在作用分配上，一般认为法律指示外部行为（客观行为），而道德指示内部行为（主观态度）。但不能否认的是，主观方面的意志是否符合道德，将会直接或者间接地影响着外部行为是否符合法律。

最后，法律和道德在作用上，表现出互动和支持的相互关系。

---

① 严存生：《近现代西方法与道德关系之争》，载《比较法研究》2000 年第 2 期。

② 《法国新刑法典》，罗结珍译，中国法制出版社 2005 年版，第 73 页。

法律只有符合社会基本的价值观念，才能被民众所信仰和支持，而“恶法”即使保持法律上的强制力，民众的顺从也不是基于内心道德的驱使，而仅仅屈服于权力对于法律的强大保障。而同理，道德的动态化和易变性，使得道德中优良的观念可能会受到文化多元状态下的冲击，在社会主流的道德之外，随着道德观的不断改变还会出现与社会普遍认同的道德观相悖的思维形态，对社会秩序造成威胁。[①] 从而需要法律的权威和确定来保护维持道德的统一和稳定，发挥法律对于违背基本道德的威慑作用。也正是由于作用方式上的不同，使得法律与道德可以在各自的规范领域发挥价值的同时，也能够把触角伸入对方的体系，并且产生价值的异化。因为“法律和道德的区别不在于两种秩序所命令或禁止之事，而在于它们命令或禁止一个特殊的人类行为的方式”[②]。

① 例如对于通奸行为的定性，在韩国引发过数次违宪审查以及民众的热烈讨论；美国的同性恋问题，更是导致过骚乱和冲突。

② H. Kelsen, *Essays in Legal and Moral Philosophy*(ed. by Weinberger), p. 87.

第二章 刑法与道德的划界

——基于理性的诉求

道德的每一个判断都与社会的安宁利害相关。

——［英］大卫·休谟

我们已经对法律与道德的基本问题作出了粗略的考察，通过这种历史的梳理，对于法律与道德的功能和角色有了较为直观的印象，这种印象为在刑法中讨论道德提供了前提。然而，在法哲学的层面对法律与道德所进行的历史或者现实的考察毕竟是笼统抽象的，刑法的内容应该更“有血有肉”，存在着一般规律下特殊的表现方式。而且正是由于刑法本身的特质，使得在刑法中对于道德的态度非常微妙。本章将从刑法中道德判断的必然性与必要性出发，开始具体探索道德在刑法中的痕迹，而展开这一讨论的视野或者说方法，则是基于对刑法的理性分析。“刑法的发展史，是伴随着人类对犯罪认识的神话和人类文明的发展而不断寻找更有效的制裁手段的过程，是人类从本能的报复向理智的惩罚演进的理性化过程。”① 刑法由残酷到缓和、由肆意到规范的过程，是在不断完善和深入的理性支配下的自我进化。在这个过程当中，道德的参与是理性所依存的理由，同时也是考察刑法是否具有“合理性”的

① 张智辉：《刑法理性论》，北京大学出版社2006年版，第1页。

标准。

在休谟看来，道德并不是从理性得来的，因为道德的内容归根结底是“印象和观念，是借助知觉来区分视听、爱恨和思想的心灵活动”①。而理性是“平静的判断之外”的知性，所以“道德准则既然对行为和感情有一种影响，这些准则不能由理性得来……道德准则刺激情感，产生或制止行为，而理性自身在这一点上是完全无力的”②。而且，“道德并非是理性所延展的理念。道德上的善恶是非区别并不来自于理性。因为理性是不活动的，不能成为像良心或者道德感那样一个活动性大的原则的源泉。”③ 在故意杀人的场合，也不能发现一种被称为“恶”的事实存在，因为杀死人的客观性状和每一种死亡一样，都是自然因果律作用的结果，而“人们的心中会发现一种不赞许的情调”，这种情调是感情的对象，而不是理性的对象。因为对于杀人的行为，即使是最不讲理的人，也会感到内心的不适。

而理性的作用“在于发现真伪，而真或伪在于对观念的实在关系或对实际存在的和事实的符合或者不符合”④。理性应当是抽象的价值判断，而道德存乎于心而没有客观的真伪区分，只是“人们心中会发现的一种不赞许的情调”罢了，道德不可能产生对于真伪的判断，只能产生感情上的认同或者反感。道德的判断不能产生理性，因为道德是伴有善恶观念的情感，是符合判断主体的感性需求而非理性思辨的产物；而理性是在于对事实进行判断真伪的客观标准。这一观念有一定的道理：我们已经论证过了，道德是民族的和地方

① ［英］休谟：《人性论》，关文运译，商务印书馆2006年版，第496页。

② ［英］休谟：《人性论》，关文运译，商务印书馆2006年版，第497页。

③ ［英］休谟：《人性论》，关文运译，商务印书馆2006年版，第681页以下。

④ ［英］休谟：《道德原则研究》，曾晓平译，商务印书馆2001年版，第5页以下。

性的，道德内容总是被复杂的因素所决定，而道德的最终目的也不是走向同质化的宿命。甚至在同一道德体系内，个人的道德和社会的道德还会产生相当程度的冲突和纠结。而法律是依靠理性而存在的，不管是概念还是逻辑，也不论形式上的规范还是实质上的秩序价值，都是在严密逻辑支配下以语义表达出的普适规则。从这个意义上说，法律的理性似乎需要排斥“非理性”的道德存在。然而，如果我们深究法律的诞生和发展历史——人类从习惯到规范的自然和社会进程，那些采纳和提炼于风俗并且逐渐固定而平稳的规范，在它们诞生之初，就一直受到道德的影响，法律也因此而成为“地方性和多元性”的人类规则——“无论是在希腊、波斯还是迦太基，太阳都升而复降，火都炙热发光，而水都潺潺流淌，但人们的法律、习惯以及对它们的遵从却千差万别”①。而在法律成为科学之后，法律开始建构独立的学科体系，理性成为法律所追求的目标以及法律表达出的外在形象，然而法律仍旧摆脱不了道德的影响，因为“一个民族的现行法律，不因为它是成文的并经过汇编就终止其为习惯”②。道德的判断并非排斥了法律的理性，而是能够促成法律在理性之上达至趋于完善的终极的“理性”。

一、理性——刑法存在的目的

（一）理性释义——兼论刑法的理性

理性（1. reason；rationality. 2. rational），是与感性相对的一个范畴，《现代汉语词典》对理性的解释有两层意思：第一，是指判断、推理等活动，如理性认识；第二，是指从理智上控制自己行为

---

① ［美］罗斯科·庞德：《法律与道德》，陈林林译，中国政法大学出版社2003年版，第7页。

② 陈兴良：《刑法的人性基础》（第三版），中国人民大学出版社2006年版，第65页。

的能力，如失去理性。[①] 所以，理性既指对事物的性质、发展规律的认识态度，又指按规律和自然法则理智地把握自己行为的能力。理性认识是认识的高级阶段，是在感性认识的基础上，经过思考、分析，加以去粗取精、去伪存真、由此及彼、由表及里的整理和改造，形成概念、判断、推理的过程，是感性认识的飞跃。

这是对于理性最为粗浅的理解。在梁漱溟看来，“理性”应该是“人类的特征，而且是宇宙间顶可贵的东西”，是“平静通达”的心理状态。[②] 抽象的解读可能是对词语最为合适的解释方法，因为对理性的字面理解，应该不能完全囊括理性的广阔外延。“理智必造乎‘无所为’的冷静地步，而后得尽其用；就从这里不期而开出了无所私的感情（Impersonal feeling）——这就是理性”。[③] 理性应当是“知”与“情”的结合，知的一面是理智，而情的一面就是理性。也就是说，对于生活中的事物，了解它的存在和发展方式，是理性中的“知”；而求得它为什么会以“他的面目”存在，就是求真之心，也就是理性中的“情”。

对于法律理性的解释从来都是众说纷纭的，并没有形成统一的认识，问题的根源在于，“理性”本身的难以捉摸——理性具有的多重含义使得“理性”一词能够在不同的语境中充任不同的角色。它可以是“概念、判断、推理等思维形式或思维活动，也可以是唯理论所认为的可靠的知识来源”[④]。洛克说：“理性是被认识了的真理，或者推理的功能。”[⑤] 在博登海默看来，理性“详尽考虑所

---

① 中国社会科学院语言研究所词典编辑室编：《现代汉语词典》（第6版），商务印书馆2014年版，第795页。

② 梁漱溟：《中国文化要义》，上海人民出版社2005年版，第109页。

③ 梁漱溟：《中国文化要义》，上海人民出版社2005年版，第111页。

④ 笛卡尔认为，知识的源泉是理性本身所固有的观念，而从经验中获得的知识是不可靠的。笔者注。

⑤［英］洛克：《人类理解论》（下），关文运译，商务印书馆1981年版，第569页。

有同解决某个规范性问题有关的事实方面；以及根据历史经验、心理学上的发现和社会学上的监视去保护规范解决方法中所固有的那些价值判断……”① 可见，对于法律的理性判断标准，并不能达成普遍的认同，在抽象解析“理性”的时候，理性是一种价值判断，“它常常谕示着：应当。即在某种情况下，一个人应当做什么，一个做了适应社会选择的人会被看成具有理性，而未作这种选择的人会被视为非理性”②。可见，对于理性的认识已经不再局限于休谟所限定的“事实判断”，理性应当也必须是一种价值上的取舍，“理智”的选择，本身就是对价值评价的一个过程，没有客观上的完全不依赖判断的“事实真伪”。对于理性的目的来说，适应社会的“理智”才是符合理性的内容。

（二）法律的理性分类——形式理性和实践理性

理性的表现，是内涵和外延的相对统一。理性作为一个概念，首先应当有其自身的评价，即理性的概念内涵和外延。作为认识论的理性，是指人类通过理智的方法获取的对于事物本质的认识，是相对于“感性”的抽象认识。这个意义上的理性，是形式上的理性内容，对于形式理性，并没有一个统一的解释。形式理性“是超越个别的、具体的，因而是有实质的经验，以普遍的、抽象的规则和可计算的程序为归依，在追求目标的过程中作出合理的安排”③；或者“形式理性就是指理性选择中的意识活动形式应当是计算的，而计算的基本特点在于：‘量化、符号化、逻辑推论和效

① ［美］E·博登海默：《法理学——法哲学及其方法》，邓正来等译，华夏出版社 1987 年版，第 247 页。

② ［美］理查德·霍金斯、杰弗里·阿尔伯特：《美国监狱制度——刑罚与正义》，孙晓雳等译，中国人民公安大学出版社 1991 年版，第 68 页。

③ 张德胜：《论中庸理性：工具理性、价值理性和沟通理性之外》，载《社会学研究》2001 年第 2 期。

益预测'"①。

休谟坚持的理性论就是形式上的理性，因为在他的概念里，理性是对于事物真伪价值无涉的判断。显然，通过我们的分析，理性的概念内涵绝不仅限于此。康德把理性分为纯粹理性和实践理性，纯粹的理性是作为认识论的理性，纯粹的理性是理性本身，是纯粹的先验的知识和概念来判断事物真伪的人类智识。康德说："吾人一切知识始于感官进达悟性而终于理性，理性之外则无'整理直观之质料而使之隶属于思维之最高统一'之更高能力矣。"② 纯粹理性是先验的理念，"此等理念乃纯粹的概念，盖因其视经验中所得之的一切知识为由条件之绝对的全体所规定者。但此等理念非任意所制造者，乃由理性自身之本质所设置，故与悟性之全体使用有必然的关系"③。所以，形式的理性是建立在理性概念基础上的，是获取知识、判断事物真伪的方法，是以先验的绝对正确的方法来进行真伪验证的。康德举过这样一个例子，即使是没有修筑过任何房子的建筑师，也必须按照先验的理性来修建房子。因为作为房子这个物，它的建筑方法应当是存在于人类认识之前的，而在人类对它认识的方式中，只有用"理性"的方式才能揭开房子如何才能建造得更好的知识。从这个意义上讲，理性应当是真理，正如巴门尼德所说的那样，"不要以你茫然的研究、轰鸣的耳朵以及舌头为准绳，而要用你的理智来解决纷争的辩论"④。

从形式的意义上讲，理性的要求是符合抽象的表现形式，因此

---

① 马贵侠：《理性与理性化进程——解读马克斯·韦伯的"理性化"》，载《安徽理工大学学报》2004年第4期。

② ［德］康德：《纯粹理性批判》，蓝公武译，商务印书馆1960年版，第245页。

③ ［德］康德：《纯粹理性批判》，蓝公武译，商务印书馆1960年版，第260~261页。

④ ［美］大卫·塞德利：《古希腊罗马哲学》，中国社会科学院哲学研究所西方哲学史研究室译，商务印书馆1981年版，第51页。

对于法律，形式理性是“法律在外在规则结构体系，是法律思维的理性，建立在超越具体问题合理性的形式上，法律制度的内在因素是形式理性的决定性尺度”。形式理性要求“法律行动方式倾向于手段和程序方面，并尽可能地加以量化，从而使得行动本身以及对行动结束后的效果可具体衡量”。① 可见，形式理性是法律表现形式上的理性，例如结构框架乃至规范内容，表现形式上符合理性，就是形式理性所要求的标准。所以，法律的形式理性“不仅包括手段的选择，还包括了对行为目的之自觉思考和选择”②。

显然，理性的价值并不只是形式上符合人类对于理智的追求，或者说，形式上的完善只是为了在实体意义上作出实践理性的前提和保障，而这正是实践理性的价值所在。实践理性“是指人的行为有关的道德伦理领域的理性，实践理性既能作为道德意志的根本动机，为人的行为制定道德律令的理性，又指由它产生的普遍的道德法则”③。在实践理性中，理性除了形式上符合先验的正确法则，还能够决定意志的动机。实践理性的实践力量，就在于人的理性为人自身立法，为道德主体的意志“立法”。所以，实践理性“注重行动，它相对于‘纯粹理性’来决定一个命题真假、一个论点有效或无效的方法，它涉及到确立一个目标，以及选择到达目标的最方便的手段”④。法律在依赖于理性的范围内自有其指导性力量和支配行为的权威，正因为如此，立法机关才设定法律上的权利和义务，并且以此作为社会的有效法律存在。法律所依赖的理性，有两个方面的依据：首先，法律意在实现某个目的，并且理性地为这一

---

① 张建伟：《形式理性与客观事实》，载《检察日报》2001年7月20日。

② Max Weber. *On Law in Eeonomy and Society*, Edited by Rothand with Totowa, NT, 1966.

③［德］康德：《实践理性批判》，关文运译，商务印书馆1960年版，第134页。

④［美］理查德·A. 波斯纳：《法理学问题》，苏力译，中国政法大学出版社1994年版，第91页以下。

目的实现提供计划；其次，法律是以共同利益为理由的命令，而构成理性活动的基础在于“扬善避恶”的道德原则。追求共同福利、避免有害于社会的事情，对于法律的制定者来说，应当是法律存在的客观价值。[①] 显然，法律的存在不仅仅是条文上的周延和结构上的缜密，法律形式上的理性只是为了在实践中“扬善避恶”而设定的，那些看上去似乎没有价值判断的条文，在内涵上包含着对于客观事物的善恶剖析。形式上的理性可以让人们更好地理解法律的规定基础以及需要达到的目的；而以理性的形式表达法律所期望的实践价值，应当是法律所表达的应有之义。在法律的文本中，我们总是尽量用中立和精确的语言去表达，用富有逻辑的结构去形容，在法律中我们常见的结构是三段论，是在“假定条件—行为模式—法律结果”这样的逻辑安排下符合人的思维模式的制度安排；但是我们也不排除在法律中使用那些具有价值判断的语词，表达法律的喜好和厌恶。因此，法律的理性在于形式理性和实践理性的结合，形式理性是外在，而实践理性是法律价值的根本。

“刑法理性不仅仅是对刑法基本范畴的理性认识，更重要的是在理性认识的基础上，对刑法目的的执着追求和对人类报复情节的自觉节制。”[②] 这正是通过形式理性和实践理性两方面对刑法所作出的评价，“刑法范畴的理性认识”是刑法的形式理性，需要我们以理性的态度对待刑法本体，同时以客观的真伪判断去除刑法本体中非理性的存在；而“在理性认识的基础上，对刑法目的的追求和对报复情节的节制”则是实践理性的要求，刑法在运作过程中，形式上的理性发挥效果如何，应当通过实践理性的评价来衡量，从而修正刑法适用中非理性的存在。

---

① ［美］马丁·P. 戈尔丁：《法律哲学》，齐海滨译，生活·读书·新知三联书店1987年版，第56页以下。

② 张智辉：《刑法理性论》，北京大学出版社2006年版，第35页。

二、道德存在——刑法形式理性的需要

(一)“形式”的意义何在——“概念”与“利益”之辨

法律是国家意志的集中体现，法律在形式上如何选择外部的表现方式和结构体系，以实现法律惩恶扬善，维护公平、公正、自由和效益的终极目标形式，是法律形式理性的目标。它应当包括以下两层含义：一是法律作为一种规范体系，是否具有独立的表现形式，保持其独立性；二是在整个法律体系中是否应当确定一种效力体系，以维护法律的有效性和强制性，这表现为法律的效力脱离于外在的其他评价。然而，如果仅仅限于这样的理解，就不能解决道德因素和价值评判，法律应当是形式和价值的统一，即使是在生硬的条文背后，也必须有种种价值上的追求。法律的发展经历了不同的阶段和表现形式，而只有形式化和理性化才是现代法律的根本特征。而“形式理性”的意义在于事实的性质，它力图澄清所有的不同事实之间的逻辑关系判断，逻辑上的完善能够促使手段和程序的可计算性，是一种客观理性。对于法律来讲，“概念”的重要性是不容否定的，对于法律概念的归纳和完善，在很大程度上能够决定法律在形式上是否完备。然而，对于概念的痴迷和滥用，又将会使法律的普适性判断和正当效力受到现实的怀疑。所以，理性的刑法，不但应该具备完善的概念体系，同时也应该具有概念之外正确的价值判断，而且对于后者，应当是刑法最终需要达到的目的。

20 世纪初，概念法学（Jurisprudence of concepts）随着欧陆主要资本主义国家法典化的完成而在德国和法国形成。概念法学崇拜法典，认为法典无所不能。概念法学不强调甚至不承认法律具有先验的价值目标。概念法学所关注的工作是在大量总结经验、先例的基础上构建概念，再运用演绎的方面构建概念的体系，同时运用比较的方法界定概念之间的区别和界限，最终完成以概念为基本要素的法学构架。此外，概念法学还注重法律技术在法律适用上的作用，而从根本上排斥价值判断、政策衡量对法律适用的影响。概念

法学试图从根本上否认道德与法律的关系，在法律内部极力维护法律问题的纯粹性，杜绝其他因素对法律的渗透。所以，概念法学认为，成文法典一旦制定就可以自给自足。法典的存在为人们的交往提供了普遍的可参照的规范，并足以解决各种各样的纠纷。司法官只需要根据适当的逻辑推理，就可以从现有的概念构成的法律条文中得出正确的判断，而无须求助于法律之外的东西，也根本不用考虑法律的目的、公平正义的观念和社会的实际需要。[①] 利益法学（Jurisprudence of interests）在德国兴起，目的就是批判概念法学"不切实际的空想"。赫克说："法官仅仅依靠逻辑结构不能令人满意地处理生活的需要，立法者必须保护利益，平衡互相竞争的生活利益。但是立法者不可能注意到生活的方方面面，并全面彻底地予以调整，以使逻辑的小前提在每一个案件中划出适当的界限。"[②] 所以，"法律科学的任务，是通过调查研究法律和相关的生活环境来准备适当的决定，以帮助司法官顺利完成自己的任务。因此，逻辑至上要被检查和评价生活之上所代替"[③]。法律不能仅仅着眼于语句和命令，而且应当考虑立法者的意图，以此来表达法律的价值。显然，形式的目的不是让法律保持某个与价值无涉的文本体系，法律是活的，而不是生硬的文本。法律用尽可能客观的文本作为其组成部分，并不是为了简单地在外在形式上表现出中立的状态，而是希望在适用的时候尽可能客观，从而去表达公平正义的价值取向。"活法是原始的法的表现形式，而且直到今天，仍然是最

---

① 张文显：《二十世纪西方法哲学思潮研究》，法律出版社 2006 年版，第 108 页。

② W. Friedmann, *Legal Theory*, (5th edition), Columbia University Press, 1967, p. 334.

③ 张文显：《二十世纪西方法哲学思潮研究》，法律出版社 2006 年版，第 109 页。

基本的法的形式"[①]。因此，分析刑法的形式理性，也应当包括在法条和形式之上的价值判断。

（二）刑法概念的理性——道德的参与

刑法本身的特性决定了其自身的概念特征，对于将罪刑法定原则奉为"元叙事"的刑法，本身就需要极其精确的对于犯罪构成的语义描述，同时也需要确定的规则作为刑法价值不可撼动的基础，刑法规范的内部也需要严密的逻辑区分罪与非罪、此罪与彼罪的界限。作为"第二道防线"和"犯罪人的大宪章"，刑法不得不依靠语义上的完整和严谨表达，才能确定能够被遵守和执行的行为规范，同时也起到指引和教育的作用。然而，如同概念法学受到的批判一样，刑法在实行的过程当中，总会在模糊的界限之间寻求"概念"所能生存的狭小缝隙，在依靠内部逻辑不能完善解决问题的时候，概念法学的解决之道是不断创造修正或者新兴的概念加以归纳，而排除向法律之外的因素寻求帮助，这无异于"大房子旁边开小房子"，对于不适用的"概念"，将更多的定语加诸到概念当中，让它再次暂时符合法律的要求。耶林说："人是有目的的动物，人的活动是有动机的，作为人类活动一部分的法律也是有目的的……根本就不存在没有目的的法律规则。"[②] 法不可能是天衣无缝的，类推也总是存在，而类推的过程不能仅仅依靠概念和逻辑，必须根据相关的利益进行。显然，"利益"的内涵是丰富的，法的最高任务就是平衡利益，包括私人的利益和公共的利益，物质利益和精神利益等。概念和形式以及概念衍生的逻辑，并不能提供法律适用的一切方法，在法律的运行过程中，必须带有在社会中正当与否的价值判断，而我们已经讨论过，在社会中正当与否或者"善

① E. Ehrlich, *Fundamental Principles of Sociology of Law*, (English Edition), Harvard University Press, 1936, p. 1.

② 张文显：《二十世纪西方法哲学思潮研究》，法律出版社 2006 年版，第 108～109 页。

恶”区分的标准，大多是通过风俗习惯而自发形成的道德来完成的。例如，对于个人利益和公共利益的冲突，应当依据什么作为判断的标准，我们从概念上并不能得到较为圆满的答案，而只能诉诸公共的道德。而且在不同的社会价值体系里，利益的轻重是有很大区别的——在我们的道德框架里，个人的价值应当服从于集体的利益，并且为了集体与国家的利益，个人应当作出牺牲；而在西方传统的道德观念里，个人的权利是神圣不可侵犯的。这也就是为什么我们的战士在战场上会有“舍生取义”的举动，会觉得“覆巢之下，安有完卵”，国家的兴亡是每个人应尽的责任；而美国大兵一旦被包围就举手投降，被释放之后也不会有任何道德上的否定评价。因为在他们看来，生命的意义大于一切，甚至战役失败和国家投降，与自己的生命比较起来，也是处于第二位的。①

学派的对立其实来源于自然法与实证法争论的焦点，“恶法亦法”也是概念法学所坚持的。概念法学自身排斥道德因素在法律中的存在，而意图使用精巧的概念构成来解决所有的现象，在充满逻辑自证的话语中推敲现象的处理方式，并且希求所有的类型化现象都能被统一的概念所囊括。而当现象在社会的发展过程中突破概念定在的范围时，又会通过对概念的解释和修正来扩充概念的外延。这一循环总是不可禁绝的，因为在人类认识和创造社会的过程中，对于概念的总结是随着认识的深入而进化的。在我们所面对的规范刑法中，“规范”的含义在很大程度上是建立在“概念”基础

---

① 这只是一个隐喻，道德评价从来都是多元的，以至于不能穷尽道德的观念，我们只能把握那些主流的和普遍有效的。在美国，也有为国捐躯的战士，在中国，也有贪生怕死的汉奸。但是，每个国家和民族的确有着不同的道德判断，从而使得它们各自的法律或者制度也因此产生了相异性。但是我们不能说哪个就是好的，另一个就是不好的，只能说在各自的社会当中，如果能够符合大多数的价值判断，那就是“合适”的。没有所谓的普适价值，当然也就没有普适的法律原则，法律的形式应当符合的理性是“地方性”的，而不是“放之四海而皆准”的。笔者注。

上的，而对于刑法概念的评价，我们应当以理性的眼光来对待。然而，在概念形成的过程中，道德的因素其实已经随着立法的目的被赋予到概念当中，并且成为概念被理解和诠释的基本要素，刑法的形式理性有赖于道德的参与。同时，道德也是刑法概念从逻辑形式转向实质价值的中介。

（三）刑法概念的解释——道德的判断

刑法是内在规范的科学，而规范的确立，首先依赖于概念的形成。“概念”的理解和诠释，由此而成为对刑法注释必备的前提。概念的理解，应当通过互相之间的区别才能得以建立。概念是纯粹表示差别的，这种差别的表达不能根据其被人从正面确定它们，只能根据它们与刑法体系中其他概念的关系来确定。例如，直接故意与间接故意，在故意范畴内的界分如果只存在着这两种类型，那么其中任意一种概念的确定就意味着另一种概念的产生，因为它们在彼此故意概念的范畴内是互相排斥的。然而，这并不足以解释所有的刑法概念，毕竟概念的归纳来自于现象和观念，而对于观念的内容来讲，社会生活的日益繁盛和不可捉摸使得将它们完善的分类变得异常困难，因为在“故意”的范畴内是否只是包括直接故意和间接故意，这在不同的法律系统内是有区别的。[①] 但是可以想象，这种区别的直接原因并不在于在不同的社会环境里产生过不同的“故意类型”，而是人们在总结“故意”概念的时候用语言工具进行了不同意义上的归纳。“各种语言中颜色词的同异可以作为一个典型的例子来说明这一点。不管在某人眼前堆起多少件棕色的东西，他都不会学到棕色的概念，除非他学会了区别棕色和红色、黄色等等。在国际象棋里把王作成说明形状也是不重要的，哪怕用一个瓶盖稍加约定一下，重要的只在于能把它与后、马、兵等等区别

① 在我国的“故意”概念里只有直接故意和间接故意，而在欧陆和英美法国家都有不一样的理解，当然此处仅仅为了说明刑法概念对于社会现象在语言描述上的异化和偏差，并不对故意概念进行价值和效用上的判断。

开来。”[①] 在刑法的概念里，也会有同样的现象。刑法的概念总是有局限性的，规范的普遍性适用与具体案件的特殊性之间的矛盾是不可调和的。就像我们在刑法里规定了非常抽象的一般性规则，例如罪刑法定，但是司法实践中所发生的不同刑事案件又会产生必须考虑的各种条件对它进行个案的修正。[②]

而且应当注意到，概念总是由语言形成的，法律的语言能否精确明了不仅关系到人们是否便于理解和宣传，更关系到法律是否能得到有效的执行，从而达到设置法律的终极价值目标。“一切法律规范都必须以‘法律语句’的形式表达出来。可以说，语言之外不存在法。只有通过语言，才能表达、记载、解释和发展法”[③]。然而语言本身就具有模糊性和歧义性的特点，立法者既不可能把握语词的本源含义与立法目的之间含义的共通性，甚至在立法者所确立的法律语言在社会公众唤起的法律意识与立法意图可能完全相反——“如果立法者试图消除某种罪恶，但却又无法明确表达出他的制定法所针对的目标，他便显然很难使他的立法变得清晰明了”[④]。不仅如此，语词的含义总是在变化，随着社会、文化和习惯的发展，语词的意义总是呈现出不同的含义。概念是法律最基本的组成元素，对于概念总是需要解释——对“故意杀人罪”来说，什么是故意，达到什么程度和状态算是故意，而什么又是杀，杀的

① 陈嘉映：《语言哲学》，北京大学出版社 2003 年版，第 76 页。

② 按照绝对的罪刑法定主义，入罪和量刑只能依据刑法的明确性规定，这是对刑法形式理性的肯定；但是在相对的罪刑法定主义的视角下，还必须考虑更多的刑法价值，例如人道和谦抑，这是对刑法实践理性的肯定。这并不冲突，我们看上去冲突的只是法律形式上的稳定性能不能受到实践正义的挑战。

③ ［德］魏德士：《法理学》，丁小春、吴越译，法律出版社 2003 年版，第 73 页。

④ ［美］富勒：《法律的道德性》，郑戈译，商务印书馆 2005 年版，第 185 页。

行为方式是什么，最后什么是人，人的范围限于何处？边沁认为："语言是模棱两可的工具，不仅交流而且思维本身依赖语言，然而它的复杂形式还包括了混乱和欺骗的可能性，这些混乱与欺骗被反叛者同样有意无意地使用着。"①

刑法需要解释，而解释的规则和标准是什么？我们以刑法中的法益概念从出现到发展的历程，来证明刑法概念的解释过程中道德的参与。法益是法所保护的生活利益（个人法益），国家的任务在于保护个人的法益和作为其集合的社会利益（社会法益），以及保护为维持、促进上述利益而设置的各种机构、组织（国家法益）。②法益保护被视为刑法的"第一次社会控制机能"，是法治国家应有的法律价值。在德日的刑法中，法益概念是刑法的核心概念。德国学者奥托就说，"无法益保护，就无刑法"。③ 法益概念诞生之初，就是指刑法保护的对象，是"人的生活利益"，法益的概念把刑法的对象客观化和规范化了，在某种程度上能够消减刑法的滥用，以加强对个人的尊重。因为任何不侵害法益的行为，不应受到刑法的处罚。然而，如何去理解法益的内容，或许我们可以列一个很长的清单：生命、健康、人身自由、人格、名誉、国家主权与领土完整、国家的统一，等等。但是，侵害社会中任何客观存在的对象，都是随着时代、风俗、文化的不断变化而变化的，我们不可能用法律来解释法益，更不可能给出一个对于这个清单的正确罗列。那么，如何从实质上把握法益的概念，学者们继续使用了概念修正的方法。在李斯特之后，麦兹格认为，法益的理解应当精神化，"如果没有精神化，就不可能利用法益概念；精神化是法益概念自身的

---

① ［英］边沁：《政府片论》，沈叔平等译，商务印书馆 1995 年版，第 50 页。

② ［日］曾根威彦：《刑法学基础》，黎宏译，法律出版社 2005 年版，第 6 页。

③ 张明楷：《法益初论》，中国政法大学出版社 2000 年版，第 3 页。

本质，因为法益是由客观的法所认可的利益存在的状态，即法所承认的、刑法所保护的客观价值。不仅如此，‘人’的关系也不能被排除在法益概念之外；置于刑罚之下的‘心情刑法’本身也包含在法益概念中。”① 法益的精神化实际上在改变法益形式化的内容，把法益的概念扩大到了主观的层面，让法益的概念越过了客观性的层面。因为，“心情刑法”所关注的是国民心理的危殆，对于某些不可能造成实际损害的行为，只要国民的“法感情”受到了负面的损害，刑法也就有必要予以惩戒。这无疑是对法益概念的再定义。在传统的理论中，法益是具有物的对象的性质，是应当尽可能客观化和实在化的概念，若将法益的概念作虚无化的解释，在某种程度上是对刑法所要求的明确性和实定性的背反。

法益的精神化无异于认为“法益概念不能够穷尽法秩序的全部内容，而法秩序的本身应该是形成国民生活的精神力量……（行为）就是在手段上违反价值，是对这种精神力量展现的侵害，就可以作为犯罪处理”②。精神化的法益已经不能完全从形式的概念上加以理解，因为一旦确立了主观价值的判断参与到法益内容当中，法益就会扩大到用初始的客观概念难以把握的尺度。在耶塞克那里，法益是共同社会的原来存在的安全、幸福及尊严为基础的社会秩序的理念的诸价值，是社会秩序的精神价值，这确立了对于法益的判断，应当由道德因素来参与，才能够完全把握“法所保护的生活利益”的确切含义。但是，罗克辛认为：“纯粹违反道德行为所侵害的也不是法益，法益是一种价值，而价值的目的是以个人自由发展为目标进行建设的社会整体制度范围内，有益于个人及其

---

① ［日］伊东研祐：《法益概念史研究》，日本成文堂1984年版，第155页。

② 陈家林：《不能犯初论》，中国人民公安大学出版社2005年版，第31页。

自由法则的，或者有益于这个制度本身功能的目标设定”①。在这些看似矛盾的解读当中，我们姑且不确定孰是孰非，但至少可以看出，对“概念”的理解本来就是主观化的。我们甚至可以这样认为，在不同的立场和视角当中，对于同一概念的解读，自然会添附主观的认识，而不可能做到完全的客观化。

可见，刑法概念本身是用来达成刑法形式上理性的重要部分，但是概念并不能完全对刑法所要保护的对象给予一个完善的解决，在这个时候，道德的判断是解决概念本身趋于完善的手段和标准。哈特说：“我们无法否认，任何社会或时代法律的发展，事实上都会受到特定社会群体里约定俗成的道德和理想深远的影响。”② 刑法的形式理性表现在概念与体系的独立存在，但是这种独立并不能脱离“善恶”的价值判断，在刑法概念的创造和解释上需要道德的参与。有学者提出了对刑法的“伦理解释”，正是看到了在对概念解释上道德判断参与的优势，即“合理的解释和适用刑法，就是在文本用语的最大含义范围内，选择、适用最符合公众善恶观念的含义。在刑法适用、解释中，指导解释主体价值判断的原则或者精神应当是社会公众的善恶观念。是否体现社会公众善恶观念，是衡量刑法适用、解释好或者坏的实质标准”③。在这一标准的考察之下，不是所有的行为都是刑法的实践，只有那些具有价值和道德意义的行为才属于实践。人的行为趋向于善，但“善”的目的不是预先就确定的，而是由德性来决定的。④

---

① ［德］克劳斯·罗克辛：《德国刑法教科书总论》（第1卷），王世洲译，法律出版社2005年版，第15页。

② ［英］H. L. A. 哈特：《法律的概念》（第2版），许家馨、李冠宜译，法律出版社2006年版，第173页。

③ 张武举：《刑法的伦理基础》，法律出版社2008年版，第305页。

④ ［古希腊］亚里士多德：《尼各马可伦理学》，苗力田译，中国社会科学出版社1999年版，第234页。

三、道德评价——刑法实践理性的标准

在亚里士多德的哲学概念中，实践与行为存在着密切的关系，不过这里的行为，还不是专指人的行为。任何能引起运动的存在物都可以是实践的主体。① 然而，在他的伦理学观念中，实践就不再具有如此宽泛的意思，而是成为一个专指人的行为概念，特别是指取决于人的自由决定的行为。② 康德则认为，人的理性在于认识和意志，意志功能就是实践理性。在他看来，人是有限理性的存在，因为人既是自然存在物，又是理性的存在物。人在遵循自然法则的过程中需要遵循认识的理性，而人在社会存在的过程中应当具备实践的理性。在后一个过程中，人需要解决“我们做什么，我们可以做什么以及我们应该做什么”这三个基本问题，而这些问题的回答都是需要对生存意义的行为实践以及在实践基础上进行理性的价值判断才能实现的，因此实践理性的基本含义就是人的行为选择的道德基点。③

相对于人的实践理性，法律作为引导人行为的规范，其意义在于“可以高度肯定地回答一些伦理问题”④。显然，法律的存在不是自然的产物，也不是上帝创设的绝对规则，而是在人类长期的社会实践活动中理性总结的产物，它的目的在于维护社会的秩序，保障社会正义并且促进社会的进步。法律必须同正义等良善价值联系在一起，才具有指导实践的作用。既然实践理性本来就是站在道德角度来判断和指导人的行为，那么对于刑法来讲，在刑法的实际运

---

① 葛洪义：《法与实践理性》，中国政法大学出版社 2002 年版，第 89 页。

② 张汝伦：《历史与实践》，上海人民出版社 1995 年版，第 95 页。

③ 葛洪义：《法与实践理性》，中国政法大学出版社 2002 年版，第 101 页。

④ ［美］理查德 · A. 波斯纳：《法理学问题》，苏力译，中国政法大学出版社 2002 年版，第 96 页。

行中，不管是在规定犯罪、施加刑罚还是在这些规范对于社会的效果的评价中，需要由道德来作出判断。

(一) 刑法实践理性的道德肯定

在一些著名的案件里，如何确定道德原则在刑法中的适用，是两难的命题。然而，道德的两难并不代表法律需要踯躅和犹豫，法律的实在性和有效性通过立法的过程就能明确实现，但是当出现一些在道德和法律之间纠结交错的状况时，法律的价值取向应当如何判别："当法律给予被告的思想状态作出区分时，法律并不是形式主义的。死了人就是死了人，不论你是被一个鲁莽驾车者还是一个就想杀死你的驾车者轧死。但是后一个驾车者对社会更加危险，所以更可能引起刑事惩罚作出回应。同样是偷了100美元，为什么对偷百万富翁的小偷和对偷穷人的小偷惩罚同样严厉（后一个被窃者肯定比前一个更不快）。然而，惩罚并非同样严厉"①。波斯纳用这样一个例子说明了在法律的实践理性中，道德评价的重要意义。因此，我们可以有这样的认识：在道德的内容中，其实也是充满了理性因素的，道德的善恶判断总会或多或少地涉及人类的理性观念，即使"道德原则不能像科学原则那样客观"或者"道德是感情的因素，不能产生理性的思考"，但是它仍旧如我们所说的，具有一定的底线。"不同文化的善不大可能得出一种基本的排序，但是我们有理由相信，在特定的情况下或从总体上，在这些善终，有的更为重要，甚至重要得多"②。唯一的问题在于，我们所确定的底线何在，这是一个最基本的设问，因为道德的理性显然比法律更难把握。法律的规则是普遍的，而道德却没有高下之分，所谓的底线可能是那些最基础的道德法则，例如"禁杀人"和"禁奸淫"这样抽象的描述。然而在不同的文化面前，这些行为的表现似乎也

---

① ［美］理查德·A. 波斯纳：《道德和法律理论的疑问》，苏力译，中国政法大学出版社2001年版，第148~149页。

② Charls Larmore, *The Morals of Modernity*. 1996, p. 8.

是值得考量的。我们只能说，在某个具体文明的内涵里，道德的底线是由该文明的历史、习惯以及文化沿袭所决定的。例如，爱斯基摩人杀婴和卡雷逊人吃父亲的尸体，在他们的文化圈里符合他们自身的底线道德。① 但是如果我们在“更加法治”的环境下讨论道德问题，恐怕得出的结论就远远超过了底线道德所能解释的范围。在我们所关注的道德案件里，特别是在近代的文明社会中，我们很难用纯粹的底线原则来解决实在的道德判断。

我们来看几个体现着如何判断法律价值的案件，我们称之为道德案件。从法律的定性上看，这些案件并无特别的难度，但是若依据法律的规定进行裁判，则会出现与道德相抵触的现象。

著名的道德案件之一：如何处理合法的道德恶行？告密者案。第二次世界大战之后，纽伦堡国际军事法庭开始着手审判纳粹政权的战争犯以及为法西斯效劳的间谍、告密者等罪犯的战争罪行。但是，犯有这些罪行的被告声称，他们的所作所为都是根据法律、政令和军令作出的，因而不是违法的。其中有这样一个著名案件：被告原是一名德国军官的妻子，由于丈夫在前线，于是与别的男人私通。有一次丈夫休假回家，在家与她闲聊时发表了对于希特勒的反感言论以及对于发动战争的质疑。1944 年，当丈夫回到前线之后，她为了与丈夫脱离关系，在与情人预谋之后，向纳粹当局密告了丈夫发表过诋毁希特勒和当局的言论。根据 1934 年纳粹政权的一项法令（规定凡发表不利于第三帝国的言论都是非法的），其丈夫被判处死刑。后来由于战局恶化，她的丈夫被暂缓执行死刑并被派往

① 汉代是尊崇儒术的朝代，但是东汉章帝建初五年，在儒家“好行教化”的思维下，却颁布了允许血亲复仇的《轻侮法》，以此来作为“孝，百行之冠，众善之始”的反映。“有人侮辱人父者，而其子杀之，肃宗贳其死刑而降宥之，自后因以此比”，见《后汉书·张敏传》。这种规范在儒家“义士死节”、“三纲六纪”的思想下展开，但是与儒家“仁爱”、“礼”的思想又有极大的矛盾。可见即便是同一种道德观，在法律上也会有不同的印证，反之亦然，同一种法律规范，在道德上也会有不同的判断结论。

前线执行危险的任务，但是却侥幸活了下来。1949 年，联邦德国法院指控该妇女犯有 1871 年《德国刑法典》所规定的非法剥夺他人自由的罪行。这名妇女辩解说，她向当局报告其丈夫的行为是依法进行的，她并没有犯罪，而且她的丈夫被判处刑罚也是根据当时的法令。但联邦德国的法院坚持认为，被告人所依据的法令，由于违反了基本的道德原则，因而是无效的；另外，被告人并不是心怀义务去告发，而纯粹是基于个人卑鄙的目的，被告的行为违反了一切正直的人的良知和正义感。因此，法院最后判处了被告人徒刑。①

对于严格要求罪刑法定的刑法来讲，这个判决显然是违背刑法原则的。在没有违背“行为时法”的基础上作出有罪判决，而且判决的理由是“违反了一切正直的人的良知和正义感”，这很难让人在罪刑法定原则以及保障行为人预测可能的刑法目的之下去理解。因此，这个案例引起了极大的争议。自然法的复兴正好来源于此，在自然法的支持者看来，这个判决无疑是“光辉而正确”的，以法律的形式消灭道德上的恶，并且抛除实在的“恶法”，是道德正义的理性回归。这一判决对实证主义来说，显然是不好解释的。因为他们无法反对惩罚那些以法律的名义从事的卑劣行径或者有违人道的行为，但是纳粹的法律也是经过正常立法程序所制定的，符合实证法“恶法亦法”的观念，所以实证法学家提出应当公布一些可以溯及既往的法律，以“事后法”作为惩罚的依据。显然，刑法面临一个两难的境地：如果宣布纳粹的法律无效并且作出有罪判决，那么就是在依据道德审判，因为行为时的法律规定告密是正当的行为；如果依据可以溯及既往的法律作为惩罚的依据，那么这一判决就是违背罪刑法定的原则，因为是以“事后法”作为惩罚

① 参见张文显：《二十世纪西方法哲学思潮研究》，法律出版社 2006 年版，第 346 页。

的依据。[①]

“从亚里士多德开始，如何根据正义的考虑减轻现行法律可能带来的严酷与不公正就已成为法律理论与实践所面临的一个问题了”[②]。正义的考虑可以减轻法律带来的不公，这在刑法上屡见不鲜，例如“从旧兼从轻”的时间效力原则，废除死刑的努力，社区矫正的普遍适用。但是根据正义的考虑加重法律的惩罚，就会非常棘手。显然，在上述裁判中一个核心的问题就是：“法院依据什么法律在裁判？”我们无法找到一个“客观实在”的法律为告密者定罪，法院的裁判规避了这个问题的答案，转而诉诸告密者是否需要被惩罚，当人们对战争的否定达成一致的时候，同理对于维护战时法律的告密者，自然会作出“当罚”的选择。所以，道德本身虽然不是形式上检验法的标准（政治体制、宪法安排以及立法程序将会对法律是否“合法”作出判断），但是这并不禁止道德被采用在法律的形式当中，并且以道德原则来审视法律的运行是否“良善”。这一过程能够对法律的偏向进行纠正，使之回到普遍理性的道路上来。拉德布鲁赫认为：“实在法蔑视公认的道德和正义准则，并且同它们发生严重冲突时，就不能认为是实在法。”[③] 可见即便是实证的法律体系，也应该包含实质的道德要求，并且除了在立法上静态地赋予法律以道德的内容之外，在动态的法律运行过程中应当符合道德的要求。在实证主义者看来，道德对法律的评价是为了避免更大的邪恶而不得不采取的选择，仅仅是出于功利主义

---

① 毫无疑问，实证主义在这个问题上是完败的。实证主义的哲学渊源是科学主义，对于法律的时效，实证主义不可能主张“重法溯及既往”，这显然与实证主义所提倡的严格法律主义是相违背的。在这个案例当中，实证主义对于判决结果，几乎没有解释余地。

② ［英］埃尔曼：《比较法律文化》，贺卫东、高鸿钧译，三联书店1990年版，第61页。

③ 张文显：《二十世纪西方法哲学思潮研究》，法律出版社2006年版，第344页。

的考虑，但是却无法反驳法律理性与道德评价之间的互证关系。

（二）刑法实践理性的道德批判

在实在法上是非法的，但是在道德层面可以证成的行为，是刑法实践理性面临的另一难题。这似乎是一个伪命题，因为根据法律的规范作出非法的判断，从而施以相应的惩罚，即使与道德上的判断相悖，似乎也不会影响到法律形式意义上的效果。如果在这一情形下坚持法律主义并且依照规范进行裁量可能触碰道德判断的话，那么对于刑法实践理性的实现，就有着重要的影响和作用。

著名的道德案件之二：道德判断能否破坏现行的法律？埃希曼案件。埃希曼是“二战”时纳粹“解决犹太人问题”专家，纽伦堡国际军事法庭收集到的证据证明他是所谓“埃希曼服务所”的领导人，“二战”期间他指挥杀害了600万犹太人。战后他改名换姓整容之后逃到了阿根廷，当年集中营里死里逃生的人配合以色列情报机关摩萨德花了15年时间终于发现了他。以色列动用了大量的人力物力将埃希曼绑架回以色列，这一过程堪称惊险刺激，因为这一系列行动都是瞒着阿根廷政府进行的，埃希曼被绑回以色列不久就被判处死刑。阿根廷指责以色列在其国土上非法行使权力，侵犯了阿根廷的主权，要求把埃希曼送还并且处罚执行绑架任务的人。以色列拒绝了阿根廷的要求之后，阿根廷把争端提交给了联合国安理会。以色列辩护的理由是：埃希曼的罪行是绝无仅有的，而且希望阿根廷考虑“希望拘捕埃希曼的那些人的善良动机，允许单独的仅有的一次破坏阿根廷法律的行为”。阿根廷否认了道德上的理由，强调“单独一次破坏法律秩序将导致法律的全部结构垮台”。联合国面临这样一个难题：是肯定国际法的绝对效力，认为以色列侵犯了阿根廷的主权，还是认可在道德的限度内要求阿根廷容忍。阿根廷的代表向安理会辩护说：“法不总是站在大众情感一边的，它往往是不得人心的。”而以色列不否认绑回埃希曼的行为破坏了法律的规范，但是认为面对强烈的道德冲击，我们有理由要求法律作出让步。而联合国最后的裁决是：对以色列申诫；以色列向阿根廷道歉。[1] 在这个案件当中，阿根廷是占据法律制高点的，当然在道德上也不属于“洼地”，因为阿根廷没有义务配合以色列抓捕纳粹战犯，况且埃希曼拥有阿根廷国籍，阿根廷有义务保护它的每一位国民。“二战”后很多纳粹战犯通过获得南美国家国籍逃避国际刑事法庭的追责，而且国际刑事法庭的正当性本来就值得考察。[2] 在这个案件中，以色列和阿根廷是平等的国家，以色列不具有国际法庭那样的普遍追责权力。如果基于对以色列追捕纳粹战犯的目的放弃保护自己的国民，那么阿根廷的国家权威如何在国民面前得以实现？然而联合国的裁量事实上对以色列有利，以色列没有得到实体性的惩罚，无论是出于国际政治势力的博弈和妥协，还是其他原因，不能否认的是，以色列的道德诉求也是裁决考虑的原因之一。[3]

刑法是否需要向具有强烈道德要求的观念或者行为让步，或者说刑法的规范在面对何种道德冲击的时候能够免除法律的效力。这个问题非常难以正面回答。我们有充分的理由要求维护实在法的效力，“有法不依”带来的后果比无法无天更为可怕；但是我们是否应该兼顾最根本的道德要求而使得法受到更多的尊重？显然，如果依照国际法的原则，以色列应当把埃希曼交还给阿根廷，那么带来的民众的道德声讨会更加强烈。此时，以色列人对正义的判断标准反倒站到了法律的对立面，法律的应对方式应该是“拿出政治勇

---

① 张文显：《二十世纪西方法哲学思潮研究》，法律出版社 2006 年版，第 347 页。

② 德国从未认可过一起纽伦堡法庭的裁判，无论是从实证法的角度出发，还是出于政治上的考虑。“成王败寇”似的审判，在德国没有获得正当性的理由。相反，德国自己的司法系统对纳粹战犯进行了审判。

③ 从此以后，以色列在为了本国利益而无视他国权利的道路上越走越远。轰炸摩洛哥的巴解组织总部，在境外组织暗杀活动，打击伊拉克的核设施以及在派出军队到乌干达拯救以色列人质。这是否符合道德判断的原则，或者说埃希曼案件的影响有多大，抑或出于以色列人的民族文化，难以考证。

气放弃实在法的统治以免造成粗暴的非正义事件”，还是“应当保卫自己，反对自然法原则的滥用”呢？在这个案例当中，以色列的诉求得到了相对的支持，埃希曼按照以色列人的审判被执行了死刑。

在刑法实践的过程中，总会有一个绕不过去的道德命题：死刑的存在是否符合理性。关于死刑，从客观的人类理性看似乎并不符合人道宽容等德性，然而法律却可以从不同的角度赋予死刑以正当存在的理由。不管是基于罪刑阶梯的合理性，还是从社会需求的功利原则出发，死刑仍旧是符合相对理性的。只要这种理性在特定的社会下能够契合大多数人的道德。道德的观念审视对于法律的实践在某些情况下是致命的，在法律实践的过程中，当实在法不能满足道德的要求时，道德就会对法进行批判。如同在中国废除死刑的运动，大众总是会找出各种道德上的制高点来对法律意图达到的“绝对理性”展开抨击，而这种批判的结果，就是为了让实在法接受道德的要求，按大多数人道德的内容决定法律的规范形式，让法律“理解”到“杀人偿命”是正义和理性的要求，并且在法律实践的方式上回归理性的安排。“道德在不知不觉地渗透着法律的堡垒，因此最好是承认实在法有局限性，并且承认存在着实在法必须和应该对之让步的经明确规定的最低限度的‘自然法’”①。

---

① 张文显：《二十世纪西方法哲学思潮研究》，法律出版社2006年版，第349页。

第三章 刑法的道德性考察

罪，不及物动词：自愿偏离上帝为人规定的义务轨道。

——韦伯斯特新国际词典

梅因曾说："法典愈完备，它的刑事立法就愈详细、愈完备。"[①] 罪与罚构成了刑法的基础，而有关罪与罚的历史演进，就是刑法从蒙昧时代到现代社会的发展过程，在不同的历史阶段和社会环境中，罪与罚的内容呈现出陡然的差异。那么，人们依据什么来规定罪与罚，它们的来源究竟如何？在前一章的叙述中我们获知，法律依循道德来作为价值的取向和规范的渊源，同时又倾力维护和巩固社会大众的道德观念。刑法作为部门法的一种，法律与道德的关系在刑法中自然也会遵循普遍的规律。而且，也正由于刑法规定犯罪和刑罚，才使得刑法成为维护社会秩序最为有力的武器，刑法也因此成为道德观念最鲜明的载体。在人类社会法律产生的初期，刑法是法律的主体和核心，几乎所有的法律关系都是由刑法来规范的，乃至人们评价这一时期的法制状态，一般都将其形容为"诸法合一"。对于刑法来讲，道德的作用以及潜在的影响一直存

① ［英］梅因：《古代法》，沈景一译，商务印书馆1959年版，第207页。

在，而在法治文明不太发达的中国，法律与道德的混同，在法典的精神和内容上甚至延续到20世纪初。

刑法的基本精神包含着道德的内容，刑法的发展演进离不开道德的因袭和变迁。不仅如此，从道德的角度出发，才能确切地理解刑法的根本价值。蔡墩铭曾经这样评论："何种行为应为，而何种行为不应为，刑法所考虑之基本价值，虽不以道德为限，但社会道德仍不失为刑法价值考虑之主要因素。"① 由于道德来自人性，因此在何种情况之下，何种社会行为该为，何种社会行为又不应为，生活于社会之人莫不了解，所以道德即使在实施社会行为之前且并未先参考刑法条文之规定，却仍可依人类之理性而为正确之判断，可望防止人类所实施行为越轨。

一、道德，还是伦理——语义和语境的刑法分析

在刑法规范之外，究竟是道德还是伦理，存乎于刑法规范的精神价值之内，秉持于立法活动的价值规则之中，或者泛滥于司法和守法的社会成员之间，成为对于刑法外在规范和内在实质起着重要影响的因素？此外，道德和伦理的界限，在刑法上存有怎样的影响？在这些问题没有解决之前，我们的讨论就不能顺利地进行下去。

（一）刑法中的"伦理"与"道德"之辨

在前面章节的概念解释中，我们已经做出了道德和伦理的界分，这种区别的意义在于论证与法律相对应的概念范畴。而在这里，我们需要进一步厘清与刑法所对应的概念。因为在刑法当中，道德和伦理存在着较为特别的意义。在与法律所对应的概念上，"道德"一词具有同等的层次含义，而在刑法的语言体系当中，却经常排斥"道德"使用"伦理"一词，"伦理"是社会共同体的道德观念。从这个意义上讲，伦理和道德的关系似乎是"整体与

① 蔡墩铭：《刑法之基本性格》，载《法令月刊》2000年第10期。

个别"、"实质与内容"的关系。但是，我们在前一章节作出概念解释的时候就已经强调：对于任何词义的理解都应当在具体的合适的语境中才能做出正确的判断。

在当下，关于法律与道德问题的著述中，有一个颇有意思的现象。那就是在"法律与道德"问题的一般探讨中，对于"法律"一词，相对应的是"道德"；但对于"刑法"，相对应的却是"伦理"。① 那么，究竟是"道德"，还是"伦理"，显然是个需要厘清的问题。首先，在刑法上使用"伦理"，来自违法性理论中规范违反说，在持规范违反说的学者那里，"规范是深入到一群人的关系之中"社会共同体或者法共同体生活的一种方式。② 规范的意义在于，它接受法律原则和精神的引导，它也与人们的价值观念相关，与"道德判断"有关。"如果一个人是在认真地策划某一恶行，他就已经超出真正的与纯洁的道德界限了"③。因此刑法的根本目的在于惩罚对于规范的背反，而规范的内容应当是"社会伦理规范"。规范的内容是基于文化所形成的社会共同体普遍认可的原则，宾丁认为"犯罪的本质是对于和平、法以及规范的破坏，在现代的各民族中都能普遍看到这种情况"。④ 威尔策尔也说："法律的意义并不在于为想象中安然无恙的法益抵御一切损害性的影响，

---

① 国内论者在论及刑法的道德性时一般都使用"伦理刑法"一词，参见张武举：《刑法的伦理基础》，法律出版社 2008 年版；任喜荣：《伦理刑法及其终结》，吉林人民出版社 2005 年版。不过在这里需要说明的是，此二者所要表达的含义并不完全相同，前者意图表明的态度是：伦理的可规范性才是刑法建立的基础；而在后者的著述中，使用"伦理"一词的目的，正好是为了研究中国传统的"家族道德"，也就是中文语境下的伦理。

② ［美］弗朗西斯·福山：《大分裂——人类本性与社会秩序的重建》，刘榜离等译，中国社会科学出版社 2002 年版，第 32 页。

③ ［德］叔本华：《伦理学的两个基本问题》，任立等译，商务印书馆 2002 年版，第 264 页。

④ ［日］竹田直平：《法规范及其违反》，有斐阁 1961 年版，第 73 页。

而是从法益所受到的无数影响和侵害中，选取那些对于通过伦理来维持秩序的共同体存在而言不可容忍者，并予以禁止。”[①] 所以，违法性实质上是对整体法秩序的违法，是对作为法秩序基础的社会伦理规范的违反。[②] 在规范违法论者那里，刑法规范的实质就是伦理规范，对于在刑法中所要研究的问题，在习惯上也是用伦理来表示的。然而从本质上说，规范违反中的伦理，是国民生活的道义的总括，“社会伦理规范应该是违法性判断的基础，需要从国家的观点对社会伦理规范进行规制，我们并不是说不可能考虑存在舍去国家意义上的人类普遍的社会伦理规范”[③]。这样的研讨方法似乎并没有将“伦理”与“道德”作出基本的区分，而对于“伦理”的倚重在很大程度上是习惯使然。在规范违反论者的视野里，出于反对法益侵害说的目的，认为违法性的来源在于对规范的违背，而规范的来源是社会的伦理道德。在持规范违反说者的使用原则里，很少能看出“伦理”与“道德”二者的区别，因为对于（伦理）规范的描述，也是“（伦理）规范受法律原则、法律精神的引导，它与人们的价值观念有关，与一种政治立场有关，也与道德判断有关”[④]。显然，在这种描述里，我们不能辨别“伦理”与“道德”究竟有何差异。其次，对于使用“伦理”的刑法学者，在解释对二者的取舍时，似乎是基于道德内容的易变性而有意弃用的，因为道德的易变性可能会让代表规范的刑法不能与之相对应。不仅仅是不同的文化类别中存在不同的道德理论，对于同样的族群，不同的

---

① Hans Welzel, Studien zum System des Strafrechts, Zeitshrift für die gesamte Strfrechtswissenschaft, 58 Band, 1939, p. 516.

② ［日］团藤重光：《刑法纲要总论》（第3版），创文社1990年版，第188页。

③ ［日］大塚仁：《刑法概说》（总论）（第三版），冯军译，中国人民大学出版社2003年版，第303页。

④ 周光权：《论刑法学中的规范违反说》，载《环球法律评论》2005年第2期。

历史阶段也会出现不同的道德内容，甚至在社会多元化的进程中，“道德”本身的含义就不是统一和可量化的。在复杂的社会躯体当中，对于道德的理解通常都有不同的含义。而对于伦理，“伦理是处理人与人之间关系应当遵循的最为基本的道德，是道德的结晶体”①。伦理的“规范”特性使得它能够契合刑法的需要，作为一种正在“走向规范”的学科，能够用规范的表达在外观上显然是合适的。相反，道德“不可规范”的特质似乎不能够负担如此的重任。

然而，对于“道德与伦理”的使用，似乎并不是简单地从“规范与描述”或者抽象与具象的区别上加以归类的，在刑法上使用“伦理”，大多还是因为对于西方译著翻译上的习惯以及对于日文学术名词的借鉴。实际上，在刑法中使用“伦理”，是一种继承的语言习惯，并不带有太多的规范意义，因为将“道德”置于同等的地位加以描述，也是很常见的现象。在某些译著当中，并不明确区分两个语词的含义，例如，“刑法的中心任务不在于法益的保护，而在于保障正面的社会道德的价值行为，如尊重他人的生命、健康、自由、财产等等”②。在中译者看来，使用“道德”或者“伦理”并无实质的差别，因此在下文中，又这样译到：“由于重视行为的伦理性，因此一种行为即使没有实际的侵害法益，只要手段上违反了价值，就可以作为犯罪处理”③。然而，这种引用的危险也就在于此，在中国的语境中，“伦理”似乎有更加“民族性”和“地方性”的意义包含其中。俞荣根认为：“‘ethics’在中文里译作‘伦理’，与我国古代所说的伦理是有区别的。中国固有的伦

① 张武举：《刑法的伦理基础》，法律出版社2008年版，第77页。

② 陈家林：《不能犯初论》，中国人民公安大学出版社2005年版，第31页。

③ 陈家林：《不能犯初论》，中国人民公安大学出版社2005年版，第31页。

理范畴，在西方并没有一个相对应的概念。在西方的文化体系里，将研究道德问题的哲学称之为‘伦理学’，而道德主要是一种个人的行为规范。因此伦理学往往同个人的行为相联系，不同于儒家的家族主义伦理范畴”①。显然，“伦理”一词在中国有其特殊的涵义，即在于“家庭内部或者亲缘之间的道德”，因为“伦理是我国固有的文化范畴，实指古代宗法社会中以血缘家庭为基础的人伦尊卑等级秩序，亦称‘伦常’，即人伦之常道”②。蔡元培认为：“我国以儒家为伦理学之大宗。而儒家，则一切精神界科学，悉以伦理为范围”③。所以，中国的“伦理”在观念里是依附于“宗法社会和礼制”而存在的。从这个意义上看，中国的伦理观与西方的伦理存在着截然不同的内容。

既然“伦理”有不同的语境意义，那么在使用时就应该更加谨慎。反过来，是不是“道德”就一定不具备与刑法相对应的层次呢？恐怕也不尽然。“一个文化系统中，对文化分子的思想、行为，甚至情感，规定其应当或者不应当，善或恶等等就是规范特征，而伦理和道德是规范特征的总汇。”④ 从这个角度看，伦理和道德的“规范”区别已经得到消弭，既然“道德”也可以成为“规范”，那么它们之间就没有含义上的太大沟壑。显然，伦理与道德在规范层面上的区别并不是刑法当中有所区别的根本原因，相反，因为“伦理”一词存在的中西方文化差异，那么对其使用就会造成词义上的模糊和分歧。冯象曾经提到了法律人应当注意的学术习惯，其中对于语言尤其词源这样写道：“一个词在今天的用

---

① 俞荣根：《儒家法思想通论》，广西人民出版社 1992 年版，第 7 页、第 133 页。

② 俞荣根：《儒家法思想通论》，广西人民出版社 1992 年版，第 132 页。

③ 蔡元培：《中国伦理学史》，东方出版社 1996 年版，第 2 页。

④ 殷海光：《中国文化的展望》，上海三联书店 2002 年版，第 59 页。

法，和它在古汉语或用它转译的某些外国术语的原意，可能有差异。语词的外壳（文字记载）与它所负载的观念之间，也未必是一对一的关系；同样的观念可以用不同的语词表示，反之亦然。”①这或许是我们需要注意和把握的标准，语词的使用是观念的积累，然而观念已经根深蒂固之后，用西学译词再来描述一种与固有观念相左的内容，并以此作为学术研讨的根据，就显得不那么明智了。

简言之，在中国的文化和语境中使用“伦理”，在普遍的范围内是与传统文化遗传到观念中的“伦理”相重合的。这种伦理概念的解释，并不属于西方的或者当代伦理学中关于“伦理”的范畴：虽然在某种意义上，这种“伦理”也有“习惯或者习俗”的实质内容，但是更多的却是关于中国式的传统伦常关系。俞荣根指出，“所谓伦理法，应当是以儒家思想为指导的中国古代政治和法律。它以家族主义伦理为基点，将宗法伦常作为法的精神或者灵魂：军权是父权的延伸，国是家的扩大，体现家国一体或者君父一体这样一种基本特点。它所揭示的是中国古代以儒家思想为指导的法思想的基本特质或者基本精神，是宗法伦理和家族伦理的”②。可见，在中文的语境下，“伦理”的外延显然要比刑法所持有的惯常理解小得多，它并不是社会共同体内的习惯和习俗的归纳总结，也不是相对于“法益”的精神化内容，更不是“国家所承认的文化规范”③，而只是家族和宗法关系的概括，这种概念的总结应当是在中国传统影响下积淀已久的，并且在观念中已经达成了基本共

① “凡论及语言尤其词源，最好查一下专著，一些术语的来历，像‘人权’‘民主’‘宪政’，还有民法‘公序良俗’原则之类，论者喜欢追溯到外国或古代文献比如罗马法里去。那自然是不错的，但要注意一点，语词的历史并不等于观念的历史。”参见冯象：《木腿正义》，北京大学出版社 2007 年版，第 123 页以下。

② 俞荣根：《儒家法思想通论》，广西人民出版社 1992 年版，第 134 页。

③ ［日］大塚仁：《刑法概说》（总论）（第三版），冯军译，中国人民大学出版社 2003 年版，第 301 页。

识。由此，对于“伦理”一词的使用，如果将其和法律抑或刑法作为对应，并以此来描述法律之外的习惯和习俗所沿袭的规则，并不见得就是在与法律相对应的概念层次上存有比“道德”高明之处；反而，如此使用的流弊就在于：混淆了伦理本身在中国特定语境下的语义和语境含义，并不利于现象的解释和展开。

（二）坚持“道德”的理论本体

既然“伦理”已经成为刑法上进行研讨的合理称谓，那么在论者看来，就应当努力维持这种使用的正当性和合理性。“伦理”应当是刑法需要对应的讨论范畴，因为“伦理是最为抽象、稳定和持久的道德”①。的确，在崇尚规范的刑法学科中，使用“作为道德真理的‘伦理’”（黑格尔语）似乎显得更为合适，至少“道德”表现出的自我主义和强调主体的特征不容易在“客观并且规范”的学科内寻得合适的存在空间。作为道德义务的主体——主观的立场，“我”是道德义务的在场者，必须以一种主体的身份投入其中；而伦理义务是客体——客观的立场，“我”必须以一种旁观者的身份冷静观察。② 从这一论述出发，不难理解学者们有选择地适用“伦理”，而忽视“道德”：从某种意义上说，道德的内容并不是可客观归纳和统一的，在同一个社会里，道德的量并不是单一的，往往同时存在着数个针对性质相同事件但不同甚至相悖的道德，而伦理却是可以客观量化并且能够归纳的抽象道德。在他们看来，刑法讲求的“客观”和“规范”，似乎只能由伦理来加以匹配。然而，“伦理”在展开过程中不同的语境含义，导致了在中文语境下不足以涵盖法律之外道德规则的所有因素。因此，“作为抽象道德的伦理”，实际上并没有完全囊括我们要讨论的对象；相反，如果使用“道德”，似乎又逃不脱“不规范”的名声。然而，道德本身能否可以归纳和总结，作为我们探讨的对象？任何概念都

---

① 张武举：《刑法的伦理基础》，法律出版社2008年版，第71页。

② 高兆明：《制度公正论》，上海文艺出版社2001年版，第57页。

有存在的“度量”，道德也好，伦理也罢，如果不在一个维度内加以解释，当然就不会有更加理性和规范的内容表达出来。“伦理”的“规范化”也不是与生俱来的，而是在长期的使用习惯中被冠以能够贴切于“规范”的含义。“道德”的使用并非是刑法中的大忌，问题的关键在于，道德的标准如何被定义。而“道德”本身能不能被定义，或者说被规范，这并不是难以逾越的问题。因为“道德基本上是讨论人的问题的，以及讨论人同其他存在物的关系如何”[①]。从这个意义上讲，道德本身就具有规则性和标准性。“道德是主观意志的法”（黑格尔语），也说明了道德是可以进行归纳和抽象的。以某种能够被接受的标准出发赋予道德内容以一定的限制更可以作为标准化道德的进路，从而对于道德的内容作出符合客观的判断。所以“伦理是最为抽象稳定和持久的道德”这种判断显然是有问题的。如果用“古代希伯来人在《摩西法典》中规定谋杀、通奸等等属于可以判处死刑的犯罪，而现在绝大多数都不是犯罪”来解释道德是族群和历史的概念，并且以此来解释道德的不可规范和把握。[②] 但这种解释实际上也不能摆脱对于伦理可变性的质疑。因为伦理的存在也有历史的限制，因为“伦理就是成为现存世界和自我意识本性的那种自由的概念”[③]。同时，“整个伦理既有客观环节，又有主观环节”，说明伦理也不是一以贯之的具有极其稳定的内容。如同道德的多样化一样，伦理的相对稳定也是建立在某个可考察的社会片段的基础之上的，伦理的可变性表现在时代上并不比道德来得稳定抗压，而且在刑法上加以对应的使用还会造成理解上的困难。

---

① ［美］J. P. 蒂洛：《伦理学——理论与实践》（中译本），孟庆时、程立显、刘建等译，北京大学出版社 1985 年版，第 9 页。

② 张武举：《刑法的伦理基础》，法律出版社 2008 年版，第 72 页。

③ ［德］黑格尔：《法哲学原理》，范扬、张企泰译，商务印书馆 1961 年版，第 164 页。

除此之外，在目前的研究当中，仅仅在刑法中有“伦理”一词作为对象进行比较的现象，而在其他的部门法或者法哲学的层面上，更多的则是使用“道德”。在西方的著述里，可查证的著作几乎都不可免俗地作出如此的表达。[①] 显然，道德的“某些特性”使得他们偏爱于这种表达的形式，并且也同样形成了学术上的习惯。这种状态的出现与“规范”的要求无关，或者是对“道德”作出了更为合理的诠释。所以将“法律”与“道德”放在一起作为匹配，即便是一种学术习惯，以便于符合观念的需要和参与讨论者便于接受的便利，也是值得坚持的。同时，“道德”受到的偏见可以刺激我们对“道德”作出更为精确和适当的解释，就可以在不超脱“规范”的基础上，对于刑法中的道德内容作出贴近于“规范”的归纳。

（三）底线道德：可规范的道德概念

不管怎样，“道德”一词在概念上的“个体和自主性”带给人的印象始终不太可靠，且“伦理”的特定语境含义又使它失去了被应用的可能。之前谈到了道德的“某些特性”，这种特性可以使道德的概念归于相对客观与合理，并且促使它能够与“法律”形成合理的对应，如果我们用理性的眼光来审视这种特性的话，或许能得出的结论就是“底线道德”。道德的底线概念（minimum conception），应当是所有的道德规范都应该涵盖并且坚持的基础价值。底线的道德，“至少应当表达为：道德是用理性指导人们行为的努力——换句话说，做有最充足的理由去做的事——同时，对行为影响所及的每一个个体的理由有给予同等的重视”[②]。

---

① 关于“法律与道德”主题的著作很多，例如：富勒著有《法律的道德性》；庞德著有《法律与道德》；波斯纳著有《道德和法律理论的疑问》，等等。

② ［美］詹姆斯·雷切尔斯著，斯图亚特·雷切尔斯修订：《道德的理由》（第5版），杨宗元译，中国人民大学出版社2009年版，第14页。

底线的道德概念为我们表述的应该是一个最基本的道德形象："他应当是这样一个人，有责任感的道德行为人，应该是公平地关心每一个他的行为影响所及的人的利益；他详察事实并且考察其含义；他只在深入思考并且确认其有效性之后才接受行为准则；他愿意'聆听理性的声音'……"① 可能这种表达并不足以揭示底线道德的全部内容，但是我们可以这样理解：底线道德应当是符合理性的最为基础的道德，而且这种道德应当是"普适性和共通性的"——不管是古巴比伦的《汉谟拉比法典》，古代中国的《唐律疏议》，还是古代印度的《摩奴法典》，都会规定"禁杀戮、禁奸淫、禁诈欺和盗窃"，引导他们在时空阻隔的不同距离上作出同样法律规范的动力，原因就在于基本的"底线道德"。底线的道德源自于人类社会所追求的最为基础的价值取向，例如尊重任意个体的生命、对善良的期盼，等等。即使族群和历史渊源有极大的差别，但是底线的道德大致是趋同的。

费希特曾经这样抨击刑法中的道德存在："我们应当注意犯法行为的意图，并以此建立刑罚。但如果这只是法学家们在想要根据道德的重要性作出他们对于犯法行为的法律判决时考虑的问题，那么他们完全正确；但是如果他们谈的是唯一真实纯粹的道德，他们就会犯很大的错误。"② 因为任何人都不可能也不应当是其他人的法官，作为道德这种主观方面的判断要素来说，如果仅仅以纯粹的主观要素作为刑法的判断标准，那么就会导致法律的架空和虚置，多数人的道德观念可能被用来对持异见者进行不当的惩罚。所以刑法应当尽可能客观，刑法所规定的犯罪应当是民众道德观中能够被客观化的内容。"实施刑法的唯一目的和衡量刑罚轻重的唯一标

---

① ［美］詹姆斯·雷切尔斯著，斯图亚特·雷切尔斯修订：《道德的理由》（第5版），杨宗元译，中国人民大学出版社2009年版，第15页。

② ［德］费希特：《自然法权基础》，谢地坤、程志民译，商务印书馆2004年版，第265页。

准，就是公共安全的可能性。单纯为了破坏公共安全而破坏公共安全的行为应当比出于自私自利的原因而破坏公共安全的行为受到更加严厉的惩罚，并不是因为前一种显示出程度更高的非道德性——一般来说，道德只有一种，根本不能有程度之分……”[①] 在费希特看来，刑法所规定的处罚内容的程度不同，是因为对于社会的破坏程度和公共安全的危殆程度不同所引起的，但道德不存在程度之分并不妨碍这“只有一种”能够进入刑法领域的道德，是刑法表现出现实可罚性的正当依据。

与一般的道德观念相比，底线道德能够表达的是在理性支配下的道德观，而理性的内容，很难从客观的角度给出一个精确的解释。道德的内容是复杂多变的，在不同的民族、国家以及不同的时间维度，道德的内容是不能统一的。“道德在每一个社会都是不同的，而且它应当是社会所认可的习惯的适宜术语”[②]。在希罗多德的《历史》里有这样的记载：古代波斯的国王大流士（Darius）在旅途中发现卡雷逊（一个印第安部落）人习惯于吃他们死去的父亲的尸体。当然，希腊人不这么做，他们对死去的人进行火葬，并且认为把死者以火葬之外的方式处置是大不敬的行为。所以，当他把卡雷逊人的做法讲给宫廷里的希腊人时，“他们非常震惊，并且回答说，无论给多少钱，都不能让他们做这样的事情”；而问卡雷逊人“怎么才能让他们烧掉他们父亲的尸体”时，卡雷逊人感到非常恐怖，对国王说，不要再提如此恐怖的事情。[③] 不同的文化或

---

① ［德］费希特：《自然法权基础》，谢地坤、程志民译，商务印书馆 2004 年版，第 265 页。

② ［美］鲁斯·本尼迪克特：《文化模式》，王炜译，社会科学文献出版社 2009 年版，第 12 页。在《文化模式》的开篇，作者还用了一句更为形象的话来表达“道德”的文化差异：“开始，上帝就给每个民族一只陶杯，从这杯中，人们饮入了他们自己的生活。”

③ ［美］詹姆斯·雷切尔斯著，斯图亚特·雷切尔斯修订：《道德的理由》（第 5 版），杨宗元译，中国人民大学出版社 2009 年版，第 17 页。

者族群自然会有不同的道德规范，一个社会群体里被认可并且无比正确的道德观，可能在另一个社会群体里会被视为违逆或者可怕的想法。而且，不管是何种文化下催生出的“道德”，我们似乎都不能用“对”或者“错”来加以评价。显然，吃掉死者的尸体或者火葬，在他们各自的道德判断体系中，都是可以被接受的，没有一种超越于他们独立的道德体系之上的“客观理性”来作为最终的评判标准。“正确的观点就存在于风俗之中，它不是外在于风俗、外在于独立的根源的，也不是用来检验他们的。在风俗中，无论是什么，都是正确的”①。所以，我们需要衡量在以客观、公平作为基本特征的法律中加入道德因素之后看出现的结果。如果我们用“道德”来作为法律之外需要考虑的习惯规则，那么就相当于在法律中放弃了关于“正义、公平、平等”的法治理念。因为对于不可评价的“道德”来讲，既然没有普遍的以及可规范的内容，那么我们只能求助于这种习惯是不是“被社会规范所质疑”。那么在我们考虑制度的正当性之时，只能在其作用的历史阶段和现实环境当中去求证。例如，印度的种姓制度，我们便不能用“罪恶”来评判，因为“这种严格的等级制度，在他们的社会道德规范里，与他们自身的习俗是一致的”②。

所以，我们引入“底线道德”这一观念，就是为了在文化相对论的观念上，找出一种可以客观评价的道德内容。“国民性建筑在一个民族的经济地域基础上并渗透着该民族共同文化传统，决定着该民族人们性格和行为模式的共同心理倾向。”也就是说，道德的外观必然是有差异的，但是我们需要关注的是其中较为稳定且趋

---

① William · G · Sumner, *Folkways*: *A Study of the Sociological Importance of Usages*, *Manners*, *Customs*, *Mores*, *and Morals* (1906), Kessinger Publishing. 2010, p. 28.

② ［美］詹姆斯·雷切尔斯著，斯图亚特·雷切尔斯修订：《道德的理由》（第5版），杨宗元译，中国人民大学出版社2009年版，第23页。

同的那一部分，也就是“（那些）经历了阶级时代种种变迁，却保有某种形式结构的稳定性，以独特的心理物质扎根于每一个具有共同祖先民族成员的心理结构之中”①。纷繁复杂的因素的共同作用产生了社会的独特习俗，这些习俗被型塑为国民的心理，但是对于习俗、习惯或者历史的价值观只是道德的含义之一，因为在一个社会群体里，风俗的差异可以归因于社会生活的种种方面，并不一定能够归结于道德的差别，所以价值观在实际上表现的不一致应当比表面上看起来要少。所以，为什么没有任何一个社会进化出可以“随意谋杀他人”这样的道德观？或者即使曾经出现过也很快会消亡？“一个不禁止谋杀的社会能够存在吗？那将是一个怎样的社会？假设人们可以按自己的意愿自由地杀害一个人，并且不觉得这有什么不对。那么，在这样一个社会里，不会有人觉得安全。每个人都不得不持续地保持警戒，并且为了生存，他们不得不尽可能地躲避他人。这样，不可避免的结果就是每个人都试图变得尽可能的自足——毕竟，与其他人交往是危险的。这样，任何大规模的社会都会崩溃。那么，禁止谋杀，就是所有社会所必要的道德特征。”②

---

① ［美］鲁思·本尼迪克特：《文化模式》，王炜译，社会科学文献出版社 2009 年版，第 26 页。

② ［美］詹姆斯·雷切尔斯著，斯图亚特·雷切尔斯修订：《道德的理由》（第 5 版），杨宗元译，中国人民大学出版社 2009 年版，第 27 页。雷切尔斯在之后作了更深入的解释：“当然，人们可能以更小规模的群体联系在一起，在这个小规模的群体中，他们可能相信其他人不会伤害他们，但是，请注意这意味着他们在构造更小的、承认反对杀人这一规范的社会。”这段话的意思，在汉代允许血亲复仇的《轻侮法》颁布之后，尚书张敏就已经说过：“夫《轻侮》之法，先帝一切之恩，不有成科班之律令也。夫死生之决，宜从上下，犹天之四时，有生有杀。若开相容恕，著为定法者，则是故设奸萌，生长罪隙。……今托义者得减，妄杀者有差，使执宪之吏得设巧诈，非所以导‘在丑不争’之义。”《后汉书·张敏传》，另可参见曹金华：《〈轻侮法〉与东汉的血亲复仇风》，载《扬州师院学报》（社会科学版）1992 年第 3 期。

底线的道德就在于承认“存在一些所有社会必须共同拥有的道德规范，因为这些规范对社会存在是必要的”，反对谋杀和禁止撒谎就是其中两个例子。而且事实上，我们还能从充满活力的社会里找出更多的“底线道德”，这些普遍的道德规范，能够成为我们在法律中可参考的价值判断原则，并且从一个文化到另一个文化，它们也不会经常发生变化。我们使用“底线道德”的概念并且赋予其一般的意义，目的就在于在“规范”的刑法学意义上树立一个可量化的道德标准——既然刑法中必定会包含道德的元素，而这些道德的元素是不可捉摸和归纳的，那么就通过给予道德一定的标准来实现和法规范的统一，这可能是有效的。当然，仅仅是可能，因为人类的善建立在不同的生活形式之上，人类显然不可能在一种独一无二的、普遍的文明中成长。“人类的健康成长要求不同文化之间的共存，而不是融合成一种普遍文明”①，这并非没有道理。底线的道德只是设想的概念，与实际的文化状态存在很大的时空距离，在不同的文化体中间，调和出一种放之四海而皆准的道德原则，可能是不现实也不符合历史进化历程的。道德是地方性的，世界上没有什么道德公理（moral universals），即使是道德公理在其内容上也是有地方性差异的。“例如‘谋杀不公’，所谓的‘谋杀’就是指‘不公的’杀人；或者‘贿赂有错’，而所谓的‘贿赂’就是指不公的支付。但是什么才构成谋杀或构成贿赂呢？这在各个

---

① *Four Essays on Liberty*, Oxford, Oxford University Press, 1969. p. 188. 转引自［英］约翰·格雷：《自由主义的两张面孔》，顾爱彬、李瑞华译，江苏人民出版社 2008 年版，第 32～33 页。“一种为亚里士多德派和无神论唯物主义者所共有的信念是错误的，这种信念认为，存在着一种基本的、可知的人类本性，在一切时候、一切地方、一切人身上都是一样的——也就是说，在所有改变着的外表下的一种静态、不变的东西，有着永恒的需求，为一个独一无二的目标所规定，全人类皆然”。

社会有很大的不同。”[1] 世界上确实有少量有关社会合作的基本原则，例如，不要总是说谎或者不要没有任何理由的失信，不要不分青红皂白杀害亲戚或者邻居，这也许在所有的人类社会都是相通的。但是这些原则太抽象，只能作为宣传的教条或者实施教化的标签，完全不能作为衡量的标准，因为对于法律来说，需要的不仅仅是性质上的确定，还需要复杂的行为与心理描述，这显然是简单的道德教条无法完成的任务。然而，我们可以这样解释：在复杂的社会现象下，没有一种道德原则能够普适性地适用于社会历史的始终，时空的变迁改变着观念、习俗和道德的根基。但是，在这些道德内容的进化过程中，总是会有一些被多数道德观念所接收的内容；而且我们考虑社会中的道德，应当有一个基本的立场，那就是站到一般的社会发展过程当中，抛除那些对社会演进微不足道的力量——例如食人部落的吃人风俗和原始社会用活人献祭的习惯，不应该被我们的道德判断所考虑，因为这些文化的存在仅仅具有社会学意义上的样本价值，并不具备法治和道德意义上的可参考性。而且，如果没有一种广泛有效的道德机制，法律的制定可能会失去最基本的效力来源。“法律所体现的和追求的‘公平’与‘正义’，实际上就是特定时期民众所认同的价值和道德标准、在法律的具体运作中，民众的价值观和道德标准的契合尤其重要……”[2] 显然，在法律的基本价值和理念中，体现道德的存在是必要的内容，即便公平与正义的价值诉求在具体的含义上与道德所追求的目标有所差异，也不妨碍法律彰显道德的价值并以此来获得民众的认同和服从。特别是对于刑法来说，公平和正义的烙印是刑法与生俱来的，最根本的道德目标完全能够符合刑法的根本理念。即使是我们人文的“拟制”，底线的道德也可以比较圆满地完成与刑法互动的任

---

① ［美］理查德·A. 波斯纳：《道德和法律理论的疑问》，苏力译，中国政法大学出版社 2001 年版，第 6 ~ 7 页。

② 范愉：《法律怎样被信仰》，载《法制日报》2008 年 10 月 24 日。

务。因为，如果法律的标准与民众的道德标准存在一定差距，民众固然可以适度修正自己的道德标准，如果二者落差过大，就会加剧法律与社会的冲突与隔阂。

二、刑法理念的道德性

刑法的道德性可能包括这样的两层含义：一是刑法内容和精神中对于道德的肯定，这应当是实证的客观存在。刑法中含有道德因素，且这种道德因素是刑法的存在根据。例如，对于犯罪与刑罚的定义，刑法从道德的角度寻求惩罚正当性的根源。二是刑法对于道德的支持和维护，这一含义是应然的存在，这关系到刑法如何走向良善的必要考量。刑法所要达成的正义、公平等价值，应该都是在契合道德内容的过程中逐步实现的。因此，在考察刑法道德性的时候，这两方面的内容都会有所涉及。而对于法律来讲，从法律内在的价值出发，对于刑法道德性的阐释，应当建立在法律基本理念的前提之下。

理念（idea）本是希腊语中的概念，原意是“见到的东西”，也就是“形象”。柏拉图抛除了这个词的感性意义，用来指代理智的对象，也即理解到的东西。他认为一个事物区别于其他个体，只是由于绝对的存在“理念”，例如，美的事物之所以美，是由于不同的事物都相对的具有“美的本身”，也就是美的理念。而理念有不同的等级，全部的理念构成与客观存在对立的理念世界，而善的理念是最高的理念。康德说：“在柏拉图看来，理念是事物本身的原型，而不是像范畴那样，只是作为可能经验的钥匙。”① 可见，“理念”的含义，既有事物外观上的展示，也有内涵的隐喻。

对于法律来说，理念就是法蕴含的价值取向，以及在这些价值取向引导下的外在规范。法律的理念范围，应当是公平、正义、效率等法所应当具备的价值体现，是判断具体的规范正当与否的抽象原理。而法律价值的判断要素，并不能在法律内部的逻辑上去进行，判断需要有参照和比较的特性，所以说“在道德面前，法律法则的道德正当性并不能在其内容的品德性中去发现，于是就不能排除在法律法则目的的品德性方面去发现其正当性”②。具体到刑法，理念上的范畴大多是指刑法的机能或者刑法的价值，在刑法之所以为刑法的基础建构上，理解刑法所指向的理念，应当是剖析刑法价值最为基本的素材。而如柏拉图所说，理念应当与“感性”相分离，应该是独立存在的精神实体，而非主观的意念。所以，刑法的理念也是“自在自为”的，是应当“向善”的绝对理念。

（一）刑法的理念源头——从刑法的渊源说起

理念是由具体事物的客观属性所引申出的意念，那么在事物区别于其他事物的属性上，也就包含有被引申含义的基本特质。法律的理念蕴含于法律的精神之中，并且以法律的规范形式表达出来。刑法是法律部门之一，具有所有法律共通的内在属性，自然也会以最基础的法律理念为内涵。既然理念来自对事物外观以及本质的多重考察，那么对于法律，是作为怎样的面目来到世间，又是为何而

---

① ［德］康德：《纯粹理性批判》，韦卓民译，华中师大出版社 1991 年版，第 313 页。康德并不认同柏拉图的言论，因为康德认为，理念应当有纯粹的和相对的区别，所以他认为“依照他（柏拉图）的见解，理念是从最高理性出来的，而从这源泉出来，就为人类理性所分享，可见人类理性现在已经不再在其原始的状态里，而是千辛万苦地通过回忆的过程去回复极其晦涩的旧时理念”。

② ［德］拉德布鲁赫：《法学导论》，米健、朱林译，中国大百科全书出版社 1997 年版，第 9 页。

“生存繁衍”，法律的渊源能够从历史的角度探究。

法律的渊源一般有多层含义。一是指“决定法律产生的条件，不管是物质的还是精神的终极力量”，根据历史唯物主义的观念，任何法律的渊源都是由社会生产和物质条件所决定的；二是指法律体系内的层级和效力来源，这是法律的“形式渊源”，意即在法律体系内，由哪些有效的法律来组成体系的完整；三是“认识渊源”，或者叫作表现形式。从法律的产生根源到表现形式，是一种由抽象到具体的分析方法。而对于刑法之渊源（Die quellen der stafrechte），最为重要的在于刑法的表现形式，因为“（刑法渊源）自此义言之，则为实质意义的刑法之种类如何之问题”①。刑法是古老的法律，不管是从物质或精神的决定因素，还是到实质意义刑法的表现形式，在刑法从无到有的诞生发展过程中，都充满了强烈的道德色彩。

刑法的理念不但体现在刑法的原则、制度和具体的内容上，也在实际的适用中体现在具体的分配正义当中。这种理念的表达可以是正义、公平、平等，也可以是刑法所包容的人文关怀和人道思想，不管用何种形式表达，刑法理念的作用总是自发地促进和维持着社会的秩序和人类的文明。“文明是一个相对的词，其范围之大是无边无际的，因此只能说它是摆脱野蛮状态而逐步前进的东西。……它表示了人类交际活动逐渐改进的意思，和野蛮‘无法’的孤立状态完全相反。”② “文明”的内容始终伴随着“有法”的规范状态而出现的，法的精神恰是人类摆脱任性孤立而逐步前进的推力。刑法在人类文明的进步史中，逐步脱离了蒙昧而走向文明。所以，刑法有其所追求的正当目标，或者作为刑法赖以存在的精神价值。在《汉谟拉比法典》里，这种目标是“确立公道于浊世，

---

① 陈瑾昆：《刑法总则讲义》，中国方正出版社 2004 年版，第 21 页。

② ［日］福泽谕吉：《文明论概略》，北京编译社译，九洲出版社 2008 年版，第 51 页。

毁灭卑劣邪恶，抑制以强凌弱；照彻世人，光耀大地，犹如日神”[①]。在《摩奴法典》里，刑法的精神是“善恶报应，人生轮回，梵我一致”[②]；而在中国，“为法已成，以示诸民人，民人皆善之”[③] 是魏惠子“制法”的效果；“禁暴惩奸、弘风阐化”[④] 是《唐律》所设定的目标。直至当下，1997 年《刑法》第 2 条规定：“中华人民共和国刑法的任务，是用刑罚同一切犯罪行为作斗争，以保卫国家安全……维护社会秩序、经济秩序，保障社会主义建设事业的顺利进行。”在任何一个历史阶段，刑法都有符合于当时社会发展目的的诉求，而这种追求，一方面是文明发展程度使然，另一方面则是由刑法对于文明的保护和维持机能所决定的。而且，不管我们站到哪一个历史的片段上去观察，“惩恶扬善”是刑法所固有的目的，并且也是刑法精神得以彰显的标志。文明的表现和外观虽然形式繁多，然而刑法用“惩恶扬善”的精神实质，支持和巩固了推动人类向前发展的主流的文明。

（二）刑法的理念实质——惩恶扬善的道德观

法的道德理念是法的价值理念的一种。法律需要从道德中吸收价值，而只有这样，我们才能解释，当法所致力追求的目的与内在的道德理念相符，才能在人的全面发展的最高价值标准下，扬善弃恶，并且最终求得正义的实现。刑法要成为“良善”的刑法，就须经受得起道德的拷问。一部法律可以是符合某种技术标准的形式上完美的体系，也可以是在功利原则支配下最具有效率的程序和手段，但是要成为“良善”的法律，应当有更高的“道德”标准。

---

① ［英］爱德华兹：《汉谟拉比法典》，沈大珪译，中国政法大学出版社 2005 年版，第 20～21 页。

② 葛卫民：《〈摩奴法典〉与〈古兰经〉的比较》，载《湖南大学学报》（哲学社会科学版）2001 年第 1 期。

③ 《吕氏春秋·审应览》

④ 《旧唐书·刑法志》

没有道德的约束，刑法就可能无所顾忌地脱离本来的轨道，甚至成为灾难。

1.“惩恶扬善”是刑法固有的道德理念

即便是最极端的纯粹法学，也不能否认法律中蕴含道德的因素。作为刑法来讲，其规范体现了善恶界分的犯罪、刑事责任和刑罚，这些规范“涉及到所有法律部门的调整范围，它站到所有的法律部门之后，成为社会秩序的最后保障”[①]。因此在观念上具备了更浓重的道德色彩。“善”和“恶”是道德范畴内的概念，“‘善’是指一切的快乐，和一切足以增进快乐的东西而言，特别是指能够满足愿望的任何东西而言；所谓恶就是指一切痛苦，特别是一切足以障碍愿望的东西而言。”[②] 当然，善恶的观念范围相当宽广，不仅在外在行为上，还有内心的世界里，都体现着广泛的善恶观念。《圣经》中这样写道：“你们不应该杀人，杀人的人法官要判其有罪。而我告诉你们：对他的兄弟动怒的人法官也要断其有罪。……你不应该通奸。而告诉你们：盯着一个女人想要娶她的人，就是已经在心里行奸之人。”[③] 可见，关于善恶的判断，在内在意图与外在行为上都会存在，只是道德和法律所关注的重点并不相同。道德所关涉的“善恶”是内在性的，不管善恶是否以外在行为的方式表现出来，道德都应当有所反映；而法律所关注的“善恶”是外在的，“相对于道德上的善，以确定行为的实行或弃止为满足的‘正义’（Gerechtigkeit），出现了具体客观的要求。相对于法律规范：你不应该杀人；相对于道德规范：你不应该恨

---

① 曲新久：《刑法的精神与范畴》，中国政法大学出版社 2000 年版，第 13 页。

② ［荷］斯宾诺莎：《伦理学》，贺麟译，商务印书馆 1958 年版，第 120 页。

③ 《圣经·新约全书》。“马太福音”第 5 章第 21、22、27 节。

人”[①]。在对于“善恶”判断的态度上，法律和道德的区别不在于它们命令或禁止的对象，而在于它们命令或禁止的方式。只有外在的行为能够置于法律的判决之下，而道德只关注内心的思维。法谚说道：不能因思想绞死任何人。所以内在的思想也绝对不能同样地适用法律。“犯罪通常是认识的根据，主观上的恶是可惩罚的象征，但是刑罚的存在依据却是由犯罪所解释的罪犯的社会危害性”[②]。同时，法律只关注那些较为普遍的和共同的道德问题，而不是针对所有的社会问题作出反应。

然而，道德的善恶观并不能完全与法律的善恶观割裂，法律的善恶区分应当以道德为基准，并且在实际的规范中不断坚持和体现道德的善恶。在刑法上，只应当把被科以刑罚的行为归于犯罪的范畴，而犯罪“首先必须在社会伦理的观点中被评价为当罚的(strafwürdig)”[③]。刑法本身也是一种社会现象，应当充分反映在社会中通行的规则，维护社会主体所期盼的秩序。在我们对于善恶的评判中，总是会有一些习惯性的认识：能够对于维护社会秩序并且保证社会共同体更加繁荣或者使得社会成员更加“平等自由”起到促进和积极作用的是“善”，而起到消极和阻碍作用的是“恶”。这种观念的传播使得善恶在法律与道德的界限变得模糊。譬如母亲教育孩子不要偷盗，是出于法律规范的强制（为了保证自己的孩子不受到法律的惩罚），还是出于良善的道德教化和传承（为了使孩子能够成长为一个好人），这个问题很难解答，但是并不妨碍法律应当秉持理念契合于道德的要求。

---

① ［德］拉德布鲁赫：《法学导论》，米健、朱林译，中国大百科全书出版社1997年版，第4页。

② ［德］拉德布鲁赫：《法学导论》，米健、朱林译，中国大百科全书出版社1997年版，第4~5页。

③ ［日］大塚仁：《刑法概说》（总论）（第三版），冯军译，中国人民大学出版社2003年版，第89页。

“其实刑法的强制并非都是恶，也并非都是善，只有以个人自由为参照系，才能确定其善恶。超然于并用于解决社会冲突的权力，体现着公正和正义，是一种善——尽管这种善从来就没有真正地普遍存在过”[①]。对于国家至上论者，政治上的思考使得他们把国家惩罚犯罪看作是国家政权所衍生出来的自然权力，人类的理性应当服从于国家权力对“藐视国家权力和社会秩序最极端的方式”（马克思语）进行的惩罚，因此，任何对于犯罪的惩罚都应当是“善”的。而在功利主义者眼里，本来就表现为“恶”的刑法，正是因为以惩罚犯罪这种更大的“恶”，保护了社会最大多数人的最大幸福，才成为一种值得肯定的“善”。刑法从罪刑擅断到罪刑法定，从重刑主义到人道主义，种种不同的改变，都是为了迎合人对于“善恶”从蒙昧到理性的判断，从而在通向最美好的“善”的道路上摒除所有的“恶”。

2. “惩恶扬善”是刑法追求的最高理念

对于刑法维持和保护的社会秩序而言，刑法所体现的“善恶”具有绝对的意义和一元性。根据社会惯常的善恶标准，评价刑法是“良法”还是“恶法”，最终的结果是排他的，不会存在既善又恶的刑法。社会秩序的稳定代表了全体社会成员的共同利益，因此评价刑法价值的善恶标准应当符合社会进步和发展的普遍规律。所以“刑法价值的共同利益和道德需要，当阶级、国家与社会的共同利益一致时，他们的利益和道德需要也就是刑法价值的绝对标准”[②]。我们可以归纳出法律价值的不同位阶，认为自由、平等、正义等法律的不同价值在不同的阶段中产生的不同作用。对于刑法来讲，“惩恶扬善”既是保护刑法价值的手段，同时也是最为终极的目的。

---

① 曲新久：《刑法的精神与范畴》，中国政法大学出版社 2000 年版，第 39 页。

② 赵秉志：《刑法基础理论探索》，法律出版社 2002 年版，第 87 页。

首先，“惩恶扬善”的态度是刑法应当贯彻的观念，刑法的演进过程就是在对恶害排除中达到正义和公平，即使恶害的对象、载体以及标准在不同的时代有不同的判断。在刑法缘起之初，“既不分别行为的结果和偶然现象，也不问犯罪人对于犯罪事实有无认识，只知按行为及行为后继的现象来衡量犯人的责任”①。这是因为从当时的道德观念出发，区分行为的主观违法性以及行为与结果之间的因果关系是没有意义的，只要发生了危害结果，就应当受到处罚。在古代中国，刑法中规定了连坐制度。秦朝的《法律答问》记载，“盗及诸它罪同居所当坐”，只要“户为同居”，那么与犯罪人要一起受到处罚②；而“疠者有罪，定杀”，只要是患有麻风病，不管犯多大的罪，都会被判死刑。③ 在《隋志》中有这样的记载：“（杨）素于鸿胪少卿陈延不平，经藩客馆，庭中有马屎，旋以白帝。帝大怒曰：‘主客令不洒扫庭内，罪状何以加此?’皆于西市棒杀。”④ 因为没有扫干净庭院，而被皇帝处死。在古代的中国，刑法的内容是多变而不恒定的，在处断的方式上不符合现代的理性思维，但是在当时的道德观念当中，刑法就是惩恶扬善的依据。而在域外，刑法的发展也有相似的轨迹。在《汉谟拉比法典》中，规定“建筑人为他人建屋，工作不坚致屋倾覆而杀死家长者，处死刑”或者“医师以金属之刀疗治人之重伤致死者，或以金属之刀开人之肿瘤致毁败其眼者，断其手”⑤，至于建筑人或者医师是

---

① 蔡枢衡：《中国刑法史》，广西人民出版社 1983 年版，第 185 页。

② 《睡虎地秦墓竹简·法律答问》

③ 刘海年：《战国秦代法制管窥》，法律出版社 2006 年版，第 126 ~ 127 页。

④ 沈家本：《历代刑法考》，张全民点校，中国检察出版社 2003 年版，第 49 页。

⑤ ［英］爱德华兹：《汉谟拉比法典》，沈大珪译，中国政法大学出版社 2005 年版，第 58 ~ 59 页。在该法典中，关于父亲犯罪而处罚儿子或者母亲犯罪而处罚女儿的规定很多，如第 116、210、230 条。

否有主观上的差别，在所不问。不仅如此，还有“杀死家长之子者，建筑人之子处死刑”这样罪责由不同之人来承担的奇怪规定。古代刑法的通蔽就在于过多地注意客观的“恶”，而这种“恶”在很大程度上应当是纯粹客观的“害”。“动刑的前提的罪是一种与‘恶’毫不相关的‘害’，犯罪只不过是损害的代名词。”① 对于“害”来讲，显然不会带有任何价值评判在其中，因为只要发生了客观的损害事实，就能够构成犯罪，同时带来刑罚。而在康德看来，刑法所贯彻的理念，应当是以自由观念为基础的，应当把作为负有理性的人视为考量的基石，因为“犯罪违反了以社会契约为前提的国家法规，而刑罚是实践理性的命令，对犯人科处刑罚是正义的当然要求……刑罚的目的，也在于使犯人再次回复为道德的人格者”②。所以，刑法的内容应当是道德关涉的规范属性，脱离道德评判而规定犯罪与刑罚，难免会蜕变成侵害个人自由的“恶”。同时，“惩恶扬善”是一个具体的过程，而不是一种状态。在这个逐步完善的过程中，刑法不断地吸取道德价值和理性的内在要求，并且以此来完成自身的进化。刑法既是裁判规范，又是行为规范。对于行为规范的前提，是预定着诸如“不得杀人”这种要求社会成员所共同遵守并且实施一定的合法行为（或者消极地不实施一定的违法行为）。所以，“行为规范本身就与应该规制人的行为的社会伦理规范发生密切的联系”③，在刑法的发展过程中，这一直是刑法价值最根本的体现。

其次，“惩恶扬善”的量度是刑法应当坚持的理性。对于刑法

① 邱兴隆：《刑罚的哲理与法理》，法律出版社 2003 年版，第 33 页。

② ［德］康德：《道德形而上学原理》，苗力田译，上海人民出版社 2002 年版，第 102 ~ 103 页；［日］大塚仁：《刑法概说》（总论）（第三版），冯军译，中国人民大学出版社 2003 年版，第 34 页。

③ ［日］大塚仁：《刑法概说》（总论）（第三版），冯军译，中国人民大学出版社 2003 年版，第 22 页。

来说，在价值判断上根据一定的道德观和善恶观把一定的行为规定为“犯罪”，并且将主体（人）的道德需要体现为刑法所追求的价值理念。“所谓道德的善或者道德的理念是人基于认知理性和自由意志去追求实现存在的善，并在此过程中赋予自己以义务和权利的过程，简言之，就是扬善避恶”①。在刑法的规范中，关于犯罪与刑罚的核心意义是由刑法来描绘的，大多数的犯罪行为抵触自然的理性，从而不能被社会所容忍，并且被认为必须严厉地唾弃，可称为“自然犯罪”。对于刑法来讲，这些犯罪所带来的“恶”是本体恶（mala in se），依据正常的道德常识就可以得出否定的评价。在刑事立法的内容上，社会中的行为究竟要归于何种程度才能纳入到刑法的视野里，考虑“行为的反社会道德程度、行为的社会危险性以及是否存在和缓且同样的有效有段可运用”② 是根本的原则。然而，规范上的确证并不足以显示刑法所要实现的最高价值，并且对于具体的善恶，刑法应当在道德评价的基础上作出判断。当刑法实在并且合理的适用时，才能展示出刑法对于“善恶”的态度，也才能摆脱人类本能对于法律的任意解释和支配。例如，“盗窃”作为任何社会里都排斥的“恶”，刑法把盗窃纳入所要规范的范围内，并且用刑罚加以处遇。然而，消灭盗窃的方法众多，使用监禁刑乃至死刑都可以消除犯罪人的再犯能力并且起到预防犯罪的效果。但是对于盗窃行为来说，社会道德所不能容忍的程度并不足以让我们承认剥夺盗窃犯的生命，在刑法上配刑的阶梯与社会所认同的道德应当是一致的，如果因为“小恶”而招致不相匹配的惩罚，那么这种惩罚本身就应当是一种“大恶”。也就是说，“惩恶扬善”的内在追求也包括了对于刑法是否理性的考量。

最后，“惩恶扬善”的目的与刑法的机能相符。“现代刑法的首要任务是维护个人自由，如果不把个人自由放在首位，刑法的现

---

① 曹钢：《法律的道德批判》，江西人民出版社2001年版，第36页。

② 林东茂：《刑法综览》，中国人民大学出版社2009年版，导论第5页。

代文明特点就将大打折扣”[1]。刑法所要阐扬的“善”首先就应当是人的自由以及在自由状态下的全面发展，人的自由和全面发展的价值诉求是自足自因的、普遍必然的和没有制约性的价值。无论是对于一般的个体，还是对于社会整体而言，“惩恶扬善”的道德理念是根植于人性之中并且成为体现人性发展必然的追求，“一个社会把什么样的行为规定为犯罪，为什么要把这样的行为规定为犯罪，从根本上讲，是基于对自己生存条件的认识和对社会根本价值的维护”[2]，而对于“社会的生存条件和根本价值”，则是基于对于社会共同体一贯的道德水准和风俗习惯来考察的，立法者在规范的法律制定之初，通过广泛的民主参与来确定立法的群体，本身就是在体现道德积累的过程：“立法的民主参与就是为了创制符合最大多数人利益和愿望的‘良法’，这样才能使法律成为为大众所认同的、能够身体力行的行为规范”[3]。也正因为如此，刑法的目的在外观上表现为“惩恶扬善”的同时，在内里也必须契合多数人的“道德”，虽然多数人的判断可能并不必然具有规范上的意义，却大多表现为基于习惯的感性认识。“在善与恶之间，应该总是选择善；在善与善之间，应该总是选择最大的善；在恶与恶之间，应该总是选择最小的恶。”[4] 刑法需要通过对于“恶”的声讨，来完成对多数人出于“良知、习惯和风俗”的“善”的维护。即使从这个角度讲，“善”的标准是模糊和难以界分的，但这并不意味着不能坚持“善”的取向。功利主义认为，“求乐而避苦”是人性的根本，它统摄着人类的一切行为，也正因为如此，“凡是能够减轻痛

---

① 曲新久：《刑法的精神与范畴》，中国政法大学出版社2000年版，第58页。

② 张智辉：《刑法理性论》，北京大学出版社2006年版，第62页。

③ 范愉：《法律怎样被信仰》，载《法制日报》2008年10月24日。

④ ［美］A. 米尔恩：《人的权利与人的多样性》，夏勇等译，中国大百科全书出版社1995年版，第22页。

苦增加快乐的，就是一种善。而犯罪则是一种‘恶’”[①]。我们可以就“善恶”的标准存有不同的认知，但是却不能否认刑法“惩恶扬善”的价值。“在每种道德场合里，都存在符合行善的抽象要求的绝对道德义务，而不论时间、地点和环境，这是唯一实在的道德原则”[②]，这一类似于上文我们所谈到的“底线道德”观念，应当是刑法所秉持的最高价值。从外观上看，刑法可以有逻辑的形式以及完美的符合技术标准的条文，但是在这些条文背后，也蕴含着道德要求的价值倾向，这一倾向是评价性的，唯它可以断定法的优劣。在道德价值的要求下才能评价刑法能否成为“良善”刑法；一部良善的刑法，也必然会以“惩恶扬善”作为最高的价值追求。

三、刑法内容的道德性

理查德·昆尼认为：“有关刑法可以不要道德判断的观点是难以站得住脚的。恰恰相反，刑法中大量因素是道德方面的。”[③] 不管是用法益侵害还是规范违法的观念来看待刑法，刑法的目的始终在于追寻较为合理的正义和公平。“刑罚是不可接受的，除非它与道德上的过错相联系，否则就是不正义的”[④]。刑法所追索的正义，实际上与社会存在的特定时期由社会共同体所普遍认同的道德价值，这不仅仅因为“道德为法律的实施规定了界限，而公正也多

---

① 周辅成编著：《西方伦理学名著选辑》（下卷），商务印书馆 1987 年版，第 210 ~ 211 页。

② ［美］A. 米尔恩：《人的权利与人的多样性》，夏勇等译，中国大百科全书出版社 1995 年版，第 155 页。

③ ［美］理查德·昆尼：《新犯罪学》，陈兴良等译，中国国际广播出版社 1988 年版，第 8 页。

④ ［爱尔兰］凯利：《西方法律思想简史》，王笑红译，法律出版社 2002 年版，第 147 页。

以符合道德为基础”[1]，还在于如果意图使得刑法能够被社会成员所认同和信仰，就必须符合普遍的道德意志以及基本的价值取向。在刑法的内容中，对于正义、公平以及平等这些抽象价值的具体过程，体现为犯罪和刑罚的道德根据以及刑法本质上对道德的支持与保障。

（一）犯罪的道德性

犯罪的概念是不可捉摸的，在刑法教科书里，大多用形式的概念和实质的概念来化解对于这种“不可捉摸”的理解难度。对于犯罪的形式概念，是从法律特征上予以定义的，而没有涉及犯罪的本质特征。例如，1810年《法国刑法典》第1条规定：“法律以违警罚所处罚之犯罪，称违警罪；法律以惩治刑所处罚之犯罪，称轻罪；法律以身体刑或名誉刑所处罚之犯罪，称重罪。”[2] 形式定义显然不能满足对犯罪本质的揭示，不仅如此，在法律规定的犯罪层面上去解释犯罪，似乎还有循环解释之嫌。而从实质概念上去解释犯罪，例如，1922年《苏俄刑法典》第6条规定：“威胁苏维埃制度的基础以及工农政权向共产主义国度时期所建立的法律秩序的一切危害社会的作为或不作为，都认为是犯罪”[3]。而在制度上因袭苏联并且尚未脱离其影响的中国大陆刑法典中，犯罪被表述成“一切危害国家主权、领土完整和安全，分裂国家、颠覆人民民主专政的政权和推翻社会主义制度，破坏社会秩序和经济秩序，侵犯国有财产或者劳动群众集体所有的猜测，侵犯公民私人所有的财产，侵犯公民的人身权利、民主权利和其他权利，以及其他危害社

---

① 《牛津法律大辞典》，光明日报出版社1989年版，第521页。转引自周光权：《论刑法学中的规范违反说》，载《环球法律评论》2005年第2期。

② 王作富、黄京平主编：《刑法》（第四版），中国人民大学出版社2009年版，第36页。

③ 王作富、黄京平主编：《刑法》（第四版），中国人民大学出版社2009年版，第36页。

会的行为，依照法律应当受到刑罚处罚的，都是犯罪”。这一定义被认为是从形式和实质两个层面对犯罪作出的科学概括，在苏联的基础上将犯罪的形式概念也纳入到定义中来。这些定义的优劣与否是基于刑法理论的内部评价，而在哲学层面上，探讨犯罪的概念，则有较此更为深沉的意涵。譬如，“犯罪是出于不道德的动机而实施侵害他人自由的行为”（康德语）或者“犯罪是出于不道德的动机而实施侵害他人自由的行为”（加罗法洛语）①。在当代的刑法体系中，犯罪的概念受到不同学派的支持而表现出多元的表述，例如在大塚仁看来，犯罪是“必须首先在社会伦理的观点中被评价为当罚（strafwüdig）”②；而在奥托那里，“刑法就是一部‘法益保护法’，倘若无法益受到侵害或危险，则无刑罚的必要性”③。但无论出于何种立场，对于犯罪概念的归纳大致都是对“法益的侵害”或者“社会伦理规范的违法”的理论贯彻或折中。即使在某些学者看来，类似的定义方式“既没有揭示犯罪的阶级性质，而且多从道德角度出发加以界定，带有很大的随意性”④，但这却也正好从侧面印证了犯罪的道德根据。

1．犯罪概念的道德性

任何犯罪都应该是受到道德谴责的行为。当国家的法律是由大多数的成员通过民主程序得以制定和施行的时候，就已经意味着这种民主的参与决定了刑法在设定犯罪时必须尊重这个绝大多数民众的是非善恶观念。与其说犯罪的本质在于其社会危害性，还不如说它本质上就是一种道德的恶——民众善恶观念中最严重的最不能容

① 王作富、黄京平主编：《刑法》（第四版），中国人民大学出版社2009年版，第36页。

② ［日］大塚仁：《刑法概说》（总论）（第三版），冯军译，中国人民大学出版社2003年版，第89页。

③ 张明楷：《法益初论》，中国政法大学出版社2000年版，第136页。

④ 王作富、黄京平主编：《刑法》（第四版），中国人民大学出版社2009年版，第36页。

忍的恶。[1] 惩恶扬善是刑法的基本理念，这一理念正是来源于道德的判断，因为“‘恶’总是指那些有害于自己、他人以及社会群体的行为和事件”[2]。因此，“犯罪不但是违反刑法的行为，而且首先是不道德的行为，按照贬恶扬善的道德准则，犯罪必须受到严厉的道德谴责”[3]。刑法正是通过对道德上评价为“恶”的行为确定为犯罪，才能符合社会大多数群体的道德审查，从而确定刑法所作用的方向和范围。将道德的善恶引入到犯罪的定义中，才能解释那些客观上貌似无害的行为被规定为犯罪的原因，因为道德的善恶能够形成驱动社会的巨大动力，同时满足人们对于刑法的信仰和尊重，在刑法所关注的最低限度的正义和秩序里，道德的存在是不可忽略的：“刑法始终坚持维护所有人之间相似性的最低程度，使个人无法威胁到社会整体的安全；此外，刑法还迫使我们去尊重那些能够展现和体现这些相似性的符号，以此来保护相似性本身”[4]。在黑格尔看来，“不法”并不是犯罪的特征，因为民事上也存在不法，所以法规定某种行为构成犯罪的根本原因在于：“对社会成员中一人的侵害就是对全体的侵害，所以犯罪的本性也起了变化，侵害行为不只是影响直接受害人的存在，而是牵涉到整个市民社会的观念和意识。”[5] 民事上的不法和犯罪的区别仅仅在于犯罪破坏了社会的共同道德观念，而犯罪所必须具备的“犯意”正好用来表达刑法中的道德存在：市民社会共同的观念和意识，在社会中积聚的结果就是黑格尔所谓的“犯罪本性的变化”，这是法律背后支撑法律

① 张武举：《刑法的伦理基础》，法律出版社 2008 年版，第 156 页。

② 任喜荣：《伦理刑法及其终结》，吉林人民出版社 2005 年版，第 13 页。

③ 邱兴隆、许章润：《刑罚学》，群众出版社 1988 年版，第 267 页。

④ ［法］涂尔干：《社会分工论》，渠东译，生活·读书·新知三联书店 2000 年版，第 69 页。

⑤ ［德］黑格尔：《法哲学原理》，范扬、张企泰译，商务印书馆 1961 年版，第 228 页。

得以成型的内在力量。在休谟看来，这种力量的存在是基于“感情的事实”，是由道德加以解释的：“在故意谋杀中不可能发现你所称为恶的那个事实或实在存在；你只在心里发现一种不赞许的情调，‘这里有一个事实，不过它是感情的对象，而不是理性的对象’——道德不是理性归纳所能发现的事实”。[①] 休谟试图表达的正是这样一种思想，即犯罪的“恶”就是道德的“恶”，因为对于某种行为，如果道德上不作出“恶”的评价，那么就不可能被大众心里“不赞许的情调”所排斥，那么也就使得这种行为远离了犯罪的范围。

在刑法领域，犯罪与“恶”是相互融合互为表征的关系，一个人犯了罪意味着他是“恶”的，而“恶”的评价本身也就意味着一种罪孽。在自然法当中解释这一观念并无障碍，因为“自然法并非居于现在法律之外的一种理想法，而是本身居于现存法律之内的法律的道德原则”[②]。然而对于近代以来，在以罪刑法定原则为“元叙事”形态的刑法观形成之后，如何解释犯罪的道德性呢?[③] 在实证主义者看来，法律和道德的区别应当是严格并且明确的，合法性与道德性之间应当泾渭分明。凯尔森认为，“法律”的概念中没有丝毫的道德含义。[④] 道德判断可以作为犯罪的来源，却不能作为犯罪的依据，因为在实证主义者看来，法律的存在是基于

---

① ［英］休谟:《人性论》，关文运译，商务印书馆 2006 年版，第 468 ~ 469 页。

② ［美］哈罗德 · J. 伯尔曼:《法律与革命——西方法律传统的形成》，贺卫方等译，中国大百科全书出版社 1993 年版，第 628 页。

③ 应该说，在现代刑法理论中，罪刑法定的理论地位已经远远超出了理论的本源价值，“已经成为衡量一种理论、规则和话语是否科学、正当的最高标尺”。参见杜宇：《重拾一种被放逐的知识传统——刑法视域中“习惯法”的初步考察》，北京大学出版社 2005 年版，第 25 页。

④ ［美］E · 博登海默:《法理学——法哲学及其方法》，邓正来、姬敬武译，华夏出版社 1987 年版，第 364 页。

立法程序、国家政治权力等外在制度的保障，而非法律内部对于普遍的道德观念的契合。若道德判断加入到法律当中，那么法律的权威性和客观性就会受到削弱。庞德说：“道德涉及人的思想和情感，而法律只应当涉及人的行为；道德的目标是完善人的个体品格，而法律只是尝试去调整个人与个人之间、个人与国家之间的关系。道德更关注这类行为背后的事物，而不仅仅是行为本身。相反，法律关注行为，并且只关注表现于行为性质之中的思想与情感，并以此判断他们对一般安全所构成的危害”①。在某一种社会秩序，特别是自由主义较为普遍的社会形态当中，几乎不可能由一种“相对稳定与客观的道德”掌握“话语权”，在多元的道德评价社会里，道德不可控的状况会让法律难以被客观把握而变得虚无，并且导致法律不能找到控制社会行为的正当理由。如同中国古代的“原心定罪”和“春秋决狱”，犯罪的构成与否不是由客观的法来规范的，而是存在于那些存乎于内心的道德观念中；而存乎于心的道德观念是可以被解释和变化的，从而导致对法律规范的破坏。罪刑法定原则的确立，能够让罪刑在法律的体系下对应起来，我们不需要去费力确定道德的标准来厘清犯罪和刑罚的轻重有无，似乎这样就能够完全实现刑法与道德的分离，从而解决了刑法上的犯罪与道德上的恶之间的冲突。“费尔巴哈确立罪刑法定原则，首先是基于他对道德与法的严格区别。在费尔巴哈之前，道德与法的区分问题已经受到了高度的重视，贝卡利亚对此都有深刻的论述，认为刑法只能惩罚人的行为，而不能追究人的主观思想动机。费尔巴哈在此基础上作了进一步的努力，以罪刑法定原则使犯罪认定标准法定

---

① ［美］罗斯科·庞德：《法律与道德》，陈林林译，中国政法大学出版社 2003 年版，第 95 页。

化，从而防止了将道德过错与犯罪混为一谈”[①]。在古典刑事学派的犯罪观当中，犯罪“是针对实施法所否认的不法行为，保全社会就是刑法的目的”，因此“个人通过外部行为妨害法的安全时，就存在犯罪”。[②] 外部行为的确定是客观的，是脱离于表面上凸显随意性的道德规则之外的规范内容。因此，在罪刑法定的框架下，道德的内容被加以排斥。这种排斥表现为，对法律没有规定的违背道德的行为和心理活动不作为犯罪处理。例如，曾经是犯罪的通奸，在普遍的道德依旧将其作为“恶”的时代，刑法已经将其视作了一项并不违法的自由。不仅如此，在罪刑法定的内容下，并不允许滥用道德审判来确立犯罪与刑罚，任何通过社会道德的不满从而突破法律规范的归罪，都是法律所禁止的。那么，在罪刑法定的近代刑法原则确立之后，犯罪的道德性是否就偃旗息鼓了呢？答案应当是否定的。对于罪刑法定主义之下的犯罪观，依然存有浓厚的道德判断，道德的内容决定了在立法时参考的犯罪标准。罪刑法定原则对犯罪与道德的严格区分，并没有抹杀二者的紧密联系。相反，正是犯罪与道德的密切联系，才使得罪刑法定得以产生并且成为刑法的最高原则。罪刑法定在近代西方的确立，正好是启蒙时期社会理念急剧变迁的时期，中世纪刑法所倚仗的道德规范，很快就被启蒙运动所带来的思潮击溃。在后世的学者看来，中世纪刑法以“干涉性、恣意性、身份性和残酷性”[③] 为表征，“在这个灾难深重的时代，神学的梦境、迷信的骗局，成了人类唯一的天才，宗教的

---

① 陈兴良：《刑法的启蒙》，法律出版社 1998 年版，第 103 页。陈兴良认为：“人的善恶是一个道德问题，属于道德责任的范畴，不应当由刑法来解决，不能承担刑法上的责任，由此努力对道德责任与刑法责任作出区分，建立法定责任论。”

② ［日］宗冈嗣郎：《客观的未遂论的基本构造》，成文堂 1990 年版，第 59 页。

③ 张明楷：《外国刑法纲要》，清华大学出版社 1999 年版，第 10～11 页。

不容忍成了他们唯一的道德”[①]。宗教的渗透使得社会道德对于“恶”的判断限于对神圣上帝的亵渎，对于所有犯罪的惩罚都是为了平息上帝的震怒，一切审判都以上帝的名义进行。[②] 中世纪的犯罪是对宗教的忤逆，而道德的认同感在宗教的渲染下使得在我们看来擅断和残酷的刑法显得正当了——对于这种犯罪渊源的认定，在古代法中是很常见的，例如，《汉谟拉比法典》第 127 条规定，“无故以手指圣姊或人妻者，应投诸推事前，烙其额”[③]。而在中国的商代，也有“弃灰于公道，断其手”[④] 的规定，在后世看来这种几近荒诞的惩罚，在孔子那里还能得到“无弃灰，所易也；断手，所恶也。行所易，不关所恶，古人以为易，故行之”[⑤] 的正当化解释。因此，对于犯罪是否脱离了道德的内容，应当从历史的角度来把握，在文化和历史发展的某个阶段，总会有相应的道德来符合犯罪的要求，而后世给予其“罪刑擅断、峻刑”的归纳，只能是站到现代道德意识的角度上作出的评价。启蒙时期的道德评价，已经试图从宗教的侵染和桎梏中解脱出来，对于宗教恣意的迫害（那是现实的“恶害”，即使在社会道德评价中不被认为是“恶”），人们希望能够尽可能地远离和摆脱。在启蒙运动后的社会道德中，自由、平等、博爱的道德律取代了曾经对于宗教和神权的膜拜，而对于这些精神的必然迎合，刑法必须在对于犯罪的规定上作出改变。费尔巴哈认为，刑罚是市民社会对一般市民所科处的刑罚，而道德的刑罚科处痛苦的根据在于违反义务和非道德性，即行为主体对于人伦道德法则的违反——对于法律来讲，“判断外部事物正确性与

---

① 《马克思恩格斯全集》（第 21 卷），人民出版社 2003 年版，第 545 页。

② 张小虎:《刑法的基本观念》，北京大学出版社 2004 年版，第 67 页。

③ ［英］爱德华兹:《汉谟拉比法典》，沈大珪译，中国政法大学出版社 2005 年版，第 43 页。

④ 《韩非子 · 内储说上》

⑤ 《韩非子 · 内储说上》

否的最高原理在于个人的自由与所有人的自由并存，个人在行使自己权利的同时绝对不能侵害他人的权利，这就是判断外部事物正确性的最高原理。”① 可见，在罪刑法定原则的创始人费尔巴哈看来，法秩序的违反和道德法则的违反并不冲突，只是道德法则的违反不能作为法秩序违反的标准，而且道德法则与法秩序本身制定时所依靠的道德法则是冲突的或者不能相容的，才有可能出现道德与法的取舍之辨。显然，如果社会道德观本身就是建立于自由、平等和博爱之上，当这些基底的人类价值已经成为根植于人心中的无须证明的真理，我们就不能简单地把它们归结于只有外在法律才需要维护的价值。在罪刑法定原则下的刑法，也正是在顺应了社会道德变迁的过程，选择了将不再符合这些基本价值的道德观念予以排斥，并且通过用来保护公民权利和预测可能性的罪刑法定原则来进行确认，将法律认可的道德规范通过明确的规定表达出来，排除了刑法严苛和擅断的外表，将刑法的触手逐出了人们可自由安排的社会领域。这种历史的变迁，与公共的道德观念的不断发展有着不可分割的关联。

此外，从刑法发展的历史出发，罪刑法定原则在西方的确立，本身就经历了从“形式到实质”或者“技术到道德”的演变过程。② 20世纪前期的“罪刑法定原则”，是绝对的形式的罪刑法定原则，将这一原则视为对罪行进行界定的技术性规范，这种形式上的罪刑法定完全是封闭的规范体系，罪刑的存在理由和来源依靠制定法，而不考虑道德来源。绝对的罪刑法定原则是为了顺应法律主义的要求而产生的，其意旨在于保障法律的权威和普遍的适用。但

---

① ［日］庄子邦雄：《近代刑法思想史序说》，有斐阁1983年版，第22页。转引自陈家林：《不能犯初论》，中国人民公安大学出版社2005年版，第7页。

② 何勤华主编：《20世纪外国刑事法律的理论与实践》，法律出版社2006年版，第10页。

是形式上的罪刑法定被极权主义者所利用，成为纳粹在“二战”中滥杀无辜实施暴政的最佳借口，此时罪刑法定原则的意义仅仅在于保证法律规范的确定性，而实质上却丧失了人权保障的基本价值，成为压迫人民和实施战争犯罪的工具。① 战争的创伤让人们开始检讨制定法着重考虑外在的形式主义所带来的危险，而反省的结果就是“自然法的复兴”——法律需要考虑道德因素，法律必须在价值判断上符合良善的标准。在这一前提下，人们开始省视罪刑法定原则的实质意义。拉德布鲁赫从实证法阵营转投自然法，并且发出了“法学应当返回到有千年悠久历史的光明道路上去，当实在法同自然法的冲突达到不可容忍的程度，实在法就不再是法”的感慨。因此，对于罪刑法定原则来说，在保持形式正当性的基础上，应当转而重视如何表达刑法实质的正义和理性。从这个意义上看，道德是罪刑法定的灵魂和目的，但是罪刑法定所倚仗的道德不是静态的观念，而是一直处在变动中的社会需求。

那么如何让秉持相对稳定的刑法原则去适应社会需求上的改变呢？“一个社会不仅是一群人，而且也是一种观念的共同体，一种公共道德对社会的存在有着根本的意义。”② 显然，社会公共道德的变化，使得犯罪再也不用寄予以神法和宗教为内容的道德善恶判断和在这种道德观念裹挟下内心的强制，而是确切地考虑人的权利，考虑在不太可能得到准确答案的内心思维支配下的外部行为的“善恶”。正如费尔巴哈所说：“将外部的行为作为对象加以考察，而且考察这种外部行为与正义法则之间的矛盾时，权利侵害才成其

① 典型的如意大利1930年刑法典第1条规定的罪刑法定原则，还有德国纳粹的立法（见第二章第二节所引用的“告密者案件”）。参见［意］杜里奥·帕多瓦尼：《意大利刑法学原理》，陈忠林译，中国人民公安大学出版社2004年版，第12页。

② ［美］马丁·P. 戈尔丁：《法律哲学》，齐海滨译，生活·读书·新知三联书店1987年版，第52页。

为权利侵害。与此相反，在考察权利侵害之时，如果不是将外部的行为，而是将作为行为起因的行为人情操作为考察对象，即将行为人的情操与内在的道德法则之间的矛盾作为考察对象时，这种权利的侵害只能理解为非道德性。”① 犯罪应当是确定的外部表现，这样才能符合人们对于正义等法律价值的理解——内在的道德无论如何卑劣，都不会影响到法律对于秩序的维护，虽然内心的道德观念在外在行为的表现上仍旧会受到法律的评价，但是单纯的道德观念并不属于法律的评价对象，这是因为从公共道德出发，保障人的自由才是法律所需要关注的首要对象。中国古代的“原心定罪”以及“腹诽之罪”之类的立法，已经不再适合现代的法治思想。拉德布鲁赫用“当你惩罚强奸犯的时候，心里已经对修道院的修女强奸了一千遍”来说明“为什么不惩罚内心的恶行”。因为在公共道德当中，个体的内心价值观并不是法律所需要关注的，否则就是对私权的肆意干涉，也是用多数人的观念进行道德绑架。公众评判恶行的道德观不能建立于内心之上，而应当由法律来作出评价，或者我们可以这样理解：在理性的支配下对公共的道德观念作出了新的筛选，筛选的结果就是，法律才是衡量善恶的标准。而刑法的现代化，就是以道德为内容不断进化更新的过程。道德的理性和人性，促使着犯罪的概念仍旧依循着道德的参考标准。在罪刑法定的基础上，刑法依循着人文主义的思想和理性思辨的哲学，而这种遵循的基本路径，在于对陈旧道德观的批判和崭新道德观的树立。罪刑法定本身并不是以法律的僵硬确定为价值取向的，在纳粹统治下对犹太人的“种族灭绝”和对“思想犯罪”的肆意裁量，也是建立在明确的法律规范之下的，但这种对于犯罪的理解显然是在颠覆罪刑法定原则确立之初的价值——那种为人类自由和平等所做出的

① ［日］庄子邦雄：《近代刑法思想史序说》，有斐阁 1983 年版，第 23 页。转引自陈家林：《不能犯初论》，中国人民公安大学出版社 2005 年版，第 8 页。

努力。

2. 犯罪分类的道德性

对于犯罪的分类，自然犯和法定犯是争议颇大又难以废置的分类方式，对于这种划分在刑法学界的观点并不一致。否定者以这种分类与道德联系的不确定性以及两种犯罪可以相互转化为由，认为这种区分没有任何必要；而肯定者认为，从社会实际的规范出发，从违法性认识等诸多角度考虑，区分两种犯罪应当有客观上的效用。① 对于自然犯和法定犯的划分标准，一般是以行为是否违反社会道德来确定的。在古罗马法当中，用"自然恶"（mala in se）和"禁止恶"（mala prohibia）来区分犯罪的类型。前者指违背社会道德的违法行为，这种行为侵害的是社会的善良风俗所以被一般社会正义所不容；而后者却是因为法律为了维护行政秩序而设立的行为禁止。这种区分是自然犯和法定犯对立的雏形，但远不能含概当下的犯罪分类理论。确立自然法与法定犯的区分以及在区分的基础上阐明犯罪的实质，是刑法从古典学派向实证学派过程中不断扬弃的结果。刑事古典学派在启蒙思想的影响下，强调外部行为及行为所带来的实害，因此刑事责任的基础是表现在外部的犯罪行为，如果没有对社会现实有害的客观行为就没有犯罪，处罚犯罪人必须以这些客观行为及其实害为依据，以免造成刑法在认定犯罪上的恣意擅断。古典学派在确立之初，这样的理论宣示能够起到迅速割裂宗教和神意对刑法存留的遗弊的作用，着重于对人权的保障。然而，进入19世纪以后，在工业化的发展进入繁盛之时，失业、贫困成为社会的常态，犯罪率的上升，累犯的大量出现，使得基于人权保障的古典学派面对现实，其倡导的意志自由、客观责任，在犯罪现象泛滥的趋势下难以发挥理论的指导作用。如果说犯罪是行为人自由意志的选择，或者是犯罪人缺乏对自我行为的控制，那么如何解释累犯的不断增多？那些屡次犯罪的行为人，恰是国家通过刑罚已经

① 陈兴良：《刑法哲学》，中国政法大学1997年版，第25页。

惩罚和“矫正”的人，他们对刑法的处罚了如指掌，但是为何还要继续“选择”犯罪呢？难道他们的自由意志，仅仅是支配继续犯罪的意图？刑事古典学派陷入了理论危机。正如菲利所说：“当古典派犯罪学理论发展到顶峰时，另一方面这个国家却存在着过去从未见过的数量极大的犯罪行为的不光彩状况。”① 倾力于人权保障，试图与道德判断绝缘的古典学派在经历理论失范的时候，自然需要一种理论上的更新，来诠释社会秩序所需要的刑法内容。在加罗法洛看来，“在一种行为被公众认为是犯罪前所必需的不道德因素是对道德的伤害，而这种伤害又绝对表现为对怜悯和正直这两种利他情感的伤害。我们可以确切地把伤害以上两种情感之一的行为作为自然犯罪。”能否划定一类任何时期和任何地方都被认为是犯罪的行为，这并不是影响自然犯概念的最根本因素。因为即使是被普遍认为是犯罪的杀人和抢劫，在某些地方仍旧是合法的。② 但这并不是说犯罪不可归纳，在他看来，“应该抛弃这个问题（犯罪）的解剖学方面，而将注意力指向罪犯的心理异常，但这并不意味着承认或否认这种心理异常具有某种纯粹生理根源的可能性”③。显然，他已经注意到犯罪的道德因素，只是作为犯罪人类学的提倡者，他把这种“心理异常”归结为“纯粹的生理根源”，也就是遗

---

① ［意］菲利：《实证派犯罪学》，郭建安译，中国人民公安大学出版社 2004 年版，第 153 页。

② 参见上文对于“底线道德”的论述，文化相对论者一般认为：“我们不能说其他社会的风俗和我们的相比在道德上是低等的……而且我们只能考虑我们的社会标准判断自身行为的是非对错。”我们总是批评美国四处侵略是不尊重其他国家和民族自决，反过来却在对待法律的问题上重蹈覆辙，尊重文化多元和相对的结论必定会落到对于犯罪的认识上来，在非洲普遍流行的割礼放到大多数国家都是重罪（故意伤害），即使是我们认为的现代社会，对于犯罪的态度也是不尽相同的。

③ ［意］加罗法洛：《犯罪学》，耿伟、王新译，中国大百科全书出版社 1996 年版，第 82 ~ 83 页。

传、人格等生物学的特征。对古典学派思想变化的过程，陈兴良指出，“加罗法洛也想在罪犯与非罪犯之间寻找某种区别，这一点可以说是继承了龙勃罗梭的衣钵，但是在区别的标志上又显然不同，我们可以归纳为从生理异常到道德异常这样一个发展轨迹。”① 因此，在加罗法洛的思想里，犯罪的情感分析是大于事实分析的，虽然他并不否认犯罪在外观上是事实侵害，但它同时更是伤害聚居体共同承认的某种道德情感的行为。我们可以从法律的演进过程中找到这样的答案，在古代绝缘的分散民族制定的最初的法典里，几乎都会有“禁杀人”、“禁奸淫”之类的规定。每个民族都会有一定的道德本能，这种脱胎于习惯和风俗的本能能够作为一个民族延续和遗传的线索，在对于犯罪的认识上清楚地表现出来。这也就是“‘自然’一词并不具有通常的意义，而是存在于人类社会之中，并且独立于某个时代的环境、事件或立法者的特定观点之外”②。

对于自然犯的道德性似乎不用过多阐述，因为自然犯的概念就直接来源于对于道德的“决意侵害”，而在加罗法洛看来，对于没有道德侵害的行为甚至就不是犯罪。法定犯不是“真正意义上的犯罪人”，因为“法定犯罪人之所以犯罪，在于违反了法律的规定，行为人不表现为任何道德低下”。③ 自然犯破坏了法规范的同时，也侵害了法规范背后的文化规范，就是我们已经论述过的道德、风俗和习惯，甚至是共同体中普遍存在的某种道德期盼；而法定犯则不一样，他仅仅是对法规范的破坏。法定犯的道德渊源是被否定的，这符合“过去刑法所具之道德性格，使其职能对于违法道德之自然犯加以处罚，无法对未违反道德之法定犯科处刑罚”

---

① 陈兴良：《刑法的启蒙》，法律出版社 1998 年版，第 236 页。

② ［意］加罗法洛：《犯罪学》，耿伟、王新译，中国大百科全书出版社 1996 年版，第 20 页。

③ ［意］加罗法洛：《犯罪学》，耿伟、王新译，中国大百科全书出版社 1996 年版，第 53 页。

的理论判断。[1] 在我们厘清法律与道德界限的前提下，法律所规定的犯罪如果没有道德上“恶”的评价，那么就不能归结为“道德违法”。但是这并非刑法单独面临的现象，越是自由和发达的社会，观念也越多元，难以形成统一的共识，人与人之间的见解分歧乃至道德要求的交集越来越小，国家社会管理的职能更是随着多元化的观念而受到冲击。例如，对于赌博行为，有人会认为违背了“取之有道”的君子生财方式，因此获得了道德上的否定评价；然而也有人认为，那不过是个人的自由和生活方式，追求刺激的欲望人皆有之，所以无须涉及道德评价。此时的刑法面临着非常困难的局面，既需要为社会秩序的维护作出努力，又需要对民众的道德多元进行梳理，以统一民众对于法律进行管辖的正当性认同。这样的犯罪在加氏看来，大多来源于国家对行政管理的安排，如乱砍滥伐、毒品犯罪、破坏环境等行为，都是从国家管理的性质上去规定的。国家在将其规定为犯罪的时候，似乎也在试图让公民理解这种规范的正当性——为了保护民众赖以生存的社会秩序，这种秩序可以是当下的、现实的，也可以是预期的、观念的。如果环境不能得到保护，那么后代的生存空间就会恶劣；如果毒品不加以遏制，那么社会就会陷入风险之中，即使我们以自由为名不惩罚吸毒者，但也不能否认毒品对于社会的危害需要刑法有所应对。但是公民对待这样的犯罪能否如同对待杀人、盗窃一样，激起心中的道德感判断，这不容易评估，而且可以想象的是，公民对于法定犯的道德否定应该不如自然犯那么强烈。

也正因为如此，法定犯看上去“不是真正的犯罪人”。但是，如果我们把思维放得更宽泛一些，便可看出法定犯和道德挂钩的端倪。上文已经讨论了道德的变迁，在某个特定的社会片段，道德是大致固定的，然而在整个人类社会发展进步的历程中，道德不是恒定不变的。即使存在所谓的民族精神在文化渊源上的传承，也不妨

---

① 蔡墩铭:《刑法之基本性格》，载《法令月刊》2000 年第 10 期。

碍民族的融合和交流，经济和政治的现代化，人文思想内容的进步造成的道德完善。在中世纪，对宗教和神权的遵从是道德的内容，而在启蒙运动之后，我们便将人权、自由的思想作为了道德的核心价值。在法定犯的诞生过程中，总是蕴含着人们对社会秩序的良善愿望和倾力召唤，如果没有一种法定的“恶”，那么社会秩序的混乱同样会造成整个社会的崩塌，这是作为共同体的人们不能接受的。国家将违背社会秩序，或者对社会正常秩序有害的行为规定为犯罪，也恰是在迎合人们对于秩序的道德诉求。这并不是牵强附会，当社会成员的法律意识逐渐成为道德强制的时候，法律的规范就不能仅仅被看成是一种外在的权威。也就是说，自然犯和法定犯的内涵是可以互相吸收和转化的，在法律意识和道德水准都在丰富的现代社会，法律的规范要求和道德的内在力量呈现出融合和共通的现象。举个例子，为了环境保护而制定的刑法规范，显然不是基于道德的要求而外化为法律的，因为人们意识到需要保护环境的历史并不久远，也谈不上什么民族精神和风俗习惯。[①] 然而，在保护环境意识的逐步强化之下，环境保护逐渐为大众所接受，并且在社会中形成了一种具有向心力的强大思维，即保护环境是“善”和“可接受”的，而对于破坏环境产生了“恶”和“不可接受”的认识。这种认识的产生在社会发展过程的积淀中不自觉地成为了人们能够支配自身行为的戒律，同时也逐渐成为某种先天的内在习惯。富勒对道德进行了分类，提出了“愿望的道德”和“义务的道德”。道德的尺度也应当由这两种道德来实现：愿望的道德是善的生活的道德、卓越的道德以及充分实现人之力量的道德，愿望的道德是以人类所能达到的最高境界作为出发点的；而义务的道德则相反，它符合的是法律的最低判断，也是法律进行惩罚的正当依据，“它确立了使有序社会成为可能或者使有序社会得以达到其特

---

① 杨建学、张光君：《论环境刑法的道德基础》，载《商业时代》2008年第20期。

定目标的那些基本规则”。它是旧约和十诫的道德，它通常的表达方式是“你不得……”或者“你应当……”[①] 显然，这相当于把所有的规则都赋予了道德的来源。如上文所总结的一样，人们总是试图寻找一种对秩序有利的生活方式，而对可能造成失序的行为评价为“恶”，也是为了维护秩序所需要固化的道德请求。“正如义务的道德规则规定了社会生活所必须的条件一样，语法规则规定了维护语言作为交流工具的必要条件。正像愿望的道德原则一样，一流写作的原则必定是‘灵活、模糊和不确定的’，与其说它们为我们提供了达至完美境界的确定无误的指引，还不如说它们只是一般性地描述了我们应当追求的这种完美境界。”[②] 因此，类似于环境刑法的制定，正是在道德进步的要求下，从法律规定蔓延到人们的意识中，成为固定的道德内容。这是一个互为表里的过程，人类的需求能在社会中获得正当的评价，那么很自然的，这种需求将会得到所有规则的认同，包括法律和道德。

3. 犯罪内容的道德性

在犯罪内容的判断上，道德的判断是始终存在的。犯罪构成是主客观相统一的有机结构，在对于犯罪的评价中，主观上必须存在“罪过”，客观上则表现为“罪过”支配下的行为。从主观方面上看，犯罪的核心是“罪过”。罪过是“恶”的评价，是以法律规范的形式表达出来的犯罪的道德属性，无罪过则无责任，无罪过则无犯罪。所以不管是故意还是过失，都会在一定程度上展示出行为的

---

① ［美］富勒:《法律的道德性》，郑戈译，商务印书馆2005年版，第9页。

② ［美］富勒:《法律的道德性》，郑戈译，商务印书馆2005年版，第9页。这种解释似乎在向我们说明，一切规则的制定都是需要经受道德审查的，如果一个规则是根本违背社会成员内心向往的，那么它不可能得到通过和施行——规则能否被制定，本身就应当是以大多数人的倾向为依据的。从这个角度观察，公民的守法是在履行自己对自己的允诺和要求，是一种类似于“禁反言”的道德义务。

恶性。在这个问题上，刑法是所有的部门法中表现最为明显的。刑法所惩罚的对象应当是两个不同的方面：一部分是“主观恶”（mens rea），另一部分是“行为恶”（actus reus）。其中“行为恶”大多体现在犯罪行为造成的客观恶害上，是犯罪当中社会危害性的评价；而“主观恶”则体现在犯罪人的内在恶性上，表达为一种有罪的主观态度（a guilty mind; a guilty or wrongful purpose; a criminal intent），是犯罪当中人身危险性的评价。但无论是主观的恶性还是客观的恶害，“恶”的评价本身就属于道德的范畴，特别是在对犯罪主观方面的认识上，“已然之罪在主观评价上是一个恶性的问题。恶性首先是一个伦理评价的问题，其次才是一个法律评价的问题”。[①] 因为犯罪的客观恶害不一定引起社会道德的否定评价，如人的死亡、财产的损害等，都不能归责于引发这些事件的无罪过事件。而犯罪的主观恶性，引发了刑罚的可非难性，因为恶害的行为是在有意识的犯罪目的的支配下实施的。可以这么说，主观恶性的判断是犯罪内容中依靠道德得以实现的。

在我国的刑法传统中，一直以主观方面的恶性来确定犯罪。诸如始自汉代终于唐律的“原心定罪”，在审判中重点考察犯罪者的动机是否合乎儒家道德，如不合乎，必须严惩；如合乎，虽犯法亦可从轻论处，“志善而违于法者免，志恶而合于法者诛”；在考察犯罪与否时查明动机的“有心为善，虽善不赏；无心为恶，虽恶不罚”。[②] 在具体的立法中，也有很多的例子可以印证。例如，《唐律疏议》第十七卷盗贼十九规定：“‘皆谓意在于恶者’，谓从残害以下，并谓意在于恶。如无恶心，谓若愿自焚尸……并不坐。”意即“（处罚焚烧亲属尸体的犯罪）存在着恶劣的动机，如果没有恶

---

① 陈兴良：《刑法哲学》，中国政法大学出版社1997年版，第25页。

② 蒲松龄：《聊斋志异·考城隍》，中华书局2009年版，第135页。

的意念，譬如倘若死者生前自愿由家属烧掉其尸体，并不予处罚”①。

现代刑法尽量要求规范的客观化，犯罪是以法益侵害作为基础的，在这样的背景下，主观的恶性评价又应当处于怎样的地位？显然，在评价某个行为是否构成犯罪时，刑事违法性和社会危害性是同等重要的，如果说刑事违法性是在规范意义上作出的事实判断，那么社会危害性则是在记述意义上作出的价值审视。在刑法中，主观上的内容能够成为出入罪的理由，也能够成为区分罪与罪之间界限的标准，这种标准的确立，有赖于社会道德对“恶”作出大体上一致的评判。任何脱离主观上的“恶”以及在社会共同体中获得否定评价的行为，都不应当归入到犯罪的范围中去。所以，在外观相似的行为中，只有通过对主观要素的分析，才能确立行为是否构成犯罪。庞德说：“较之纯粹出于糊涂的行为或者迟延作为的行为，恶意或恶意欺诈（dolus）行为具有更大的反社会性。因而，在刑法的适用上，要求行为人存在犯意。”② 所以客观上同样表现为杀人，劫财的杀人和基于正当防卫的杀人，在法律评价上是完全不同的，而造成不同法律后果的原因，在客观的杀人行为上是不能进行区分的。

然而，费尔巴哈举例说，“某人试图毒死对方却使用了砂糖的场合，缺乏毒杀罪的构成要件，即使以行为人的意图为基准存在未遂，但如果缺少作为科刑条件的法典所规定的构成要件，国家也不处罚这种行为”。③ 他以此来说明，对于犯罪应当摒弃主观上的考

---

① 参见曹漫之主编：《唐律疏议译注》，吉林人民出版社 1989 年版，第 6 页以下及第 650 页。

② ［美］罗斯科·庞德：《法律与道德》，陈林林译，中国政法大学出版社 2003 年版，第 95 页。

③ ［日］宗冈嗣郎：《客观的未遂论的基本构造》，成文堂 1990 年版，第 74 页。

察，因为“国家不能单凭行为者所表现出的实施犯罪的盖然性来处罚未遂，而只能依据已经实施的现实的不法来进行处罚。国家只能处罚成为刑法对象的犯罪行为，而这种行为本身又必须具有犯罪的属性”①。这种纯粹的客观主义从来就没有成为立法的依据，客观上的外部行为是犯罪得以成立的基础，但是对于主观上的善恶判断，也是犯罪判定的重要内容。所以有论者反驳，“试图毒死对方却使用砂糖，与相信砂糖煮鸡蛋能致人死亡，在外在的客观表现上是一样的，然而前者出于对道德的敌意而受到法律的规制，后者却只属于信仰、迷信、观念和空想。相对于后者，前者受到处罚的根本原因在于违背了国民的普遍法感情”②。刑法中对未遂犯的处罚依据向来是结果无价和行为无价讨论的主战场，我们可以这样认为，即使有客观上作为违法征表的外部行为，也不能否认主观上的“恶性”是处罚的来源之一。

其次，犯罪行为具有道德性。人的行为是人愿望和意志的外化表现，任何行为都具有伦理性，可以对其进行道德评价。③ 而“行为的观念处于犯罪概念的核心”④，任何心理上的内在反应都不能称为“犯罪”，即使在道德上存有否定的评价，法律的外在性和道德的内在性是对立的。“这个世界上没有任何东西可以像善良的意愿那样，能够没有限制的良好保持。相反，外在的行为只能置于法

① ［日］宗冈嗣郎：《客观的未遂论的基本构造》，成文堂 1990 年版，第 75 页。

② 黄荣坚：《刑法问题与利益思考》，台湾元照出版公司 1999 年版，第 122 页。

③ ［日］小仓志祥：《伦理学概论》，吴清涛译，中国社会科学出版社 1990 年版，第 139 页。

④ ［日］大塚仁：《刑法论集》（1），有斐阁 1978 年版，第 33 页。转引自赵秉志主编：《外国刑法原理（大陆法系）》，中国人民大学出版社 2000 年版，第 80 页。

律的判决之下，法谚说道：不能因思想绞死任何人。”① 可见，人们只会惩罚那些难以容忍的外在对象，而正是这种“容忍”的限度，成了犯罪中行为的事实标准。所以说，“应当把刑法当作在根本上是以伦理的，亦即人伦关系中的实践的道理或条理为根基的东西。由此出发，就不得不认为，刑法中的行为，也是伦理观点中的行为。作为伦理主体的行动而成为伦理性价值批判对象的，才是行为”②。行为在刑法上是主客观相统一的概念，将法律行为的本质解释为“法所规制的恶”，而法律本质上就是将道德的价值判断规范化、形式化的过程，于是“行为”也就应当被解释为“伦理性的价值批判对象”。

这可以解释这样一种现象：对于行为的理论多如牛毛，但是如果仅仅从行为本身的性质上加以解释，却总是不能得出合理的结论。李斯特认为，“所谓行为是对外界的有意的（willkurlich）的举动，更正确地说，是有意的举动使外界变更，即（作为结果）使变更惹起或者不妨碍变更”③，力图将行为完全自然化，将行为解释为有意识的身体动静，但这很难解释不作为的理论地位。在威尔策尔看来，“行为是由目的定立的意思所支配的实在意义的统一体”④，试图从行为的目的性和因果性来解释犯罪行为，然而在面对过失犯罪的时候，如何解释过失的目的又成了问题。团藤重光的人格行为论似乎觉察到了行为的主客观双重性质，而将其视为“行为人人格的主体的现实化”，在他看来所谓的“人格”正是表

① ［德］拉德布鲁赫：《法学导论》，米健、朱林译，中国大百科全书出版社 1997 年版，第 4 页。

② ［日］小野清一郎：《犯罪构成要件理论》，王泰译，中国人民公安大学出版社 1991 年版，第 25 ~ 26 页。

③ ［日］大塚仁：《刑法概说》（总论）（第三版），冯军译，中国人民大学出版社 2005 年版，第 94 页。

④ 赵秉志主编：《外国刑法原理（大陆法系）》，中国人民大学出版社 2000 年版，第 83 页。

现为一种“轻视规范的人格态度”。[①] “轻视规范”不仅仅是一种事实上的评价，相反，对于规范所表达的态度，在公众的视野里表现着“善恶”的评价，即使规范表达的内容在历史沉积和民族习惯的道德中不被广泛地认可，但是法律的理性诉求仍旧会从强制性的要求缓慢转变为个人行为判断的善恶依据。例如“禁止在禁渔期捕捞”，那么对于在禁渔期捕捞的人来说，这种行为被法律所遏制，大众也会在道德上产生“恶”的观念。“只有大众的道德情感所不容的‘事实’，才能成为人们惩罚的对象。这些事实既会严重损害公众幸福，又有重复发生的可能，同时也是可以被调节和控制的”[②]。不管行为本身的属性如何，只有从道德的角度对行为进行善恶的评价，才能对将行为是否划归为犯罪行为作出正确的判断。例如，基于义愤的杀人和基于谋财的杀人，在行为外观上并不能比较出差异，毕竟“动机非犯意”是被普遍接受的，但是由于在义愤的杀人中存在着相关的“善”，那么即使符合了刑法所要规制的“恶”的特征，也会在刑罚裁量之时获得与谋财杀人有明显差异的处断。

刑法所要惩罚的行为，是在社会观念中最值得惩罚的行为，也是社会不能再容忍的“危害性”极大的行为。我们用实行行为和非实行行为来区分犯罪行为，当某种作为存在的行为符合构成要件的时候才是可以归为犯罪的实行行为，然而实行行为的实质，应当是“具有侵害各种具体的构成要件中所保护的法益的现实危险性的行为”[③]。显然，危险的判断既是事实的判断，又是价值的判断。

---

① ［日］团藤重光：《刑法纲要总论》（第3版），创文社1990年版，第104页以下。转引自赵秉志主编：《外国刑法原理（大陆法系）》，中国人民大学出版社2000年版，第84～85页。

② 张武举：《刑法的伦理基础》，法律出版社2008年版，第161页。

③ 赵秉志主编：《外国刑法原理（大陆法系）》，中国人民大学出版社2000年版，第86页。

造成客观的实害，或者造成能够发生实害的可能性都可以是“危险”，危险的判定是不易把握的，而以特定的社会道德情感为基础，“危险”是“可能威胁到社会存续基础而为大众道德所不容的事实”。[①] 这样的归纳并不是有意忽视道德变迁对“行为”性质的影响，相反的，以社会公众的道德来判断犯罪行为，才能避免理论不能完整涵盖行为内涵的尴尬。既然犯罪的概念充满了道德审视，在不同的社会中由于不同的道德内容会有完全相异的刑法规范来规定犯罪，那么对于犯罪核心的“行为”，自然也应该符合社会道德的评价。

例如，以前作为犯罪处理的“通奸”，现在大多数国家已经不再认为是犯罪行为，通奸行为自然不能被解释为文化规范的违反或者法益的侵害。但是在韩国，“通奸”仍旧是刑法规定的犯罪，[②] 通奸的行为被视作犯罪的实行行为。同样是通奸，区分的标准难道是上述种种关于行为的理论所总结的“自然行为”、“目的行为”或者“人格行为”能够确定的？或者这些理论仅仅能够在某一个

---

① 张武举：《刑法的伦理基础》，法律出版社2008年版，第164页。

② 韩国从20世纪50年代制定刑法典时就保留了通奸罪，而且在1990年、1993年、2001年反对者提起的违宪审查中均未被判决违宪。在1990年韩国刑事政策研究院“对通奸行为的态度”问题的调查中，汉城20岁以上的男女共1200名参与了测验。其中73.2%的人赞成国家通过刑罚权的行使来处罚通奸行为，仅有23.8%的人认为处罚通奸罪违背个人的性决定权。不仅立法态度上如此，在司法上，2000年韩国通奸罪案件有12762起，到2005年仍有8720起。2008年12月17日，韩国女星玉素丽因通奸罪被判处8个月监禁，她也提起了关于通奸罪的违宪审查，然而被宪法法庭驳回，理由在于“通奸伤害了国民的社会道德，如果废除，将对社会秩序造成破坏”。参见［韩］吴昌值：《韩国刑法上的通奸罪考察》，载《中国刑事法杂志》2003年第6期。在笔者审阅本书的时候，2015年2月26日，韩国宪法法院9名法官对17起通奸案件进行统一审理，并进行违宪审查，审理结果是以7票赞成，2票反对裁定《韩国刑法典》处罚通奸的条款违宪，由此废除了通奸罪。裁定理由大致是现行条款“侵犯公民性自主权、隐私权”。

地方性的区域内有效而不具备普适的价值？用行为本身的性质来解释行为是否是犯罪行为，显然不能完全达到理论上的自洽。在近代以前，人们把动物也作为刑法的对象，身份犯和思想犯也是刑法中的常客，直至现在的英美法，仍旧有关于“违背自然罪”的大量规定①（这些已经被普遍认为是法定的权利和自由），这些犯罪中的行为，又该在现在的刑法上作出何种解释？如果对于前者，我们还有理由认为那是蒙昧和未开化的人类无知的表现，那么对于沿袭到现代社会的后者呢？所以，对于犯罪行为的理解，在特定的文化背景下是否能够引起道德上“恶”的评价，才是将“行为”能否归结于犯罪行为的根本条件。“文化相对”有着特定的含义，我们在讨论根植于某种文化下的道德内容时，不能使用统一的标准：例如以现在的眼光审视过去，或者以形式的理论适用一切现象。在人们的道德判断中，关于善恶的评价在历史的进程中表现出的不一致，但这并不影响在特定的历史片段中形成的在当时社会条件下的统一共识。古代的“通奸罪”和现代的“通奸罪”都是由一个特定时期的道德水平所决定的，而决定的力量来自这个特定社会的民族和文化。对于古代的通奸罪，我们完全没有必要认为它“侵害人权和自由”而将其评价为“历史贻害”，它的存在只是在当时的道德环境下必然的法律承认；而对于当代的“通奸罪”，我们也不必感到诧异，因为在特定的国家里，总会有符合大多数人对于犯罪的道德理解，而法律对这些道德的支持并不值得我们以所谓的

---

① 例如《加拿大刑事法典》第 159 条规定的肛交罪，第 160 条规定的兽奸罪以及儿童在场的兽奸罪；《印度刑法典》第 377 条规定了违反自然性交罪，无论何人违反自然法则，故意与任何人或动物发生肉体关系都会受到处罚。参见赵秉志主编：《英美刑法学》，中国人民大学出版社 2004 年版，第 312 页以下。

“普适价值”来评判和抨击。[①]

特别需要注意的问题是，具有严重危害社会道德的行为是否应当作为犯罪处理？例如违反性伦理的兽奸行为，违背女性尊严和性道德并且有伤社会善良风化的卖淫，还有赌博、安乐死以及吸毒行为等在道德上给予否定评价的行为，在刑法上应当如何评价。在不同的国家对于上述行为的评价是不一的，例如，受基督教的影响，欧洲各国从古代起就广泛地处罚性越轨行为，如德国 1969 年之前的刑法。[②] 对于这个问题，我们仍旧应当沿用国民的道德判断来解释。道德是具有地方性和民族性的，“由于法律的特有属性是可以强制执行的，因而划分（法律与道德）的界限在历史上是不断移动的。推动其移动的是，确定的道德义务是否被公众意见认为对于维护具体的共同体存在是必要的”。[③] 所以刑法能不能规范严重损害道德的行为，需要通过行为发生时社会道德的容忍程度以及法律的习惯来决定。“中世纪的不宽容（将兽奸作为犯罪）并不是出于纯粹的心灵狭隘，而是为了统一基督教文化的精神圆满……异端的道德原罪受到世俗的惩罚，是因为他身陷异端并利用异端正在损害

---

① 还是引用韩国刑法中通奸罪的例子，论者在论及废止通奸罪的时候，有这样的表述，“在处罚通奸罪强烈的呼声下，不能忽视老百姓对通奸罪的普遍倾向而不分青红皂白地主张废止。韩国社会可以考虑废止通奸罪，但是在考察通奸罪和韩国司法现实的相互关系时，必须成为通奸罪的法律规定符合韩国人的意识”。参见［韩］吴昌值：《韩国刑法上的通奸罪考察》，载《中国刑事法杂志》2003 年第 6 期。

② ［日］西田典之：《日本刑法总论》，刘明祥、王昭武译，中国人民大学出版社 2006 年版，第 27 页。

③ ［德］海因里希·罗门：《自然法的观念史和哲学》，姚中秋译，上海三联书店 2007 年版，第 191 页。

共同体和基督教世界的内部稳定”①。社会的承受和忍耐程度决定着“道德入律”的基准，在某个社会当中，对于某种道德的背反不能仅仅从心理强制和内在说教上予以规诫，那么刑法就有必要把道德违反行为纳入到法律中来，将强制性的法律作为规训的根据。而这一切，都决定于地方性和民族性的道德内容在其所适应的社会内部判断。萨维尼曾说，“法律随着民族的成长而成长，随着民族的壮大而壮大，最后，随着民族对于其民族性（nationality）丧失而消亡”②。特定的民族所拥有的文化特性是道德形成的根源，而这些道德对法律的影响也是建立在民族性基础上的，在犯罪行为的归纳标准上，应当从公众普遍道德之下的善恶判断中进行取舍。道德的判断对国家的理念和制度以及国家所重视的社会秩序产生影响的时候，法律就会对道德的评判有所反应：“非婚生育是否会被附加上刑法上不利的法律后果，取决于这种道德上不合格的行为是否被视为维持婚姻和家庭的理念与制度所必要的，因而是值得强制执行的。”③ 所以，有论者认为，“从行为的伦理本质处罚，结合人类认识水平的历史局限性和伦理内容的相对性，我们完全可以解释所有的称为犯罪的行为，而不需要用‘历史垃圾’来搪塞。相反，如果将行为理论的视野局限于现代刑法（甚至某一国某一特定历史时期的刑法）的规定上，我们才会犯‘以偏概全’的逻辑错误，会扼杀刑法理论对刑法立法、司法现状的批判和指导意义”④。

---

① ［德］海因里希·罗门：《自然法的观念史和哲学》，姚中秋译，上海三联书店 2005 年版，第 191 页。罗门一针见血地指出：“近代国家不是因为叛徒作为国家统一的扰乱者犯了违反爱国主义的美德之罪而惩罚他，而是因为他正在危及国家的统一。”

② ［德］萨维尼：《论立法与法学的当代使命》，许章润译，中国法制出版社 2001 年版，第 11 页。

③ ［德］海因里希·罗门：《自然法的观念史和哲学》，姚中秋译，上海三联书店 2007 年版，第 192 页。

④ 张武举：《刑法的伦理基础》，法律出版社 2008 年版，第 165 页。

（二）刑罚的道德性

刑罚是对犯罪人某种利益的剥夺，在外观上很直白地表现出国家对犯罪人及其行为的否定评价，是惩罚和谴责的辩证统一。[①] 刑罚否定犯罪所引发的“恶”，正因为如此，刑罚需要在肯定犯罪“恶性”的前提下才能发动。“作为对于犯罪的惩罚，刑罚具有伦理的谴责性。世俗地看，刑罚是一种对于道德邪恶的否定，表明了社会的道德态度，体现‘恶有恶报’的伦理要求”[②]。可见，刑罚一方面在功能、目的以及产生的基础上表现为对道德恶行的谴责和遏制，另一方面在制度化的过程中，寻求道德的支持，接受道德的监督。黑格尔认为，“犯罪不是最初的东西，肯定的东西，刑罚是作为否定加于它的，相反的，它是否定的东西，所以刑罚不过是否定的否定。法律就是对侵害的扬弃”[③]。在黑格尔的思想里，犯罪是否定的，是一种“恶”，而刑罚是作为否定“恶”的“恶”加诸于犯罪，是为了体现“惩恶扬善”的道德评价，从而重新树立被犯罪所破坏的公平和正义。边沁基于功利主义的思想，也提出过类似的观点，“任何惩罚都是伤害，所有的惩罚都是罪恶，但是当刑罚的目的是以理性和法律手段来建立幸福时，或者当惩罚能够起

---

① 陈兴良：《本体刑法学》，商务印书馆 2001 年版，第 626 页。

② 曲新久：《刑法的精神与范畴》，中国政法大学出版社 2000 年版，第 278 页。曲新久认为：“犯罪一旦被揭露并受到刑罚的处罚，就成为一种社会丑闻，犯罪的丑闻性正是通过犯罪人受到刑罚惩罚得以实现的，无论是在古代还是现代，刑法都有一种加辱性，通过刑罚惩罚，犯罪成为一种丑闻”。

③ ［德］黑格尔：《法哲学原理》，范扬、张企泰译，商务印书馆 1961 年版，第 103 页。

到排除更大的罪恶时，那么刑罚就是必要的和合理的”①。刑罚是已然犯罪的终点，同时也可以作为对未然犯罪的提示，刑罚既要承认犯罪是“恶”而对其施加惩罚，同时又要对“善”进行阐扬，因此，刑罚必然包括了道德的内容，考虑刑罚是否正当和合理，需要从道德上加以判断。

1. 刑罚基础的道德性

刑罚的基础是刑事责任，责任的明确和承担，是由犯罪通向刑罚的必经之路。无责任即无刑罚，在刑事责任的来源上，道德的判断是刑法学派之争的重点。在刑事古典学派那里，刑事责任是基于意志自由和个人主义、平等主义的道义责任。在康德看来，“惩罚在任何情况下，必须只是由于一个人已经犯了一种罪行才加刑于他……刑法是一种绝对命令”②。基于这一观念，人都是意志自由的，既然犯罪人以自己的意志去实施犯罪，自己就应当承担责任，这是人类当然的道德要求。在犯罪与责任之间，道义要求排除行为中的恶意，刑罚必须适中适当地表现出与犯罪相当的根据，“而这需要从道德领域的普遍正义和功利目的中寻找”③。“犯罪人必须首先被发现是有罪的和可能受到惩罚的，然后才能考虑为他本人或者为他的公民伙伴们，从他的惩罚中取得了什么教训”④，对犯罪给

---

① ［英］边沁：《道德与立法原理导论》，时殷弘译，商务印书馆 2003 年版，第 216 页。边沁把惩罚归结于“恶”，并非出自人们对善恶的一般判断，而是将惩罚建立在功利原则之上的，惩罚的“恶”在于它“是损害，能够减损幸福”，相对于“幸福”而言，惩罚当然是“恶”。所以这并不是站到罪与罚的比较之上得出的结论。笔者注。

② ［德］康德：《法的形而上学原理——权利的科学》，沈叔平译，商务印书馆 1991 年版，第 164 页。

③ 曲新久：《刑法的精神与范畴》，中国政法大学出版社 2000 年版，第 115 页。

④ ［德］康德：《法的形而上学原理——权利的科学》，沈叔平译，商务印书馆 1991 年版，第 165 页。

予刑罚，应当是犯罪所蕴含的应有之义，甚至是把犯罪人当作“人”的尊重，正因为这种道义上的尊重，才应当对他进行处罚。所以，刑罚的根据只能是犯罪本身所包含的道德过错，犯罪是邪恶的，而刑罚能去除邪恶，恢复道德的平衡。可见，道义责任论是极其简洁明快的，乃至不需要在犯罪与刑事责任之间需求更多的合理化桥梁——责任是犯罪自身蕴含的“定在”，而刑罚更是刑法的绝对命令，将刑罚限定于犯罪是构成刑罚之正当目的的任何原理的无条件的结果。[①] 没有任何其他的理由可以诠释刑罚的来源，当然，也无须解释。正如黑格尔所谓“刑罚包含着犯人自己的法”[②]，因为出于理性的考虑和道义的恢复，犯罪人才应当并且必须承担责任。道义责任来源于人类道德的理念，“善有善报，恶有恶报”，刑罚就是对犯罪人恶行的报应，所以康德才会说，“对犯罪人的报复必定是无条件的，即使市民社会在其成员的同意下将要解体，在监狱中找到的最后一位谋杀者也必须先予以处决，以便使每个人依其行为得到应有的报偿”[③]。

同样的，道义责任在中国的法文化中积淀也颇为久远，在法律道德化的中华法系下，行为乃至思想的“背德”，即会招致刑罚的惩罚。老少妇孺皆知的“杀人偿命，欠债还钱”是道义责任最真实的写照，不仅如此，还要加上“天经地义”来形容这一责任的来源和性质极其正当。在这种朴素的刑罚观里，天地的经义就是为了平复“背德”的犯罪所带来的道德危殆或者实在的破坏，即使仅仅“心存不轨”，只要能够在道德上评价为“恶”，就应当为此

---

① ［英］哈特：《惩罚与责任》，张志铭、王勇、邱兴隆译，华夏出版社1989年版，第11页。

② ［德］黑格尔：《法哲学原理》，范扬、张企泰译，商务印书馆1961年版，第103页。

③ ［德］康德：《法的形而上学原理——权利的科学》，沈叔平译，商务印书馆1991年版，第164页。

承担责任。当然，在现代的刑法里，主观的罪过和在主观罪过支配下沿着罪过方向所外化的行为才是责任得以承担的要素，但是这并不排斥责任来源的道德基础。在刑事实证学派提出社会责任论之后，道义责任受到了极大的抨击，先验的人的意志自由受到普遍的怀疑。社会责任论认为犯罪是由遗传因素、社会原因决定的，与人的自由意志无关，因此犯罪的道德否定和道义责任变成了法律否定和社会责任，犯罪是外在因素决定的，与行为人对自我意志的道德背反无关。但是这种解释显然不能回避道义责任所包含的依据，因为责任实现和刑罚发动的最根本原因只能是基于“不法”的惩罚，而不法的实质不仅是形式上对于法规范的破坏，更因为不法的“恶性”使然。无论出于何种原因，都不能对无辜者施加刑罚，让没有犯罪的人承担责任。“行为人只有在有罪过的前提下，才具有可谴责性，才能够被追究刑事责任，否则国家刑罚权的行使就缺乏合理性的基础”。[①] 然而，在刑事责任理论的发展过程中，随着对于犯罪的社会原因的探查，出现的社会责任论、规范责任论等反对道义责任的理论，而且伴随着道义责任论和社会责任论互相融合，又发展出折中的人格责任论等理论，但是道义责任仍然被视为责任的基础。“真正的刑事责任应当以道义责任论为出发点，即使追求与社会责任论的调和，也应当以道义责任为基础，谴责可能性这种意义上的责任概念应当得到坚定的维护”。[②] “谴责可能性”是道义责任和社会责任的分歧之一，立足于意志自由的道义责任论，认为在没有自由意志的情况下，不应当承担刑事责任，例如精神病人和未成年人，因为没有主观上的罪过，就没有谴责的可能性和责任承

---

① 任喜荣：《伦理刑法及其终结》，吉林人民出版社 2005 年版，第 14 页。

② 冯军：《刑事责任论》，法律出版社 1996 年版，第 3 ~ 4 页。“必须重视行为人主观上的可谴责性，一个人只有在主观上有可归责的地方，才能被追究刑事责任，这样的追究活动也才具有合理性”。

担的必要；而基于社会防卫的社会责任论则认为，只要对社会有危险的人，就应当承担社会防卫手段赋予的“义务”，所以精神病人和未成年人也应当承担责任。显然，当代刑事立法的现状已经在二者间作出了事实上的选择。

道义责任作为刑罚的基础，能够实现刑法正义的价值。人对自己的行为承担责任，并且从道义的角度对犯罪行为进行法律上的谴责是正义的应有之义和必然要求。“刑罚的前提是责任的谴责可能，而面对一个已经实施的侵害行为，应当首先释明行为人在实施具体侵害行为上是否应受谴责，这是刑罚正当化的依据”。① 正义的内容包括平等、自由等具体的价值，在这些价值当中，“王子犯法，与庶民同罪”的平等是正义的首要价值，“正义的目的就是要体现平等——体现作为道德主体，有一种他们的善的观念和正义感能力的人类存在物之间的平等”。② 在刑法乃至于所有的法律部门中确立法律面前人人平等的原则，事实上是在维护公民的道德观念。而当刑事责任由犯罪所引发之时，善恶观念的判断将刑罚对犯罪人施加的责任变得富有正义感和道德感，让看上去残酷的刑罚变得正当而合理，以维护社会的基本正义以及在正义观念引领下的公共道德。同时，正义的表达能够宣扬“善”的道德观，“一切的道德思辨的目的都是交给我们以我们的义务，并通过对于恶行的丑和德性的美的适当描绘而培养我们相应的习惯，使我们规避前者、接受后者”③。所以，依靠道义责任，在解释责任承担的正当性时，能够最大限度地维持刑罚的正义，同时还能够树立“惩恶扬善”的道德理念，促进大众对刑法的认同和接受。

---

① 冯军:《刑事责任论》，法律出版社 1996 年版，第 4 页。

② ［美］约翰·罗尔斯:《正义论》，何怀宏、何包钢、廖申白译，中国社会科学出版社 1988 年版，第 19 页。

③ ［英］休谟:《道德原则研究》，曾晓平译，商务印书馆 2001 年版，第 23 页。

2. 刑罚目的的道德性

刑罚的目的是什么？古典学派提出的报应刑论和社会学派倡导的目的刑论占据着各自的立场，各执一词，不分高下。而对于刑罚目的的窥探，是在挖掘刑罚来源正当性的基础之上的，是考虑刑罚性质的过程。包尔生说："刑罚就是这样，它把按照主观的考虑或道德的考虑作出的因而存在着巨大的差别的两类行为置于同一个公式之下。"[①] 刑罚对于相似行为的区别对待，在于"主观的考虑或者道德的考虑"，刑罚的内容，因道德评价上的"恶性"的不同程度而作出相应的改变。在罗尔斯看来："刑罚的合理证明仅仅以犯罪行为值得处罚为基础。实施了犯罪行为的人应当受到与其行为相适应的刑罚之苦在道义上是合适的，犯罪人应当为罪过而受到处罚，并且处罚的严厉性依赖于其行为的恶性。"[②]

刑罚是实现刑事责任的主要手段，而我们已经论证了，在刑事责任的来源上表现出的道德品性。这决定了刑罚所具有的道德底蕴，犯罪行为的主观恶性是对道德的违背，刑罚是对犯罪的"恶"，刑罚的报应因素就是不可回避的。对于刑罚的本质，刑事古典学派和社会学派有着长期而执拗的争议，但是无论如何，刑罚的报应仍旧具有合理的性质。邱兴隆指出，"报应刑之以同害报复的面目而存在，不但因其是特定社会历史背景与蒙昧时代的人类认识能力有限的必然产物而具有其历史必然性，而且因其原始的朴素的公正观念的折射而具有其合理性"[③]。在人类从蒙昧走向文明的

---

① ［德］弗里德里希·包尔生：《伦理学体系》，何怀宏、廖申白译，中国社会科学出版社 1988 年版，第 544 页。"凶杀是有预谋的对一个人的故意杀害，是该处死罪的。这个定义中既包括对一个无耻卑鄙地用某种卑劣手段毁灭了我的家庭和幸福而丝毫没有感到自己违反了刑法的流氓的公开而正义的逐杀，也包括对施毒者与暗杀者的最为凶残的行为"。

② John Rawls, *Concepts of Rules*, The Philosophical Review, L XIV (1955), pp. 4 – 5.

③ 邱兴隆：《刑罚的哲理与法理》，法律出版社 2003 年版，第 37 页。

过程中，原始的等价意识是通过诸如简单的商品交换而形成的，基于这种等价交换意识的影响，在刑与罪之间人们很自然地会形成一种无须过多解释的等价认识——犯罪让人失去什么，刑罚就让犯罪人失去什么。“报应的害恶是作恶者的‘自业自得’，即作恶者通过自己行为的害恶给自己带来的害恶，而‘自业自得’是严肃的道义和伦理法则”[1]，罪与罚之间的等价能够让人们感受到公平的实现以及法律规则的严肃。正是基于这种朴素的公平和正义观念，刑罚能够获得更为普遍的认可。

即使存在着社会学派的抨击，报应的刑罚性质仍旧是客观存在的。纵然犯罪的形成原因不仅仅是基于自由的意志，而是包含着生理的抑或社会的因素，所以对于各种不同犯罪的刑罚目的也应当呈现出不同的解读。“报应刑论认为当罚之罪应当受罚，完全忽略了刑罚的社会功利性；而把刑罚理解为恶报，未免失之于野蛮而与现代文明精神相悖”[2]。然而，如果将道义和报应从刑罚中抽离，仅仅依靠社会秩序的恢复和教育矫正犯罪人回归等“目的”来诠释刑罚的本质，显然会造成刑罚本质内容的虚无和工具化——在国家与市民的二元社会里，刑法的目的并不是单纯地为了社会秩序而建构起来的，对于“恶性”的反动性评价，应当是刑法最直白的功能表达。而在此基础上的功利目的（诸如社会秩序、教育和矫正等）都应该是依附于“惩罚罪恶”之上的附加价值。[3] 报应刑论所主张的报应，并不是仅仅为了报应而报应，而是通过报应来实现刑罚的正义。正义是刑法所追求的最基础价值和最根本的目标，国家

① 冯军：《刑事责任论》，法律出版社 1996 年版，第 259 页。

② 赵秉志主编：《外国刑法原理（大陆法系）》，中国人民大学出版社 2000 年版，第 270 页。

③ 冯军：《刑事责任论》，法律出版社 1996 年版，第 4 页。“直接根据预防犯罪的必要性决定刑罚的适用与否，是对道义责任的抛弃，必然导致刑罚丧失具体的正义”。

刑罚权的存在理由也就是为了实现法的正义，最终实现社会的正义；因此，刑罚存在的理由就不能是用作谋求其他功利目的的手段，否则就会"'陷入目的的正确性证明了手段的合理性'这种为达目的而不择手段的不道德的荒唐逻辑"①。因为"不具有对恶性予以恶报属性的刑罚、超过犯罪份量的不具有平等性的刑罚都是非正义的刑罚，也是苛酷的刑罚。摒除刑罚的伦理色彩、排除刑罚的报应因素，就会使刑罚丧失根据上的合理性"②。

3. 刑罚内容的道德性

刑罚起源于复仇，在早期的法典当中，复仇被认为是正当的，是"被害人及其氏族对行为人及其氏族的复仇，以象征性的行为来求得被犯罪行为激怒的神的宽恕"③。对于刑罚正当性的评价，主要源于在道德上能否符合社会普遍或者同质的判断。在古代的刑罚方法中，刑罚的内容都是在血亲复仇的基础上衍生出来的，"夏刑大辟、膑辟、宫辟、劓、墨"④ 或者"医师以金属之刀疗治人之重伤致死者，断其手"⑤。以现在的眼光来审视，古代刑罚残酷和血腥，现代的刑罚应当是人道而宽缓的。在文明开化到进化的过程中，刑罚的内容随着道德的变迁而发生改变。如果说刑罚的基础与道德的目的是方向一致的对应，那么刑罚的内容，却是在道德监督和道德评价之下，在制刑、配刑、行刑等方面在寻求道德的支持：我们在分析刑罚道德性的时候，关注的目光不能仅仅局限于刑罚和

---

① 赵秉志主编：《英美刑法学》，中国人民大学出版社 2004 年版，第 197 页。

② 许发民：《论刑法的伦理品性》，载《法律科学》1997 年第 4 期。

③ ［德］汉斯·海因里希·耶赛克、托马斯·魏根特：《德国刑法教科书》，徐久生译，中国法制出版社 2001 年版，第 80 页。

④ 《周礼·司刑》。参见沈家本：《历代刑法考》，中国检察出版社 2003 年版，第 8 页。

⑤ ［英］爱德华兹：《汉谟拉比法典》，沈大珪译，中国政法大学出版社 2005 年版，第 58 页。

道德的一一对应上，或者在刑罚中寻求道德的足迹，相反，道德的内容也在限制和规范刑罚，让它从冷漠残酷当中复归到充满人性的温和中去。

“刑罚与道德并不像犯罪与道德那样，是一对严格的对应范畴。刑罚在形式上表现为对犯罪的制裁措施，而道德是一个内涵丰富的概念，它对人的约束主要是通过社会舆论来表现的”①。对于犯罪的“恶”来讲，表现形式的多样性导致了道德评判上的多元化，杀人的“恶”与行奸淫的“恶”，虽都归于“恶行”，但触犯的却是不同类型的道德。然而，刑罚却由于法典形式和内容的制约，以及规范化的考虑，不可能对犯罪作出多元化的评价——康德的经典论断“有人打瞎了你的左眼，那么他的左眼也应该被打瞎”，在刑罚规范上是不可能行得通的，如同在曾经的《刑法》中规定故意杀人罪和盗窃罪的最高法定刑都是死刑，但是我们不可能将杀几个人与偷多少钱该判死刑等价起来，因为它们所体现的“恶”不是同一类型，在法律价值上也不可能得到绝对的统一。黑格尔反驳康德，“如果那个人本来左眼就是瞎的，该打瞎他的另一只眼睛吗”，所以刑罚与道德的一一对应不可能成为现实。刑罚应当是对犯罪所展开的法律评价，符合法律形式规范的统一，但是在规范的内部，也就是刑罚所应当蕴含的内容，应当是在“恶性”程度和道德反感上达到与惩罚所相应的评判，一个行为的道德反感度越高，那么它受到的刑罚也就越重。

贝卡里亚说：“严酷的刑罚即使不是在直接与公共福利以及复方犯罪的宗旨相对抗，也是徒劳无功，同时还违背了开明理性所萌发的善良美德。”② 因此，现代的刑法都确定罪责刑相当原则，以

---

① 任喜荣：《伦理刑法及其终结》，吉林人民出版社 2005 年版，第 111 页。

② ［意］贝卡里亚：《论犯罪与刑罚》，黄风译，中国大百科全书出版社 1993 年版，第 11 页。

便对罪与刑之间形成“等价、适当、相当、均衡的关系，其基本的含义可以简单归纳为：无罪不罚，有罪当罚；重罪重罚，轻罪轻罚；一罪一罚，数罪并罚；罪当其罚，罚当其罪”[①]。但是如何确保“等价、适当、相当、均衡”，是刑罚从制刑开始就构建的与犯罪相对应的刑罚等级以及轻重适宜的刑罚体系。在刑罚体系中，针对不同的犯罪特点制定了不同类别的刑种，例如对杀人侧重于自由刑和生命刑，而对经济犯罪侧重于罚金刑，刑种的设置本身是为了实现犯罪程度与恶害的统一，这在侧面上也符合社会道德的要求。同时，刑法的人道和谦抑，是在“现代社会公民个人的权利与利益得以重视和强调，刑法的作用仅限于维持社会必要的生存条件”[②] 的背景下产生的，正是因为关涉公民的重大法益，刑罚的制定和发动必须慎重，而刑罚的内容应当符合道德的要求——那些民主、公平和正义的道德理念。如果在当今社会，还存在“弃灰于公道者，断手”或者炮烙、宫刑之类残酷的刑罚，并以此来强调刑法的规范和效力，那对文明的反动是不可想象的。启蒙所带来的人权观念，以及社会文明进步过程中人类对于人性的认识，要求刑罚在内容上作出更加符合人性和人道的表现。而在人道和谦抑的要求下，刑罚的内容不断地宽缓和收缩，乃至出现了新型的解决方式来取代刑罚，例如刑事和解，社区矫正，等等。这些现象的出现，是在社会文明发展和道德内容扩充的催化下应运而生的。“刑法的目的在于使一个被确定的秩序稳定化”[③]，而秩序的内涵本身就包括了道德的承认、包容和固化，刑法不仅仅是在法律的层面上通过

---

① 邱兴隆：《刑罚理性导论》，中国政法大学出版社 1998 年版，第 2 页。

② 何勤华主编：《20 世纪外国刑事法律的理论与实践》，法律出版社 2006 年版，第 6 页。

③ ［德］格吕恩特·雅各布斯：《行为、责任、刑法——机能性描述》，冯军译，中国政法大学出版社 1997 年版，第 1 页。

形式化的逻辑来实现“法治”，还会以社会道德为目标，培养人们对于善恶的判断。

四、罪刑与道德的冲突及解决

我们力图树立这样一种观念：刑法本身包括道德的内容，刑法的善恶需要由道德标准加以判断；同时刑法以符合道德的规范来促进和维护道德，使得善恶的形象不仅通过社会道德来实现，而且还能在法律上提升人们更加理性的思维和行事。这种观念建立在刑法与道德互相契合与反映的基础上，我们从刑法中找出道德的依存方式和体现状态，是对刑法从本质到目的的一种按图索骥似的探索。然而，对于两种不同的社会规范，刑法与道德之间的冲突是必定存在的。正如博登海默所说：“法律与道德代表着不同的规范性命令，其控制范围在部分上是重叠的。但是道德中有些领域是位于法律管辖范围之外的，而法律中有些部门几乎是不受道德判断影响的。”① 如果刑法和道德之间没有冲突与矛盾，那么在刑法的理论发展过程中，不会有学理上不断的冲突；在刑法的司法实践中，也不会出现难以抉择的困惑。罪刑与道德的矛盾是法律与道德对立的表现形式，法律和道德的主体观念和评价方式决定了这种对立不可能被消除。因为法律不管从形式上还是从实体上，都来源于国家的权力，在国家层面上的法律，首先要体现的应当是普遍的公平正义以及在国家权力保障之下的统治利益，形式化和规范化是法律的应有之义，即便考虑法律的道德来源，在立法成型之后，为了保持法律的稳定性和效力权威，只要不产生极其剧烈的道德变革，或者道德发展不对基本秩序产生影响，也就不会再对新生的社会道德作出迎合；而道德的评价主体是社会大众，社会大众评价道德的标准是由民族的风俗习惯等复杂因素积累而成，而且总是在社会的发展过

---

① ［美］E·博登海默：《法理学——法哲学及其方法》，邓正来、姬敬武译，华夏出版社 1987 年版，第 368 页。

程中产生变化，所以社会大众并不会把法律所要追求的目标放在首位（当然也不是完全不考虑），更不会通过法律来验证道德的正当性。作为来自不同主体的，以不同方式发挥作用的判断，罪刑与道德的对立将是客观存在的。而刑法的内容，就在“符合道德——道德改变——违背道德——修正刑法——符合改变后的道德”的时间轴上延续，在这个动态变化的过程当中，法律并不总是被动迎合，但相对的滞后总会带来矛盾的凸显。

在刑法的发展脉络中，法律与道德的区分和融合是渐进和螺旋的过程。在这个过程中，刑法和道德的冲突通过罪刑规范的不断外化，而且伴随着文化和民族传统的影响，存在着不同的表现形式。刑法与道德的冲突本质也就在于此，法律需要受到政治、意识形态等诸多方面的影响，需要反映执掌权力的人所代表阶级的利益，而道德的相对稳定使得在法律制度不断变迁造成的不同社会形态下能够保持相当的传承。虽然法律也要求稳定，但是法律的稳定性总是没有道德来得牢固——国人至今津津乐道的“杀人偿命”，在刘邦“杀人者死，伤人及盗抵罪”的约法三章里初见端倪，两千年从封建到社会主义的嬗变也未能阻断这种道德的延续，而我们的法律，历经了从封建到近代学习西方资本主义再到沿袭苏联直至“有中国特色的社会主义”的巨大变化。法律和道德的纠葛呈现出一种螺旋上升和否定之否定的哲学观念——现代的法律和古老的道德；或者现代的法律和古老道德演变而来的现代道德。“杀人偿命”的报复意识和现代刑法宽缓人道的价值理念之间的冲突，或者“重刑轻罪”的古老刑罚观念和罪刑均衡的现代刑法思潮之间的矛盾。[①] 它们的对立是客观存在的，而我们关注的是它们如何在各自

---

① 在笔者所接触的“大众”当中，或者说代表着社会一般智识的人，仍旧对“重刑轻罪”有相当的迷恋，例如对于小偷应当剁手，原因在于“小偷太讨厌了”；而对于“强奸犯”，要求施以“宫刑”的声音也不在少数。这恐怕是普通民众最希望看到刑法采取的举动或态度。

的作用范围内运行，又是如何在对方的领域里产生作用的。

在刑法的发展史上，罪刑法定的确立是近代刑法诞生的标志。而罪刑法定的确立过程，本身就是法律与道德相分离的过程。有学者指出，“费尔巴哈确立罪刑法定原则，首先是基于他对道德与法的严格区分。法律应当只惩罚人的行为，而不能追究人的主观思想动机。人的善恶是一个道德问题，属于道德责任的范畴，不应当由法律来解决，不能承担法律责任。费尔巴哈在此基础上的努力在于，以罪刑法定原则使犯罪认定标准化，从而防止了将道德过错与犯罪混为一谈”①。罪刑法定严格区分了法律与道德，在道德的向度上不进行任何规范意义上的考虑，而是一切以法律为依据，但是这并不能完全解决法律与道德的冲突。因为我们已经分析过，在罪刑法定原则的内部，仍旧不能摆脱道德的影响，“罪刑法定要求刑事立法不应该是任何个人的肆意妄为，而应是民意（包含了人的善恶观念）的体现，国家的刑罚权也应当受到民意的限制，当民意的善恶观念改变时，才能在正当程序行使下修正法律”②。在现实的刑法运行过程中，罪刑与道德的冲突主要体现在“合道德不合法”以及“合法不合道德”两种场合。

（一）“合道德而不合法”的冲突及解决

在中国古代刑法中，法律和道德的异质与冲突是通过“德主刑辅”方式来解决的——刑法只是推行道德的手段，而道德才是社会需求的根本。如果行为符合道德而不合法，那么法律应当为道德让步，并以此来满足道德的要求，例如“原心定罪”和“春秋决狱”，都是在道德的判断下来确定是否有动刑的必要。同时，犯罪的唯一判断标准是“违礼性”，即使没有任何社会的危害，也没有表现出人身的危险，但是只要违背了礼制，那么就是犯罪。《尚

---

① 陈兴良：《刑法的启蒙》，法律出版社 1998 年版，第 103 页。

② 任喜荣：《伦理刑法及其终结》，吉林人民出版社 2005 年版，第 93 页。

书》中记载的最早的罪名，是“毁信废忠，崇饰恶言”和“掩义隐贼，好行凶德”。[1] 合乎道德就不违法，而不符合道德内容的，可以成为“法外施刑”的理由。当然，这些状况在现代社会中早已消失，在现在的法律与道德冲突中，合道德而不合法展示的是另外一种含义。

法律和道德所考虑的重心，在对于社会秩序的维护上应当是趋于一致的，但是在对社会秩序维护的方法上，两者所采取的手段大相径庭。法律是外向的，它通过对权利义务的分配以及公开的宣布规则以及规则下的具体标准，来规范人们的行为，是基于公平、正义等价值和人权之间复杂博弈的后果，需要有客观表现出的“恶行”法律才能予以评价，例如刑法规定，盗窃人民币1000元以上，可以构成盗窃罪，那么仅仅有盗窃意图或者盗窃不到1000元人民币的，都不是法律（至少是刑法）所关注的；相反，道德是内敛的，道德注重于人的心理，希望在行为之前就消除掉可能存在的“恶意”。所以道德通常是抽象的不具有具体标准的教化，例如不打诳语，不求不义之财，至于什么是诳语，什么是不义之财，道德不可能也没有必要给出具体的解释。因为教化的内容是从心理上产生强制的，只要是诳语，不管出于什么考虑或者到达什么程度，都是道德所不允许的。所以，合道德不合法的状态，大多数时候表现为：内心无恶，行为有害。

从刑法沿革考察，从古罗马“不知法不为抗辩”原则确立开始，我们就能找出“合道德而不合法”的现象。形式上违法的犯罪人，如果主观上并无背德的迹象，或者说“好心办坏事”，是否应当归结为犯罪，我们可以从刑法中的违法性认识出发来加以解释。对罪刑法定进行形式上的理解，罪刑的来源就是法律，法的违背并不及于实质的判断内容。麦凯尔认为，违反客观的法秩序本身就是违法；宾丁也说，违反成为刑罚前提（犯罪）的规范，就是

---

① 《尚书·舜典》

违法。这种形式立场的违法观念，是在实证主义的指引下诞生的。违法是客观上的事实判断，只要出现了和法律规定不一致的地方，那么就是违法。而对于形式的违法就要担责和受惩罚，显然不能从逻辑和实证中获得满足：违法不仅仅要考虑“什么是违法”，还要追问“为什么违法”，若解答“违反法律就是违法”，似乎有循环解释的逻辑瑕疵。

缺乏实质的解释促成了学者努力的重点方向：一方面是以李斯特为代表的法益侵害说，认为“违法无非是侵害法益或使法益遭受危险”①，把重点放在法益侵害的立场上。法益侵害说认为，违法性的实质包括对法益的侵害和对法益侵害的危险两个方面，只有行为在事实上侵害了法益或使法益有遭受危险的现实可能性，才具有违法性。即对于单纯违反伦理秩序而没有侵害法益的行为，不具有违法性。另一方面是以麦耶为代表的规范违反说，认为违法性是违反国家所承认的文化规范的态度，即重视规范的违反。② 规范违反说认为：“违法性的实质是违反国家的法秩序的精神、目的，对这种精神、目的的具体的规范性要求的背反。违法性的实质既不能单纯用违反形式的法律规范来说明，也不能用单纯的社会有害性或社会的反常规性来说明。”③ 也就是说，违法性“从实质上说，是

---

① ［日］大塚仁：《犯罪论的基本问题》，冯军译，中国政法大学出版社1993年版，第115页。

② ［日］大塚仁：《犯罪论的基本问题》，冯军译，中国政法大学出版社1993年版，第115页。

③ ［日］小野清一郎：《新订刑法讲义总论》，有斐阁1948年版，第119页。转引自张明楷：《刑法的基本立场》，中国法制出版社2002年版，第154页。“法在根本上是国民生活的道义、伦理，同时也是国家的政治的展开、形成，它通过国家的立法在形式上予以确定或者创造。而且，这种形式的法规总是适应国民生活的条理或道义观念，以实现国家的目的。这种法是整体的秩序，违反它就是违法”。

对整体法秩序的违反，是对作为法秩序基础的社会伦理规范的违反”①。可见，在规范违反说看来，法是国家通过立法的形式对国民生活的条理或道义观念的确定，即任何法的背后都存在相应的社会道德规范的支撑，社会道德规范是法秩序的基础。

无论我们从何种内容去解决违法和道德的关系，都不能回避这样一个事实，即如果把合道德而违法的行为归结为犯罪，所带来的后果如何？道德是法律作用的堤坝，道德的界限越高，法律的势能就越大。不管是法益侵害还是规范违法，似乎都忽略了这样一个问题，即刑法中考虑将某种行为归结为犯罪的意义究竟是什么？我们的确可以把这种“意义”解释为法益的侵害或者危险，抑或是对文化伦理规范的违背，然而如何解释在目前的犯罪构成理论当中，还要添加可罚性来作为补充？② 难道形式上违背了法律还不足以证明侵害法益或者带来道德规范的违背，在这之外仍旧需要通过一种更加精确的量化“可罚”的判断，才能确定这个行为能否构成犯罪？例如，父亲出于“大义灭亲”杀死了自己作恶多端的儿子，法律不可能因为他的行为符合道德的某种要求而在定性上予以宽恕（当然，应当会有道德上“恶性”的程度判断），我们不需要考虑他是不是具有可罚的情节而免除他“杀人”的罪恶。在这样的情形下，法律对生命权的保护显然大于了对于“大义灭亲”的道德诉求，这是大多数普通公民能够接受的解决方案。但是在某些特殊的情形下，法律与道德之间的判断可能会出现极大的反转，可罚或

---

① ［日］团藤重光：《刑法纲要总论》（第3版），创文社1990年，第188页。转引自张明楷：《刑法的基本立场》，中国法制出版社2002年版，第154页。

② 这种现象在当前的中国刑法中也有些许的存在。例如：1998年最高人民法院公布的《关于审理盗窃案件具体应用法律若干问题的解释》（法释〔1998〕4号）第1条第4项规定：“偷拿自己家的财物或者近亲属的财物，一般可不按犯罪处理；对确有追究刑事责任必要的，处罚时也应与在社会上作案的有所区别。”

者不可罚应当是蕴含于法律和道德之中共同存在的判断，理论并不能完全解决实际当中发生的法律与道德冲突，而我们需要解决的就是在行为合乎普遍道德的情况下却违法的特例。

为什么称其为“特例”，原因在上文已经作出了分析：刑法的规范应当与道德是合拍的，如果与普遍的道德不相符，那么刑法就不能称之为“良善”。然而，在当代经济发展迅速、社会变动加快的时代背景下，法律规范的数量和类型都在发生着变化。现在的刑事立法已经远远超出了以往刑法典的范围，新的法规、司法解释不断涌现，为法网的扩充和完善提供新的依据。然后，新的“法益”在历史条件的变化下被刑法纳入到规范的视野当中，这些规范涉及专业性和行政性的内容，不太能够被公众所了解，而且与长期历史积淀的道德规范也没有直接的联系，从社会习惯和生活常识并不能容易地辨别出行为是否符合法律的规定。如果说数千年来以普遍的道德规范为根基的犯罪（如杀人、强奸等）能够被推定为人所共知的话，那么这些规范显然不能被推定为“世人皆知”。当代社会早已不是“法不可知，则刑不可测”的威慑时代，但是法律的强制如果跟道德完全没有联系，应该如何判断？对于一个在封闭隔绝山村的农村猎户，如果祖祖辈辈都以猎杀某种在现在被定为国家二级的保护动物为生，那么如何评价他行为的违法性？在美国，1957年的蓝波特案给了我们生动的启示。1920 年洛杉矶市颁布了一项法律：任何被判过刑的人在洛杉矶市逗留超过 5 天的，必须向警察部门登记；其他公民，在一个月内进入该市 5 次以上的，也要登记。违法者要受到监禁或者罚金的处罚。被告人蓝波特夫人因为违法此项法律而被判处罚金和 3 年缓刑。她随后以不知道该市有这项法律为由，一直上诉到联邦最高法院。最后联邦最高法院以被告人不可能知道这项法律为由撤销了原审法院的判决。①

---

① 储槐植：《美国刑法》（第三版），北京大学出版社 2006 年版，第 96 ~ 97 页。

可见，对于合道德而不合法的行为，可能因为法益的正当性而获得否定的评价，但是在大众的道德评判下，似乎并没有可以责罚的依据。这显然需要对民众的道德观进行引导和更新，让他们适应法律的规定并在实质上能够符合和保障社会秩序。道德是可以被引导和改变的，以前我们不重视环境保护，对于破坏环境在道德上的评价是中立的，然而随着社会进步我们也能对破坏环境的行为评价为“恶”。对于完全无意识的猎户，让他知道猎杀保护动物是在破坏环境和资源，是对社会不利的行为，让他清楚与保障自己日常生活相比，保护动物的重要性也不可忽视。同时，提供足够让他改变生活方式的资源和条件，以换取对于法律的遵守。而对于个案来讲，法律上的惩罚并不见得是必要的（似乎这算是实质的罪刑法定主义下对习惯法的附条件适用），这才是“合道德而不合法”的解决之道。

（二）“合法而不合道德”的冲突及解决

一般来讲，法律既然要体现道德的要求，那么合法的行为也都能从道德上找到正面的评价。因此，合法而不合道德的现象，相对于合道德而不合法来说，会显得更加稀缺。但是，我们还是能找出一些现象，特别是在道德呈现出相对变迁的时点，或者给予社会各个不同群体道德渊源不一致的时候，以及当法律已经表明了态度而道德还在四处寻求最佳答案的时候，合法而不合道德的现象就会变得清晰。例如，道德上未婚同居是受到否定评价的（至少是在传统的道德和现在的主流道德观念当中），然而法律上并不予以追究，法律把未婚同居视为一种个人的自由和权利。法律的目的在于秩序和规范，而道德的目的在于正义或者习俗，当秩序、规范和正义的目标产生差异的时候，自然就会生出“合法但不合道德”的状况。对于未婚同居，道德的评价是从社会的伦常观念来加以考虑的，而在法律看来，未婚同居并不会给社会秩序带来危害，也不是必须通过法律规范才能解决的问题，而且从效率上看，运用法律来解决一个社会内部本身可以容忍的问题似乎显得成本过高而不够

“理性”。

“宝宝特丽莎”案可能会给我们提供一个思考的样本。特丽莎·皮尔森1992年出生在佛罗里达，她生来就患有无脑症（一种严重的先天畸形，婴儿头骨上部脑的最重要部分——大脑和小脑缺失，但是有脑干，能够自主呼吸和心跳），一般来讲，大多数无脑婴儿在怀孕期间就能够检测并且堕胎，而没有堕胎的一半婴儿生下来即是死婴，另一半出生几天就会死去。她的父母知道自己的孩子活不了多久而且即使活着也不可能拥有意识之后，自愿捐出她的器官供移植，让她能帮助其他的孩子。医生同意了，因为每年有数千个婴儿在等待器官移植，但可供移植的器官一直都很稀缺。然而，宝宝特丽莎的器官不能被取走，因为佛罗里达州的法律规定，在捐助者死亡之前不允许取走其器官。九天之后，宝宝特丽莎死去，但对于其他需要帮助的孩子来说已经太晚了——她的器官已经衰竭而不能用作移植。①

对于法律来说，不允许对特丽莎移植活体器官是出于对“生命的考虑”，而且这一原则一经法律确认就具有了普遍的效力——即使对于特丽莎这样的孩子。② 而对于是否应该对特丽莎进行器官移植，在道德上却有另外一番评价——“为了保存其他生命而杀害生命，一定是不道德的，因为移植这些器官能够帮助别人而不会伤害特丽莎”。对于宝宝特丽莎来说，生命的意义几乎不存在，即使还有几天能够呼吸，也不会有任何意识，对于一个确定会死去的孩子来说，生命存在的价值并不在于自身，可能在于在这几天的生命保存当中能够进行器官移植手术挽救其他孩子的生命和健康。在这里，法律的普遍价值受到质疑，因为在一般的意义上讲，生命的

---

① ［美］詹姆斯·雷切尔斯著，斯图亚特·雷切尔斯修订：《道德的理由》（第五版），杨宗元译，中国人民大学出版社2009年版，第1~2页。

② 在美国，确认死亡的标准是脑死亡，而脑死亡是指包括脑干在内的所有大脑功能的丧失。笔者注。

价值高于一切，不允许活体器官的移植是出于对生命的尊重，而这也是普遍的社会道德所要求的；然而宝宝特丽莎重构了生命的含义，她的生命虽然在道德上是可以放弃的（显然更多的人，包括她的父母，都希望提前终结她的生命去挽救其他的人），道德上的“生命”含义在这里作出了其他的（功利）解释，但是法律却不可能为此打开一道缝隙。于是矛盾就产生了，道德上认为放弃即将消失的“无意义”生命是“善”的，而法律只能考虑普遍存在的大多数情况，法律不允许对任何有生命的人作出移植器官的例外，哪怕他的生命注定会很快消失。法律受到的抨击在于法律“僵化而无理”，而法律却有自己的理由：若因为特丽莎作出了改变，那么哪种生命是可以放弃的，似乎就不是法律来规范，而是用道德来进行判断，这显然是很危险的。

再看另一个著名的个案。1889 年，美国纽约州法院审理了著名的里格斯诉帕尔默（Riggs v. Palmer）案。1882 年，帕尔默是他的祖父所立遗嘱中指定的遗产继承人，为了防止祖父改变遗嘱，帕尔默毒死了他。帕尔默因为杀人的罪行而被判处监禁，但是他能否继承祖父的遗产成为一个让人头疼的问题。当时，纽约州的法律并未规定如果继承人为谋遗产而故意杀害被继承人，则继承人丧失继承权。帕尔默的姑姑认为，既然帕尔默杀死了被继承人，那么法律就不能继续赋予他继承遗产的权利，否则法律就是在鼓励这样的行为。然而帕尔默的律师认为，既然法律没有规定在杀害被继承人的情形下要剥夺继承人的权利，而这一份遗嘱是有效的，那么法官就应当承认帕尔默的继承权。否则法院就是在更改法律，用自己的道德信仰来取代法律。经过慎重思考，法院最终并未执行法律字面上的规定和解释，而是从普通法的众多前例中，推演出一个法律原则，即不应容许以欺诈行为或者犯罪行为而获得利益，从而判决帕尔默不能获得祖父的遗产。法院认为，任何法律规定及契约不能与普通法的原则相抵触，而所谓的原则，就是“任何人不得从其自身的错误中获益”的道德规范。[①] 在这里，司法者的态度非常明显，普通法的原则是基于道德而确定的规范，这与“继承人应当无条件继承财产”的法律规范在通常情况下并不冲突，然而当继承人以违背普通法不容许的行为意图继承财产的时候，他们之间的矛盾产生了。在司法者看来，如果仍由其贯彻“继承人应当无条件继承财产”的惯常原则，那么道德风险就会增大，法律的可靠性也会受到影响，同时还会颠覆对社会公共道德的通常认识。所以，法律必须要采取某种措施（当然，那是法律技术上的问题）来防止上述情况的发生。

此外，虽然我们曾经设立了“底线道德”的观念，但是并不能阻却文化相对之下的道德观差异。道德的观念形成是习惯和风俗的产物，在不同的文化圈子里，个人的成长历程就是在道德教化的洗礼中不断形成情感判断的过程：我们可以知道哪些行为是可以接受的，并且也可以学会拒绝其他行为。但是接受和拒绝的标准是不断因袭的地方性意识，毋庸置疑，我们“可能接受了‘同性恋是不道德的’这样的教育，使得我们处在同性恋中感到非常的不舒服，把他们看成是异样和反常的。但是，也会有人觉得这种态度是偏见，因为在他们看来，同性恋没有任何‘邪恶’，他们拥有这种自由。然而，我们即使听到这种反对，也不会撼动‘同性恋是令人厌恶的’这种情感”。[②] 这样的观念表明，对于某些事实的道德判断，事实上并没有高下之分，没有所谓的“绝对道德”或者“大写的道德”。具体到刚才的问题，我们对于同性恋的反对或者支持也仅仅及于道德，很少有法律在两种势均力敌的道德之间给其中的任何一方背书。

---

① 刘星：《法律是什么——二十世纪英美法理学批判阅读》，中国政法大学出版社 1998 年版，第 3 页。

② ［美］詹姆斯·雷切尔斯著，斯图亚特·雷切尔斯修订：《道德的理由》（第五版），杨宗元译，中国人民大学出版社 2009 年版，第 32 页。

这可能是我们遇到的“合法但不合道德”的最显著状况：由于文化的基础不同，道德的认识不同，使得对同一行为的道德评判存在明显的差异；然而法律在现代社会可能更多地表现出同质性，法律的人权、自由以及形式主义的规范在大多数国家是普遍的。这就不难解释，同样是对卖淫存在着否定的评价，中国的刑法会有一个类罪来评价（组织、强迫、引诱、容留、介绍卖淫罪），而在荷兰等国家，卖淫却是一个正当的行业；或者对于违背自然的性交行为，在英美法系国家大多都是重罪[①]；而在中国，刑法对于有关违背风化的行为没有负面的评价。所以，对于“合法但不合道德”的行为，我们只能依据法律的处理方式来加以判断，这几乎不能含有任何的价值判断：在一个已然存有法律规范的国家，道德上的否定评判并不能带来实质的权利和利益损害，没有法律会直接援引道德的要求，并作为有效力的依据。简言之，除非法律上有所反应，道德的关涉并不需要我们任何的赞同和抨击——韩国的通奸罪，虽然按照我们的道德观和法律现实，这只是“合法而不合道德”的行为，然而对于韩国国民来讲，他们必须为此承担法律上的责任。只是当面对一些在道德上还难以有确定价值判断的现象，诸如安乐

---

① 《加拿大刑事法典》第160条规定，行兽奸罪的，处10年以下监禁；而《印度刑法典》第377条规定，违反自然性交的，处无期徒刑或者可长至10年有期徒刑，还要并处罚金。对于这些废除或者事实上废除死刑的国家，这种处罚几乎是最重的刑罚了。

死或者无条件的堕胎，法律不能在道德未果的前提下作出正当的选择。[1]

① 按照波斯纳的观点，这些在道德上有争议的案件，“通常的情况是，如果法律那样做了，道德问题就消失了。如同联邦最高法院决定的第一批安乐死案件一样”，这被他认为是道德理论对法律毫无作用的一个理由。按他的理由，法律是为道德辩论作出裁判的依据。当然，这种观念的问题在于“如果法律的裁决是违背道德为真的那一方，法律如何收场”，所以这个观点不一定是正确的，只是对法律和道德矛盾的解决提供一种比较明快简洁的手法罢了。参见［美］理查德·A. 波斯纳：《道德和法律理论的疑问》，苏力译，中国政法大学出版社 2001 年版，第 150 页。

第四章　刑法的道德实证

——立法、司法和民意

子曰："为政以德，譬若北辰，居其所而众星共之。"

——《论语·为政》

刑法的道德性并不仅仅以理念的方式存乎于艰涩的理论和形式化的制度之间，法律是形式理性和实践理性相结合的产物，构思精巧、逻辑周延的理论和制度的最终目标是法律适用以及在法律适用过程中产生的实效。刑法的道德性贯穿于从立法、司法到守法的法律整个运行过程，在这个完整链条的各个环节上，道德的作用方式以及刑法的应对是迥异的。因此，从刑法运作的具体环节上进行实证考察，能够让我们更加准确地把握道德在刑法中的判断方式和作用界限。

一、普遍正义——立法的道德实证

立法的目的，在于维护社会的基本正义，以及在正义基础上满足社会成员需求的价值。这是"平等"和"自由"两个命题在立法中的具体表现。立法应当考虑道德的需要，我们已经论述了这一观念的合理性。"立法的民主参与就是为了创制符合最大多数人利益和愿望的'良法'，这样才能使法律成为为大众所认同的、能够身体力行的行为规范。法律所追求和体现的'公平'和'正义'，实际上就是特定时期民众认同的价值和道德标准”[1]。立法是体现大多数人民主参与确定规则的过程，立法的目的在于树立法律的效力和权威。在《牛津法律大辞典》中，“立法”被解释为“通过具有特别法律制度赋予的有效地公布法律的权力和权威的人或机构的意志制定或修改法律的过程”[2]。立法权应当归属于代表着社会共同体普遍意志的成员。从启蒙运动开始，人民主权的观念就在立法权的归属上有了明确的倾向。孟德斯鸠说：“在一个自由的国家里，每个人都被认为具有自由的精神，都应该由自己来统治自己，所以立法权应该由人民集体享有”[3]；而洛克也提出，“立法权是来自人民的一种委托权力，是指享有权利来指导如何运用国家的力量来保障整个社会及成员的权利，只有人民才能通过组成立法机关和指定由谁来行使立法权”[4]。在契约论者那里，立法的过程是社会成员行使契约权利的过程，目的是通过制定统一的规则来保障自己和社会的利益。人的自由都是建立在功利之上的，边沁说：“自然把人类置于两位主公——快乐和痛苦的主宰之下，只有它们才指示我们应当干什么，决定我们将要干什么。是非标准，因果关系，都有其定夺……功利原理把自己当做旨在依靠理性和法律职守建造福乐大厦的制度的基础。”[5] 市民以个体自由为自己立法，目的是减少痛苦而增加福乐，这是社会大多数人意图达到的。也正是这个原因，立法体现了大多数人追求幸福的意愿。

---

① 范愉：《法律怎样被信仰》，载《法制日报》2008 年 10 月 24 日。

② 《牛津法律大辞典》，中译本，光明日报出版社 1998 年版，第 547 页。

③ ［法］孟德斯鸠：《论法的精神》（上卷），张雁深译，商务印书馆 1982 年版，第 158 页。

④ ［英］洛克：《政府论》（下卷），叶启芳等译，商务印书馆 1986 年版，第 89 页。

⑤ ［英］边沁：《道德与立法原理导论》，时殷弘译，商务印书馆 2005 年版，第 57 页。

那么，大多数人的幸福意愿应当如何体现呢？刑法作为禁断性的法律形式，是法律的底线，固守着最后的防线。在犯罪与刑罚的确定上，道德的善恶判断是刑法所必须参考的因素，同时也是衡量刑法是否理性、是否良善的最终标准。对于社会成员来说，“恶”的存在是“痛苦”的根源，而“善”的存在是引导个人、集体乃至国家通向“快乐”的途径。因此在立法的过程中，立法者的意志就在于通过褒扬“善”而排斥“恶”，来达到追求社会秩序在确定的轨道上运行。“刑法是建立在一定价值基础上的行为规范。这样，以一定的善恶价值理念为基础的刑法，就需要以一定的‘好恶’为自己的价值基础，将‘社会公众的好恶’排斥于刑法的价值之外就是缺乏理性的”[①]。立法的正义源自于大众共通的价值判断。正义的原则是多数人的看法，“某种形式的多数规则被证明是用来保障正义和有效立法的最佳的可行方法”[②]。显然，刑法的立法应当维护多数人的价值取向，从而达到社会的正义分配。而多数人的价值应当从哪个角度来衡量呢？以大多数民众的价值判断立法，通过制定普遍有效的规则可以达到利益正面积累的最大化。所以，刑法的基础应当是社会公众的是非善恶观念。在刑法理论中，有很多涉及这样的观念，例如，将“平均的国民立场”或者“社会一般观察者的观念”作为刑法的判断标准，如危险的判定、社会相当性的确认，都需要类似的概念作为依据。“国民的欲求是一种抽象的观念，立法者最终只能站到平均的国民立场来推敲这种欲求。”[③] 国民的欲求是立法中所表达的愿望，即使“国民的欲求不尽相同”，“每个达到一定年龄和具有必要理智能力的人在正常的

---

① 张武举：《刑法的伦理基础》，法律出版社2008年版，第230页。

② ［美］约翰·罗尔斯：《正义论》，何怀宏、何包钢、廖申白译，中国社会科学出版社1988年版，第356页。

③ ［日］西原春夫：《刑法的根基与哲学》，顾肖荣译，中国政法大学出版社1991年版，第93页。

社会环境中都会建立一种正义感”[①]，符合正义的欲求是多元的，对于正义的表达形式也不尽相同，但是在最基本的层次上并无差别，例如要求人生来平等和自由，要求社会给予最低限度的福利，要求“所有的社会价值——自由和机会、收入和财富、自尊的基础，都要平等的分配，除非对其中的一种价值或所有价值的不平等分配合符每个人的利益”[②]，对于观念的价值符合大多数人所要求的正义以及对于正义的一致理解，因此这些抽象的意志能够被大多数人所接受并且视之为行为的准则。显然，立法必须反映国民的基本“欲求”，那是“每个人对于自己应得的强烈的愿望”，而这就是基本的正义，同时也满足了最简单的功利判断。

当然，善恶的判断会有变化，这种变化在人的意识当中和社会环境的影响下极其常见。在宗教意识主导人们思想的中世纪，“对于污秽部族之圣地者，则将之溺毙；对于犯魔术罪（Sorcery，一种巫术，但是不同于正当的教会所行的巫术，可以称之为‘黑术’）者，则将之活活烧死”[③]，在当时的善恶观念里，对宗教的不敬就是最大的“恶”，是大多数人所不能接受的；而在现代的社会里，法律需要保护的是人权、自由和平等，以及对于社会秩序继续保持或者更好发展的驱动力，对内心信仰的侵犯，如果不是客观化和普世性的权利侵害，则不会被视为“恶”。相反，某些曾经中立的行为，例如破坏环境，或者虐待小动物，都可能获得“恶”。

道德原则的存在对立法的影响始终存在，不仅仅是在立法中考虑多数人的道德观念，即使现代的法治国家，也会有直接以道德观

---

① ［美］约翰·罗尔斯：《正义论》，何怀宏、何包钢、廖申白译，中国社会科学出版社 1988 年版，第 45 页。

② ［美］约翰·罗尔斯：《正义论》，何怀宏、何包钢、廖申白译，中国社会科学出版社 1988 年版，第 62 页。

③ ［美］孟罗·斯密：《欧陆法律发达史》，姚梅镇译，中国政法大学出版社 1999 年版，第 33 页。

念来立法的现象。例如，美国刑法中的“通奸罪”和“私奸罪”：美国普通法认为，如果非法性交一方是已婚女子（无论男子婚否），构成通奸罪；如果非法性交一方是未婚女子（无论男子婚否），构成私奸罪。而美国现代制定法认为，只要有一方已婚就构成通奸罪，而未婚性交才构成私奸罪。虽然作为美国很多州刑事立法蓝本的《模范刑法典》在1962年稿中取消了通奸和私奸罪，但是在实践中，美国大多数州仍规定了通奸和私奸罪，其中私奸罪主要用来处罚嫖客，而通奸罪的惩罚理由也从破坏财产继承关系转向违反伦理道德和破坏家庭团结。① 而《日本刑法典》第200条曾经规定：“杀害自己和配偶的直系尊亲属的，处死刑或无期惩役。”该条规定的“杀害尊亲属罪”在1995年宣告废除，在这之前的日本刑法，一直都承认这一“带有浓厚道德色彩却违背人人平等原则”的规定。② 除此之外还有关于卖淫、赌博、毒品等犯罪，这些犯罪大多是以行为本身违背社会道德而规定的。在日本刑法判例中，有类似于“猥亵是指刺激性欲或引起性兴奋，而有害于普通人的正常的羞耻心，并违反善良的性道德观念的情形”的判词

---

① 芦光、张亚玲：《英美刑法中的道德痕迹》，载《河南公安高等专科学校学报》2003年第4期。

② 实际上，在1973年由“枥木杀害亲父事件”所引起的《刑法》第200条被日本最高裁判所宣布违宪开始，“杀害尊亲属罪”就已经从法律层面失效了，但是自民党一直阻挠国会立法废除该罪，导致立法程序上直到1995年才得以完成。在司法上，1973年之后对于杀害尊亲属犯罪一律以一般杀人罪提起诉讼。同时，该条的废除也颇费周折，在该条是否违宪的审判中，14名参与审理的法官，有6名认为杀害尊亲属比其他杀人刑罚更重，是不违宪的，违宪的只是判处杀害尊亲属罪的犯罪人“两次减刑后的刑罚仍不能适用缓刑”。从中可以看出刑法对于社会道德力图维护而又有所限制的踌躇态度。参见［日］西田典之：《日本刑法总论》，刘明祥、王昭武译，中国人民大学出版社2006年版，第25页。

(最大判昭和32·3·13刑集11卷3号997页)[①]。在中国刑法中，也能找到道德原则的端倪。例如，1997年11月4日最高人民法院《关于办理盗窃案件具体应用法律的若干问题的解释》第1条规定："盗窃自己家里的财物或者近亲属的财物，一般可不按犯罪处理；对确有追究刑事责任必要的，在处理时也应同社会上作案有所区别。"我国台湾地区刑法也规定：配偶、直系血亲或者同居的亲属之间犯盗窃罪的，免除刑罚；前项亲属或者其他五等内血亲或者三等内姻亲之间犯盗窃罪的，须告诉乃论。[②] 然而，从另一个方面看，道德入律的形式是多样化的，在美国视为犯罪的通奸和见危不救罪，[③] 在中国都不作为犯罪处理。

显然，国家在何种情况下把违背道德的行为规定为法律的禁止性规范，是立法的实质要求，也是法律对道德的强制。德夫林指出，任何不道德行为原则上都可能有害地影响社会，但是在实践（道德批判或者法律惩罚）中应当有所区别。因此，他提出了对于法律强制道德的四项原则：第一，容忍与社会完整统一相协调的最大限度的个人自由。只要不超出容忍的限度，就不应该由法律来惩罚。第二，容忍限度的改变。道德标准的改变和程度的不一致导致容忍度的改变，使得某些曾经不作为犯罪的行为可以被法律所强制，而曾经是犯罪的也可以被法律所宽容。第三，尽可能地尊重个

---

① [日] 西田典之：《日本刑法总论》，刘明祥、王昭武译，中国人民大学出版社2006年版，第26页。

② 李翔：《盗窃亲属财物问题初探——兼论刑法的伦理性》，载《犯罪研究》2003年第3期。

③ 在1962年"琼斯诉美国"（Jones v. United States）一案中，法院确认见死不救者有罪。1980年，佛蒙特州通过了一项规定见死不救是犯罪的法规，对于见危不救者可以处以不超过100美元罚金。这一规定开了美国制定法上承认道德义务视为不作为犯罪中作为义务来源的先河。同时，欧陆一些国家的刑法也设置有见危不救罪，如1994年《法国新刑法典》。笔者注。参见何勤华：《美国法律发达史》，上海人民出版社1997年版，第302页。

人隐私。个人隐私相对于公共利益的分量应当尽可能地扩大，但是这仍旧有赖于人们对于个人隐私的容忍程度，例如对于聚众淫乱是否构成犯罪，容忍程度的不同导致了法律评价的不同。第四，法应当涉及最低限度的行为标准。法律设定的应该是底线道德所设立的准绳，而不是让民众都成为圣人。①

法律上本身就有很多从道德衍生来的规范，但是并不是所有的道德都需要法律拿出相同的态度，对于相同行为在态度上处理的不一致，恰好反映了道德的地方性和民族性差异。国民的需求决定了哪些道德内容能够被法律所采纳，从而形成法律问题。对于刑事立法来讲，反映立法当时或者稍带有前瞻性的道德水平，以及与道德水平挂钩的对于法律强制的“需求”，在立法的过程中是必须把握的。立法应当遵循这一规律：“在制定刑法时必须考虑的是国民的欲求，当看到要求制定刑法的国民的欲求已经产生时，立法者就必须制定刑法。反之，不顾国民没有要求而制定刑法，这就是不正确的了”②。

二、矫正正义——司法的道德实证

亚里士多德把正义区分为普遍的正义和个别的正义，普遍的正义是平等的理念，而个别的正义又分为分配正义和矫正正义。分配正义要求按被分配主体的优劣来进行，以此达到相对的平等；而矫正正义则不区分被分配主体的优劣，只要求对损害的平等纠正和惩罚。“矫正正义是由法官来实现的，通过剥夺不法者的利得和补偿受害者的利益损失来恢复均等”。③ 分配的普遍正义是有道德基础

① P. Devlin, *The Enforcement of Morality*, Oxford University Press, 1965, pp. 17－19.

② ［日］西原春夫：《刑法的根基与哲学》，顾肖荣等译，上海三联书店1991年版，第86页。

③ 曹刚：《法律的道德批判》，江西人民出版社2001年版，第102页。

的，多数人的习惯观念构成了普遍的正义判断，而在司法所代表的矫正正义中，也不可免俗地会带有道德的判断。亚里士多德甚至认为只有故意的行为才是真正不公正的行为，这意味着一个被矫正的行为（犯罪）必须是有道德过错的，一个人的道德过错又是以人的意志自由为前提的，如果一个人无意志自由或者无选择善恶的能力，就不能为他的行为承担后果。①

可见，矫正正义是司法的道德基础，而司法的目的则是恢复已经被创伤的道德。矫正正义是在司法过程中实现的，而司法的基础也就在于将被破坏的正义予以恢复。刑法的适用过程，也不外乎是以司法的形式惩罚犯罪，恢复被损害的社会秩序，安慰和补偿受害者的利益损失（不管是从实际利益还是精神利益上）。波斯纳将矫正正义归纳为三点：一是被不正义的行为所伤害的人应当有启动司法程序并要求得到救济的权利；二是司法不应当考虑受害人和加害人的特点和社会地位；三是对不正义伤害的救济。② 可以看出，首先司法是纠纷的解决方式，也是通过救济的程序使得被侵害的权利得以恢复和实现的过程；其次身份对于司法来讲是无关紧要的，“法律所注意的只是造成损害的大小。到底谁做了不公正的事，谁受到不公正的待遇，谁害了人，谁受了害，由于这种不公正是不均等的，所以裁判者就尽量让它均等”③。刑法所适用的对象，都是那些最严重的“恶行”，这些恶行的根本在于伤害了大多数人所依赖的道德准则，刑法对社会成员权利的保护，也是通过剥夺那些最为严重的不道德行为者的利益来实现的，刑事司法的公正判断标准，就在于司法过程中能否恢复被蔑视的公共道德。“像我们这样

① 曹刚：《法律的道德批判》，江西人民出版社 2001 年版，第 103 页。

② ［美］理查德 · A. 波斯纳：《法理学问题》，苏力译，中国政法大学出版社 1994 年版，第 395 页。

③ ［古希腊］亚里士多德：《尼各马可伦理学》，苗力田译，中国社会科学出版社 1999 年版，第 95 页。

的大众都要求政府提供一个机构在不公的伤害发生之后纠正不公。这个机构的细节是不重要的，赔偿也许并不是根本的，对不公者的惩罚性伤害相当于不公者对受害人的伤害也许就足够了”①。从功利的角度看，司法过程并没有达到“增进社会利益”的效果——因为“双方都比不公行为发生前糟糕”，受害人受到了损害，而加害人因为司法的原因也会受到利益上的损失，社会的利益总量会变得更少，司法过程并不产生效益，相反，司法机关的设置、司法资源的耗费以及程序性价值对于司法效率的影响，使得司法过程本身就是对社会利益的重大损耗。所以，解释司法的目的以及司法的正当性就只有道义。如果在一个社会里，仅仅基于资源的稀缺就放弃司法，出现“有罪不罚，罚而不当”的现象，刑罚的内容失去了均衡的状态，那么社会秩序就会受到损害，而社会成员对于继续生活以及创造更多财富的信心就会被消磨，维系社会发展的共同观念就会松动，司法的唯一目的，就在于防止这些现象的出现。

在司法的过程中，如何才能具有道德上普遍的“良善”判断，是一个很难解决的问题。在刑法体系内部，犯罪与刑罚的对应是建立在实在法的基础上的，然而道德的价值判断决定了这一对应的基本框架。例如在我国的刑法当中，故意杀人可以被判处死刑，这种刑罚的量度符合中国人对于刑法良善的需求，如果刑法没有规定故意杀人可以判处死刑，反倒会引起大众对于刑法公正性的怀疑；而处在同时代的其他国家，大多已经废除了死刑，并且在他们的道德观里，犯罪再残忍严酷，也没有对犯罪人施加死刑更加违背道德善恶判断，在他们认同的社会道德里，死刑在道德上的“恶”是大于任何犯罪的。所以，我们几乎不能找到司法正当的客观标准——对于同样的犯罪，矫正的程度在不同的文化圈和国家，以及在不同的时代，都会表现出不同的处理标准。我们只能提出一些大致的内

① ［美］理查德·A. 波斯纳：《法理学问题》，苏力译，中国政法大学出版社1994年版，第405页。

容，用以探讨司法的道德判断标准。

首先，是司法的平等。平等是指在矫正正义实现的过程中，对于“作恶者”受罚的程度应当与“受恶者”所受到的伤害相对应。这是报应论在司法上的道德标准，这既是一种简单直白的等量平等——“如果你打了别人，就是打了你自己；如果你杀了别人，你就是杀了你自己”[①]，也是法律上的平等，即法律对犯罪和刑罚之间在内在性质上施加的同一性判断。同时，平等的内容不仅仅是外在行为受到同样的评价，对于在行为的主体的评判上，也应当是平等的。简单地说，就是犯同样的罪行应当受到同样的处罚，不能因为身份、种族或者其他原因而有区别的对待。“如果对一个在大道上行劫的人和一个行劫而又杀人的人判处同样刑罚的话，那便是很大的错误。”[②] 其次，司法应当人道。人道应当是司法的底线标准，超过这个标准，司法的结果就不再正义。法律的进化，就是由野蛮到文明的发展过程。古代的刑罚大多奉行“重刑轻罪”，对于极其轻微的犯罪，也需要动用残酷的刑罚。在中国古代，“五刑者，以伤刻肌肉，亦谓之肉，盖《书》美大舜以流放之宽代刀锯之毒”[③]；而在欧洲，“统治者为了加强刑罚的威吓，不断变化着花样，竭力把死刑搞成一种残酷的、令人毛骨悚然的表演”[④]。与之相反，人道的司法认为，“严酷的刑罚即使不是直接与公共福利及预防犯罪的宗旨相对抗，也是徒劳无功，同时还违背了开明理性所

---

① 陈兴良：《刑法的价值构造》，中国人民大学出版社 1998 年版，第 307 页。

② ［法］孟德斯鸠：《论法的精神》（上），张雁深译，商务印书馆 1961 年版，第 92 页。

③ 沈家本：《历代刑法考》，张全民点校，中国检察出版社 2003 年版，第 6 页。

④ 黄风：《贝卡里亚及其刑法思想》，中国政法大学出版社 1987 年版，第 17 页。

萌发的善良美德，违背了公正的本质”①。人道的考虑是基于道德评价的，“一个人可以因为邪恶的伤害行为而被剥夺自由甚至生命，却不能得到有损人类尊严的残暴的虐待；无论罪犯的罪行是如何令人发指，也不能以残忍的方式来做出回应”②。人道是人类理性在法律上的展示，“是作为高级动物的人类在惩罚越轨同类时所持的一种宽容和怜悯的态度，是人类文明的体现”③。人道主义的要求，使得司法制度的设计以及司法程序的运行，不只是用来保证判决结果的正当和合法，还有独立的存在价值。人道追求的是刑法的轻缓化，反对野蛮的残害、贬低、凌辱以及侵害人格尊严的行为。最后，司法应当有限功利。功利是矫正正义的附带价值，因为除了对于犯罪人的报应，司法还需要着眼于社会预防和犯罪人进行教育和改良。从最佳的社会效益出发，司法通过惩罚个体的“恶”来遏制潜在的群体的“恶”，从而保障社会的理性秩序，在司法资源的支出和收益中，一边是对于犯罪所造成的社会“恶害”，另一边是刑罚本身的“恶”。如何在两者之间寻求以“最少的刑罚换取最大程度的消灭犯罪”，是司法所必须考虑的。正是在这个意义上，减少犯罪的最有效的策略，就是“保证以威慑和运用刑罚的方法来教育人们接受法律所规定的道德规范。只有公众将犯罪看做是有罪过的、应受惩罚的和非道德的，这一目标才能达到。而过多地运用刑事制裁不可能教育公众，只能引起蔑视、愤恨和混乱”④。在现代的刑法规范和司法实践中，刑罚的个别化已经得到了普遍的认可，同样的犯罪行为并不一定要施加等量的刑罚，出于矫正难

---

① ［意］贝卡里亚：《论犯罪与刑罚》，黄风译，中国大百科全书出版社1993年版，第11页。

② 曹刚：《法律的道德批判》，江西人民出版社2001年版，第110页。

③ 何勤华主编：《20世纪外国刑事法律的理论与实践》，法律出版社2006年版，第6页。

④ ［美］道格拉斯·N. 胡萨克：《刑法哲学》，谢望原等译，中国人民公安大学出版社2004年版，第350页。

度、人身危险、更生需求等条件的差异，对犯罪人施加的刑罚也不尽相同，对犯罪人惩罚方式的多元化也得到了相当程度的实践，社区矫正、刑事和解的出现，更多的是考虑了在公平正义基础上的司法效率，这证明了在司法的过程中需要考虑成本与收益，并且司法应当力求判决在“惩罚、矫正以及效率”之间达到最佳的效果。

三、民意——守法的道德实证

对于立法和司法的道德判断，我们在理论分析的时候可以作出比较明确的论断，即道德的尺度影响立法的内容和司法的过程。当某种行为在一个社会的道德判断里表现为“恶”并且通过道德的强制不能达到维持秩序稳固的目的时，法律强制就会有所体现；而且法律强制的正当与否，反过来又由社会中的公共道德来加以裁量。因此，我们无须花费太多笔墨专注于立法和司法的内容，对于法律来说，强制的适用是法律权威得以树立的标识，但是法律并不仅仅需要权威。权威可以带来集权和专制，更可以引发社会道德的坍塌，因此法律的强制必须获得信仰，才能在多数人的心里建立起能够被服从的态度，所以“能够确立公民忠诚信念的刑法是正当的刑法；一部足以动摇公民对刑法忠诚而只会导致恐惧心理和厌恶情绪的刑法是不正当、不合理的”①。然而，对于生活在法律之下的守法者来说，他们依靠什么来评价法律的正当性以及法律所引导的“善恶”之间的差别？在多元化道德观支配下并且分层明显的社会里，关于同样事件的反响显然是不同的，这些反响的汇集，就是所谓的“民意”。民意可以是代表传统道德判断的国民感情外化，也可以是对于社会某些现象发出的偏激的态度，更可以通过那些分散民意的集中对法律形成某种程度上的“威胁”从而形成“多数人的暴力”。所以，最终的问题在于，在异质化的民意当中，

---

① 陈兴良、周光权：《超越报应主义和功利主义：忠诚理论——对刑法正当根据的追问》，载《北大法律评论》1998 年第 1 期。

我们应当听从或注意哪些“民意”，并且分析民意的取向和偏好，而且善加引导，“真正的指导力量是人民，人民的意见、偏好、利益，甚至激情对社会的经常影响，都不会遇到顽强的障碍”[①]。民众对于法律的思考，通常的认知或者朴素的判别都可能对法律是一种强大的考验，在法律的强势与“上善若水”的民意面前，我们应当如何带着理性而有“选择性”地倾听呢？

（一）民意——守法者的道德尺度

在中国传统的法律文化中，民意对于立法和司法的影响是巨大的。特别是对于司法，从古至今，民意的参与使得司法裁判必须考虑“民意可接受性”。我们似乎可以用法律思维的缺失来解释民意对司法的影响：“中国古代没有出现职业法官，审判的思维方式是平民化和大众式的思维，其实质在于用大众思维来制作判决，力求判决体现民众的意愿。”[②] 但这应当只是形式上的原因，因为所谓的“法律思维”是以现代的标准来要求古代的民众，而在当时，民意参与立法和司法的内在实质符合中华法系对待法律的传统习惯。在中国古代，法律是从属于政治和国家治理之下的，“德体法用”的法律观，使得法律的存在效用在于维持社会的基本道德，如果道德能够自然的树立，那么就是最高的境界：“无法”——世间万物皆由德而治，“为政以德，譬若北辰，居其位而众星共之”；而当法律客观存在之时，那么就需要考虑法律的现实作用，而此时的价值位阶是“民为重，社稷次之，君为轻”，法律既然必须迎合伦常道德，而民意把持着对于伦常道德的舆论，因此造就了中国独特的法律判断——对于民意的尊重和膜拜，民意的指向决定了法律的作用方式：民意是“第一性”的，法律对于伦理道德的尊崇是

---

① ［法］托克维尔：《论美国的民主》，董果良译，商务印书馆 1996 年版，第 194 页。

② 孙笑侠、熊静波：《判决与民意——兼比较考察中美法官如何对待民意》，载《政法论坛》2005 年第 5 期。

通过民意而加以实现的。

在当下的中国，法律的规范已经在法治国家建设的过程中颇有成效，却在对待“民意”的态度上表现出与古代惊人的相似，这似乎更加和法律思维的专业化和职业化与否没有太大的关系。毕竟在法治化数十年的国家，法律愈发专业、法律共同体愈发职业的情形下，却对民意保留着与法律建设现实不相符的遵从，个中的原因是异常复杂的。在刑事判决书中曾经大量存在的“不杀不足以平民愤”和“民怨极大”①，以及“得民心、顺民意”的国家治理原则，都在显示着民意的重要，在中国式的裁判合理性和公正性判断中，我们甚至把民意放在法律之上，以民意的符合与否来判定裁判的优劣。为了民意，我们可以将许霆改判为五年，也可以将刘涌判处死刑；为了民意，孙伟铭和胡斌可以构成交通肇事和危害公共安全两个不同的罪名；民意可以让撞死一人逃逸被判故意伤害罪的张金柱很快被处以极刑，也可以让撞死四人的孙伟铭在危害公共安全罪的罪名下存活②——在民意参与司法判决的判断基础上，法律可以在民意的范围内作出更有利于或者更倾向于民意的解释。

1. 民意的理性意义

从根本上说，民意是道德的表现形式，如果我们把道德归结于

---

① 值得注意的是，“不杀不足以平民愤”曾经是法律的规范条文。于1984年6月15日发布的《最高人民法院、最高人民检察院和公安部关于当前办理集团犯罪案件中具体应用法律的若干问题的解答》第4条第2款规定：“对犯罪集团的首要分子和其他主犯，一般共同犯罪中的重大案件的主犯，应当依法从重严惩，其中罪行特别严重的，不杀不足以平民愤的，应依法判处死刑。”

② 我们完全不用在“区别”对待这些案件之后，再到法律上按图索骥地寻找法律的规范，就像许霆在法定刑以下裁量，我们仍旧可以用《刑法》所规定的最高人民法院的权力行使去解释。然而，实际上所有这些案件的处理过程，都是民意参与甚至是民意主导的，法律的最终效用，是跟随在民意后面热闹地喧哗了一番之后，对民意所“确定”的裁判加上一个权威的“符号”。

习惯和风俗的集合，那么民意就是大多数社会成员对与其相关的现象所持有的大体相近的意见、情感和行为倾向。[①] 而且民意的差异化表现也并不脱离道德判断的基础，道德的价值判断取决于判断主体的主观意志以及判断时的客观条件，不同的主体对同一事件的价值判断必然会出现差异。法律对于民意的遵循似乎可以从民主的角度去解释，规范意义上的民意，应当是“作为非统治群体的广大公众的利益诉求”[②]，这种诉求是“政治系统正常运作和做出合理输出行为的基本前提，也是民主政府政策输出的基本原料”[③]。简言之，就是民主政府应当代表民意，政策的做出也需要考察民意。这并非武断的结论，休谟讨论过这一问题，“政府应当只建立在民意之上，这个原则既适用于最自由和最得民心的政府，也应用于最专制和最黩武的政府”[④]。民意在转换到法律适用的过程中，也“有助于国民将刑法由他律的外在的东西内化为自律的内在的东西，增加国民的法规范情感和刑法认同感”[⑤]。同时，民意的反映与否，应该也是评价法律是否良善的手段，“在一定程度上说，民愤是否得到平息，是社会公正实现程度的一个尺度，也是刑罚目的实现程度的一个标志”[⑥]。显然，民意也有正面的作用，在理性和

---

① 张隆栋：《大众传媒学总论》，中国人民大学出版社 1997 年版，第 429 页。

② 许发民、徐光华：《刑法解释中的民意考量——以死刑案件为视角》，载《刑法论丛》2008 年第 4 期。

③ ［美］戴维·伊斯顿：《政治生活的系统分析》，王浦劬译，华夏出版社 1999 年版，第 429 页。

④ ［英］格雷厄姆·沃拉斯：《政治中的人性》，朱曾汶译，商务印书馆 1995 年版，第 133 页。

⑤ 梁根林：《刑事政策：立场与规范》，法律出版社 2005 年版，第 270 页。

⑥ 陈兴良：《刑法适用总论》（下卷），法律出版社 1999 年版，第 337 页。

正当的民意实现的过程中，法律不但行使了权威和强制，更是生动地在“全民参与”的司法活动中给所有为“民意”添砖加瓦的人上了一堂“普法课”。

2. 民意的非理性意义

毋庸置疑，民意至少可以代表一部分正当的道德，但是又不能和道德混淆，民意的负面作用也就在于此，如果民意能够等同于公共道德，那么托克维尔所谓的“法律只要不以民意为基础，就总要出于不稳定的状态”就没有值得苛责的瑕疵。和公共的道德不同，民意是可煽动和引导的情感，而道德至少是具备一定外部特征而在某个文化圈里共通适用的思维。德夫林说：“根据大多数人的观点得出社会的道德判断是不够的，要求每个公民同意又太过分了。我们希望在理智健全和有正义感的人们中找到社会的道德，从而确定社会的道德判断”①；而民意显然不完全是由“理智健全和有正义感的人们”来决定的，所以民意并不具备“理性和正义感”特征，民意可以被煽动引导，也可以源自于非理性和非正义。因此，民意非理性的存在状态要比理性多。希特勒“用德国的剑为德国的犁取得土地”是民意的象征，对犹太人的种族灭绝也是日耳曼人民意的集中体现，而这显然不是社会的公共道德。既然民意是感性的多变的情感，那么和法律的规范客观要求就有可能产生冲突。虽然我们说，法律的制定必须考虑道德意志的因素，但是一旦经过正当的立法程序确定之后，就不应当再受到民意的摆布，否则法律主义的基本精神就可能受到冲击。“在民愤和死刑适用方面，始终存在着一个严格执法和社会效果的矛盾。为平息民愤，对罪犯处以极刑，执法的社会效果是良好的，但从法律的规定来看，则可能是错杀滥杀。”②

---

① 张文显：《二十世纪西方法哲学思潮研究》，法律出版社 2006 年版，第 357 页。

② 梁治平：《民意与司法的距离》，载《新京报》2005 年 9 月 19 日。

民意是没有标准的，这恐怕是民意对于法律最大的冲突。“如果出现一个案子，大家都说应该死，那么司法机关就判了死刑，那还要司法机关干什么呢？每个案件都有很具体的情况，只有经过专门的训练才能准确理解法律，公众大多道听途说，或者看了新闻报道，也没有职责上的要求，所以有的人发表意见可以很轻率，可以很激愤。另外，谁来搜集这个民意？多少人赞同算是民意？根本就没有标准。”[①] 对待同样一个案件，基于不同的身份、知识、素质甚至性别都能带来不同的价值判断，很难判断那种意见占据理性的地位，而在不同的历史时期，民意的内容也总是变化多端的。在社会治安不稳定的时期，民意对犯罪的厌恶程度也大为增高，要求刑罚作出严厉的惩罚；而在社会环境相对稳定的时候，民意对待犯罪则大多比较宽容。这样随机性很强的判断与法律的相对稳定是背反的。而且，民意的内容大多代表了与现代社会观念相悖的那些原始与蒙昧的残余——要求对行奸淫者施以宫刑，或者对盗窃者断手，在重大的刑事案件诸如连环杀人案发生之后，我们总会听到这样的声音：这样的罪犯应当凌迟处死。这种对于残虐刑罚的偏爱，在公众的愿望中是非常普遍的，而且对于民意来说，任何法律上的程序和制度都显得多余，民意关注的是“实体”的正义，也就是罪犯受到的惩罚能不能满足于民意认为的正义指向和判断标准，而法庭的审理程序、合理的辩护、证据的博弈都因为可能阻止民意达到自我划定的正义标准而称为民意的绊脚石。在现代社会，交往的密切和思想流通的快速，使得民意的煽动变得更加容易，对于事件的真相判断在网络、电视等媒介的渲染之下，恐怕很难得到接近于真相的事实——在网络上，对于某个事件的舆论操作已经成为一个新兴

---

① 梁治平：《民意与司法的距离》，载《新京报》2005 年 9 月 19 日。

的行业[1]，民意可以被人为地制造，也可以被人为地消灭，还能够被人为地改变。那么，以这样的民意去影响司法，所带来的后果显然不是公正与合理的。

（二）非理性与理性的民意——情感型和知识型的交错

既然民意是客观上不可控的情感因素，又是可以被引导和改变的舆论，那么在法律的判断里考虑民意就必须万分小心。显然，如果对于大多数人出于非理智因素产生的民意，随意的法律支持将会成为“多数人的暴力”。“在普遍的层面上可以肯定民意具有无可置疑的正当性，然而就一个具体案件而言，民意也许是相当情绪化和非理性的。如果法官完全顺从民意，便可能出现对一个社会中少数派的不宽容”[2]——在民意的支配下处死一个法不当死的犯罪人，是在剥夺他承受法律惩罚的公平和正义；同时，民意的滥用使法律虚无，既然法律能够为民意作出让步和妥协，那么人为的制造民意来改变法律上的裁量似乎显得可行。在中国传统的对于审判公正性的判断中，正是因为民意观的存在，才产生了“寄明智审判之希望寄托于清官”[3]的思维，在公众看来，既然法不能作出恒定的评价，那么“能够或者善于听任民意”的司法官，才是司法官成为“清官”的标准。因此，民意的滥用是危险的，但是民意对法律的影响仍将在客观上存在。问题的关键在于，如何正确或者合适地适用“理智”的民意。在现代法治社会，法律的权威树立是

---

① 在三鹿毒奶粉等事件中，“枪手”所制造的舆论在事件初期着实起到了蒙蔽公众的效果，这种被誉为“危机公关”的操作方式，在影响舆论、制造民意的过程中起到了很大的作用。

② 贺卫方：《运送正义的方式》，上海三联书店2002年版，第95页。

③ 苏力：《法律与文学——以中国传统戏剧为材料》，生活·读书·新知三联书店2006年版，第192页。民众的司法观念依托于清官，这是在中国法直至现在仍不能摆脱的思维。人们心中信仰的不是法律，而是法官，“唯与忠孝之人交接，不公馋妄之士往还，体察滥官污吏，与百姓申冤理枉”是清官的最高境界。

必不可少的，民意的价值应当存于法律之下。如果我们把民意用理性衡量做一个简单的划分，就能够在法律对于民意的支持上得出合适的结论。民意对于法律的参与，是在法律问题上以及法律问题外同时进行的，依照这一标准，我们可以把民意分为知识型民意和情感型民意。

民众的集体意识与正义情感不仅具有非理性、情绪性，而且往往变动不居、起伏不定，往往“一个孤立的突发的犯罪就能在很大程度上改变公众对刑法的态度”①，所以情感型民意是没有刑法意义的，民众对于案件的事实的情感反映都不具备法律上关注的意义，或者说民众情感反映的某些事实没有法律上的参考价值。例如在杭州胡斌案中②，开跑车的富二代、浙江大学毕业的优秀学子，以及“七十码”鉴定结论等，这些事实能够给民众带来道德判断，但是法律可能并不关注。民众有感于“富二代”对社会公平的蔑视，可能存在的“七十码”盗行欺世，以及守法公民在捕风捉影下可能存在的“利益集团”偏袒下的弱势，民意的最终体现，就是希望对肇事者严惩。然而这些因素的考虑，大多是民众对于现实

---

① 林山田：《刑罚学》，台湾商务印书馆 1975 年版，第 172 页。

② 这是该案的判决书节选：法院经审理查明，2009 年 5 月 7 日晚，被告人胡斌驾驶经非法改装的浙 A608Z0 蓝瑟翼豪陆神牌红色三菱轿车，与同伴驾驶的车辆从杭州市江干区机场路出发，前往西湖区文二西路西城广场，想看看该广场是否还在放映名为《金钱帝国》的电影。途中，被告人胡斌与同伴严重超速行驶并时有互相追赶的情形。当晚 8 时 08 分，被告人胡斌驾驶车辆至文二西路德加公寓西区大门口人行横道时，未注意观察路面行人动态，致使车头右前端撞上正在人行横道上由南向北行走的男青年谭卓。谭卓被撞弹起，落下时头部先撞上该轿车前挡风玻璃，再跌至地面。事发后，胡斌立即拨打 120 急救电话和 122 交通事故报警电话。谭卓经送医院抢救无效，于当晚 8 时 55 分因颅脑损伤而死亡。事发路段标明限速为每小时 50 公里。经鉴定，胡斌当时的行车速度在每小时 84.1 公里至 101.2 公里之间，对事故负全部责任。另查明，胡斌亲属已赔偿并自愿补偿被害人亲属经济损失共计人民币 1130100 元。

社会中某些不平衡现象的情感发泄和非理智反映，这种民意的形成与案件本身的处理没有关系，这些民意所关注的内容，仅是对于案件背景的描述，并不具有法律上的评价意义。在中国贫富分化日益严重的背景下，富二代穷二代的鸿沟，让社会分层中固有的嫉恨蔓延并且扩大，根植于社会现象的民意或许能够体现出在宏观层面的某些直观的正义，但是这些因素在微观的个案当中没有任何法律意义，更谈不上定罪量刑的价值。然而，正是这种民意的躁动，让法律在作出裁决之前必须异常小心，以免冲破民意的闸门。而知识性民意，使民众关心的事实具有刑法意义，甚至就是构成要件事实本身、具有直接的定罪量刑价值，进而基于社会知识表达的群体性意见。知识型民意是民众法律意识积累所表达出的理性思考，例如在邓玉娇杀人案①中，民众对于邓玉娇行为的性质作出的判断，并不因为她是在处于弱势的情况下基于反抗致人死伤而有所偏袒，民意有意开脱她是对于“反抗”这种天然自卫权的认识，而这一民意

① 2009年6月16日湖北省巴东县人民法院一审公开开庭审理了“邓玉娇案”，并作出一审判决。这是该案的判决书节选：巴东县人民法院审理查明，2009年5月10日晚，邓贵大、黄德智等人酒后到该县野三关镇雄风宾馆梦幻娱乐城玩乐。黄德智强迫要求宾馆女服务员邓玉娇陪其洗浴，遭到拒绝。邓贵大、黄德智极为不满，对邓玉娇进行纠缠、辱骂，在服务员罗某等人的劝解下，邓玉娇两次欲离开房间，均被邓贵大拦住并被推坐在身后的单人沙发上。当邓贵大再次逼近邓玉娇时，被推坐在单人沙发上的邓玉娇从随身携带的包内掏出一把水果刀，起身朝邓贵大刺击，致邓贵大左颈、左小臂、右胸、右肩受伤。一直在现场的黄德智上前对邓玉娇进行阻拦，被刺伤右肘关节内侧。邓贵大因伤势严重，经抢救无效死亡；黄德智所受伤情经鉴定为轻伤。巴东县人民法院认为，邓玉娇在遭受邓贵大、黄德智无理纠缠、拉扯推搡、言词侮辱等不法侵害的情况下，实施的反击行为具有防卫性质，但超过了必要限度，属于防卫过当。被告人邓玉娇故意伤害致人死亡，其行为已构成故意伤害罪。案发后，邓玉娇主动向公安机关投案，如实供述罪行，构成自首。经法医鉴定，邓玉娇为心境障碍（双相），属部分（限定）刑事责任能力人。据此，判决对邓玉娇免予刑事处罚。

体现在法律上，就是对于刑法中规定的正当防卫的肯定。虽然这种肯定的解释路径和思维方式与法律有所差异，但是在最终的结论上，民意与法律有契合的部分，在这种默契之下，法律的裁判结果不至于对民意形成矛盾甚至背反，所以邓玉娇案最后的判决结果，是法律和民意的双重体现，既符合了法律的规定，又契合了民意的指向。

所以，法律对于民意的取舍，应当根据民意的性质作出具体的区分。当民意与法律的规范相同的时候，法律在很大程度上得到了认可，这个时候法律裁量不仅仅是司法的必然结果，也是对于民意的顺应和加强。然而，当民意与法律出现冲突和矛盾的时候，我们应当如何化解？在古代，我们的司法传统向来没有独立的法律思维，法官既是司法者，同时也是执政者，当执政的目标是“顺应民意”的时候，司法的性质也就随之改变了。直到今天，法官的评价标准仍然是能否“让人民满意”，尊重法律与否在位阶上比前者要低。评价标准的习惯让我们的司法者在裁判过程中难免受到民意左右，即使民意是被操作和控制的非理性思维。在法治化的社会里，法律应当是一切冲突的判断标准，对于民意和法律的冲突，也应当以法律的规范为最终的参照。因此，在面对知识型民意和情感型民意的交错时，法律应当是定纷止争的最后手段。这样，即使是民众不理解甚至反对某些个案的判决，也会在长期的同样判决中领会到法律的价值。“在辛普森案中，民意倾向于辛普森杀人了，但司法判决辛普森无罪，民众最终尊重了法律，这说明在司法长期坚持正义的社会背景下，即使人们暂时不理解判决，民意也会尊重司法”。[①] 同时，法律的作用并不仅仅在于某一个案件能否得到公正，而在于整个社会的法律观念以及法律意识的树立，法律运行的价值在于引导民众的理性思维。那么，即使在个案当中，法律不能完全

① 卢建平：《死刑的适用与民意》，载《郑州大学学报》（哲社版）2005 年第 5 期。

满足民意的要求，但是法律的裁判仍旧会确认规则的独立价值。从某种意义上说，法律本身的价值得到确认，比迎合民意要求更加具有社会的正义。

四、刑法道德判断的最终路径——刑法的民族性

不管我们用公共的道德还是民意来衡量和判断刑法从立法到适用甚至到消亡的整个过程。我们都可以发现，道德判断的文化差异引起了刑法内容的迥异，对道德追问的终点就设定在这里，即使肯定有客观的正义和公平判别标准，我们仍不免会在这里驻足，因为所有对于刑法内容的善恶判断，最终都会落到文化以及文化差异所决定的民族性问题上去。黑格尔说：“在希腊，道德同样是法定的权利，就是因为这个缘故，法律完全依赖于道德和人情，其中还存在一些不确定的原则，来均衡人们内在生活的易变性和个人的主观性。而在罗马，他们发现了一个权利的原则，这个原则是外在的——那就是说，是不依赖意见和心灵的。”①

（一）道德判断的文化基础

如果不站到文化和历史的角度上，我们很难用一个客观的概念来定义犯罪，如同上文所举出的例子，同样是通奸，在现代的某些国家仍旧是犯罪，而在其他大多数国家则认为所谓的通奸是人的自由和权利，实施通奸的行为仅仅是道德瑕疵。当然，道德的进步是绝对的，在成吉思汗的法典《大扎撒》里规定，向水源排泄会被判处死刑，这种罪与恶的不相对应以及罪与罚的不均衡，在以人权和自由作为基础的现代道德里会被视为无效。但是，即使在同样的时代，道德的内容还是千差万别的，我们引用文化相对论的观念说明了这一点，因为不能用“对与错”来形容一种道德的内涵，所以在现在的阿拉伯国家仍旧适用的“石刑”和“木桩刑”，而爱斯

---

① ［德］黑格尔：《历史哲学》，王造时译，上海书店1999年版，第297页。

基摩人杀死过多的孩子以保证族群的发展，在他们的社会当中仍旧是合理的。同理，我们考虑法律规范和制度的时候，也应当采用这种标准，“假设印度居民怀疑他们国家的种姓制度在道德上是不正确的，他所要做的就是问一问，这种制度是不是与他们社会的道德规范一致”①。显然，没有所谓的“普适”道德，即使是底线道德概念，也是为了与规范挂钩而虚拟的，虽然有一些共通的观念符合底线道德的外在表现，但是事实上我们很难去发掘底线道德的外延范围。“正确的方式是那种我们祖先使用的，并且一直在传承的方式。传统本身就是它自己的正当理由，它得以坚持不以经验的确证为条件”②。文化的底蕴，决定了每个文化圈的道德内容，而道德的内容，在刑法中得以体现，这就决定了刑法中道德判断的地方性，以及刑法本身的地方性特征。

而且，法律中的道德判断也会因为文化基础的差异而呈现出不同的表现形式。按照西方的惯常思维，法律与道德的问题就是形式与实质、实然与应然的区分，法律是“良法”还是“恶法”都应当由道德来决定，而且在西方的法律思想当中，这种判断的标准是一脉相承的，“历时两千多年的西方法学中的自然法与实证法之争在某种程度上就是法律的道德性之争”③。而法律与道德的问题在中国，却呈现出不同的状态——我们已经论述过，在中国传统的法律思想里，法律与道德是不作区分的，“德体法用”是对待法律的习惯性思维，法律本身只是具有德性的政治工具，西方思维下所要讨论的法律是否正当的命题在中国的文化范围里根本就没有存在的

---

① ［美］詹姆斯·雷切尔斯著，斯图亚特·雷切尔斯修订：《道德的理由》（第五版），杨宗元译，中国人民大学出版社 2009 年版，第 19 页以下。

② ［美］詹姆斯·雷切尔斯著，斯图亚特·雷切尔斯修订：《道德的理由》（第五版），杨宗元译，中国人民大学出版社 2009 年版，第 19 页。

③ 苏力：《法律与文学——以中国传统戏剧为材料》，生活·读书·新知三联书店 2006 年版，第 269 页。

空间。所以，“中国传统社会乃至今天讨论的法律和道德问题，基本被归纳为一个个人品质的问题……中国的法律道德判断，基本上是司法者的道德性判断；而西方的法律道德判断，才应该被称作法律的道德性”①。我们研讨法律是不是具备德性，在大多数情况下都会被归为司法者的人格品质，这个问题在民意的内容里最能得到体现：在南京彭宇案宣判之后，民意的抨击大多会指向法官，认为判案的法官缺乏基本的德性，导致社会的道德泯灭沦丧；而成都孙伟铭案一审判处肇事司机孙伟铭死刑，网络上一边倒地叫好，网名几乎口径一致地称赞了成都法官的“光明磊落”——甚至发出了“同样是法官，咋就不一样呢”的调侃。然而，“普天之下，莫非王土；率土之滨，莫非王臣”，法官执行的只是依据法律而得来的裁判，而法律在中国这片土地上，都有着同样的效力，民众的“道德观”通常只会审视“执掌法律的人”，而不太愿意去质疑法律本身的正当与否。在现代的中国社会里，对于类似于包青天的清官形象仍旧是充满了认同的，在通过法律的途径得以权利的救济之后，当事人吹拉弹唱给法院或者法官送去锦旗和敬意，就是对于把权利寄托于法官“除暴安民”似的道德内省上，而不是归结于法律能够作出公正的评价。中国的民众大多不信仰法律，因为他们并不在意法律中是否具有道德内容和良善的价值取向，而是把有利于自身判决的希望寄托于法官，然而影响法官进行裁判的途径，除了道德的内在强制，还有人脉或者关系等潜在的规则。这并非要说明中国的法治建设存在着某种弊病，而是习惯性的观念继承了对待法律的传统态度。我们可能需要在某个阶段先遵从于这种习惯的安排，才能满足民众对于法律的需求。

“每个社会，社会中的每个次文化群体，无论过去还是现在，都有一个道德法典，但这个法典是该社会或该次文化群体的生活必

---

① 苏力：《法律与文学——以中国传统戏剧为材料》，生活·读书·新知三联书店2006年版，第270页。

要塑造的，而不是因为看到了某些有关道德责任的重大渊源而出现的。在一定程度内，这个法典是对社会的必要顺应，外人不可能令人信服地批评这个法典。我们憎恶溺婴，但是在一个没有能力喂养所有婴儿的社会中，溺婴就是常事”①。所以，道德不可能也没有必要统一，因为“一个都是谦谦君子的社会，不仅会令人厌倦，而且会缺乏弹性、顺应性和创造性”②。所以，我们有必要坚持这样一种逻辑：对于某种行为“恶”的道德判断导致了刑法将其规定为犯罪，而文化的原因则导致了道德上对某种行为是否判断为“恶”。这是两个层面的问题，在不同的文化里道德的判断方式是不一样的，这也就是犯罪呈现出多样化的根源。民族是文化划界的标准，在“民族与世界”的交融分离中，我们必须有清醒的认识，法律也好，道德也罢，都是具有民族精神的产物，既然没有普适的道德，那么也就没有普适的法律价值。在中国，废除死刑的努力在学者的精英话语里被传播和放大，然而对于民众来说，如果“杀人却不偿命”，那就是对民族精神和道德的极大蔑视，是离经叛道的不义之举。与其以“普适的价值”来宣扬它并试图改变固有的民族观念，还不如在某种程度上顺应它，在遵守文化传承的基础上，再来谈论所谓的公平和正义。

（二）刑法的民族性

道德的判断是以文化为基础的，法律的精神是民族的，那么在我们的民族精神影响下的刑法又在哪里？“我们可以假想这样一个

---

① ［美］理查德·A. 波斯纳：《道德和法律理论的疑问》，苏力译，中国政法大学2001年版，第21页。

② ［美］理查德·A. 波斯纳：《道德和法律理论的疑问》，苏力译，中国政法大学2001年版，第79页。波斯纳生动地表达了这样一种担忧，道德的极化可能会给社会带来风险，而且这种风险会因为道德的单一化而难以扭转：“一个犹太教或伊斯兰教的原教旨主义社会、尼采式的超人社会或者日本的武士社会，将不仅沉闷，而且会很脆弱、可怕和危险。道德的近亲繁殖也许与生物的近亲繁殖同样危险。”

场面，把我国现行刑法典和欧美任一国家的刑法典放在一起，删去所有表示‘国籍’的字眼，让孔子、孟子等中华文化传统的精神代表们的在天之灵来辨认，哪一个是中国的？我想他们肯定会异口同声指着后者说，此乃中国之法，虽经两千年演变，然精神尚在，尚可辨认。至于前者，他们肯定会说，此乃外邦之法，因不见我中华精神之痕迹。”① 这虽有可能过于夸大，但是也不能不引起我们的深思。

梁治平也表达过类似的忧虑：“我们的现代法律制度包括宪法、行政法、民法、诉讼法等许多门类，它们被设计来调整社会生活的各个领域，为建构一个现代社会奠定基础，同时，它们也代表了一种精神价值，一种在久远的历史中逐渐形成的传统。问题在于，这恰好不是我们的传统。这里不但没有融入我们的历史，我们的经验，反倒常常与我们‘固有的’文化价值相悖。于是，当我们最后不得不接受这套法律制度的时候，立即就陷入到无可解脱的精神困境里面。一种本质上是西方文化产物的原则、制度，如何能唤起我们对于终极目标的和神圣事物的意识，又怎么能激发我们乐于为之献身的信仰与激情？我们并不是渐渐失去了对于法律的信任，而是一开始就不能信任这法律。因为它与我们五千年来一贯遵行的价值相悖，与我们有着同样久长之传统的文化格格不入。这样的困境不是比西方人面临的危机更难以摆脱吗？”② 这样的忧虑并不是过分敏感，也不是守旧的顽固作祟，只是在如今法律“移植”浪潮下对中国法治建设作出的生动剖析。在文化传统和历史积淀深厚的中国，伦理和道德习惯在法治的背景下依旧发挥着巨大的作用。

---

① 范忠信：《“亲亲尊尊”与亲属相犯：中西刑法的暗合》，载《法学研究》1997 年第 3 期。

② ［美］伯尔曼：《法律与宗教》，梁治平译，三联书店 1991 年版，译者前言第 15 ~ 16 页。

晚近的中国法律与法学，在近乎悲剧的色彩下，无奈地选择了“外向型”的发展模式，中国本土优秀的法律资源和法律传统在不断丧失自身存在的领地。而文化上的传承和固有的道德观念仍旧在影响现存的法律思维乃至制度的设计，不管是法律制定中需要考虑的社会需求，还是法律适用中需要平衡的社会关系。“本土化”似乎是法学研究中已经被滥用的语词，然而在刑法的领域，本土化无论是在理论还是实践上都未能圆满。刑法可能是最民族化的法律，蔡枢衡论及清末变法，对于中国刑罚体系从五刑变为自由刑为中心的刑罚体系，还认为“清末变法后的新法与旧律仍旧是‘具体的联接’而非‘抽象的不联接’……而刑罚体系的改变并非是中华民族群众的个人自我觉醒，而是当时中国社会的半殖民地化在刑法上的反映。”[①] 归根结底，“所有的文明人治理自己时，一方面透过普遍适用于各民族的法律，另一方面用特别适合于自己民族的法律”[②]，而对于现在的中国刑法学来讲，大抵是应当感到汗颜的。无论是伴随着清末以“师夷长技”而附带有强迫色彩的学习西方法律的理念和制度，还是在建国之后由于意识形态和国家体制的原因而师从苏联，本土的资源几乎都走上被选择性忽略的路途。清末以来中国的变迁，陈寅恪称之为：“数千年未有之巨劫奇变”[③]。在他看来，传统制度、纲纪的沦丧和国家的危局是“巨劫奇变”的根本表现。“纲纪之说，无所凭依，不待外来学说之掊击，而已消沉沦丧于不知觉之间”[④]，而对于“纲纪”之一的法律，“清季迄

---

① 蔡枢衡：《中国刑法史》，广西人民出版社 1983 年版，第 93 ~ 95 页。

② 《观念史大辞典》（中译本），台湾幼狮文化事业公司 1987 年版，第 184 页。转引自张文显：《二十世纪西方法哲学思潮研究》，法律出版社 2006 年版，第 35 页。

③ 陈寅恪：《王观堂先生挽词序》，载刘桂生、张步洲编：《陈寅恪学术文化随笔》，中国青年出版社 1996 年版，第 5 页。

④ 陈寅恪：《王观堂先生挽词序》，载刘桂生、张步洲编：《陈寅恪学术文化随笔》，中国青年出版社 1996 年版，第 5 页。

今，变迁之大，无过于法制。综其大本，则由德治而法治，由官制而民制……吾民竭蹶以趋，既弃吾之旧法以从欧美之旧法，又欲弃欧美之旧法儿从彼之新法”①，然而，文化的基因并不容易因为积弱的国家状态和急于摆脱困境而盲目和被迫地向西方学习而得以改变。在历史和传统文化悠久的中国，无论法律制度和思想上的变化如何呈现出“移植与借鉴”的表象，传统的社会分层以及在社会中普遍存在的伦理意识和礼法思想并没有随之颠覆。“移植”的前提，应当是“受体”与“供体”存在共同的基础，具体到法律领域，这一基础在很大程度上是“民族”与“文化”所决定的。如同梁漱溟先生在20世纪20年代就说过的：“假使西方化不同我们接触，中国就是再走三百年，五百年，一千年也断不会有这些轮船，火车，飞行艇，科学方法和民主精神产生出来……中国人不是同西方人走一条路线因为走得慢，比人家慢了几十里路。若是同一路线而少走些路，那么，慢慢地走终究有一天赶得上；若是各自走到别的路线上去，那么无论走好久，也不会走到那西方人所达到的地点上去的。”② 当然，强调民族的遗产并非民粹主义思想作祟，也不是在与西方民主与科学的两相对比下显示出我们传统的顽固和坚挺。而只是希求在科学与民主的方向之下，尽可能地重视和发掘中国本土法治的传统优秀资源。在和谐社会的语境之下，发掘和利用传统的优秀法治资源应当是中国法治建设和完善的应有之义。

“在中国的近代史上，存在着一种颇为有趣的现象：每当社会的思想危机发展到一定程度时，人们就会转过头来，试图从传统文化中寻求精神支柱和前进的方向。清代末期，在西方文化不断输入

---

① 柳诒徵：《中国文化史》（下），上海古籍出版社2001年版，第924页。转引自程燎原：《清末法政人的世界》，法律出版社2003年版，第3页。

② 《梁漱溟学术论著自选集》，北京师范大学出版社1992年版，第43页。转引自冯亚东：《平等、自由与中西文明》，法律出版社2002年版，第37页。

的情况下，一些学者开始提出‘保存国粹’的主张；五四运动以来，新文化运动‘打倒孔家店’的冲击下，又有学者倡议‘整理国故’。近年来，在人们物质生活日益丰富，精神文明却在日益匮乏和西化的情形下，‘复兴国学’的口号又被响亮的喊出。这一次被称作‘二十世纪第三次国学思潮’的传统文化复兴运动直到现在仍在轰轰烈烈向前发展”①。在我们从改革开放到现在三十多年的法治运动中，我们又是如何对待民族精神在法律中的体现呢？认识到刑法的民族性并不难，难的是秉承民族精神的方法。在成熟的引入型法律体系建立之后，我们应当如何来找回那些失却的“记忆”？所幸，我们还有公共的道德，这些道德的内容中，我们可以找到民族意志和精神的积淀。同时，中国社会改良的路径，不能总是依靠外在的制度确立来发生作用，而“只有使所有的个人在宗教和道德上都趋于完善，才能取得真正的社会改良，用改变外在形式的办法使各个个人对社会改良产生幻想的那种政治宣传，通常会使真正的进步为之停顿”②，但愿托尔斯泰的这句话能够唤醒我们正视法律与道德的关系，从而通过对道德的再整理，发掘中国传统法律和思想中的有益方面。而这，对于当下处于变革中的中国刑法，可能唯有以此来正本清源，才能在现代法治社会的语境下重新审视传统文化的作用和意义。

---

① 谢辉：《重拾被遗忘的法家精神》，载《读书》2009 年第 12 期。

② 托尔斯泰 1904 年 11 月 18 日拍给《北美人报》的电报。参见［法］卢梭：《论人类不平等的起源和基础》，李常山译，商务印书馆 1962 年版，第 231 页。

参考文献

著作类

中文著作：

1. 《朱子语类》

2. 《韩非子》

3. （宋）朱熹集注，陈戍国标点：《四书集注》，岳麓书社 2004 年版。

4. 沈家本：《历代刑法考（附寄簃文存）》，邓经元、骈宇骞点校，中华书局 1985 年版。

5. 冯友兰：《中国哲学史》，华东师范大学出版社 2000 年版。

6. 胡旭晟：《法的道德历程——法律史的伦理解释》，法律出版社 2006 年版。

7. 苏力：《法律与文学——以中国传统戏剧为材料》，生活·读书·新知三联书店 2006 年版。

8. 蔡枢衡：《中国刑法史》，广西人民出版社 1983 年版。

9. 程燎原：《清末法政人的世界》，法律出版社 2003 年版。

10. 冯亚东：《平等、自由与中西文明》，法律出版社 2002 年版。

11. 梁根林：《刑事政策：立场与规范》，法律出版社 2005 年版。

12. 梁治平：《寻求自然秩序中的和谐——中国传统法律文化研究》，中国政法大学出版社 2002 年版。

13. 刘星：《法律是什么——二十世纪英美法理学批判阅读》，中国政法大学出版社 1998 年版。

14. 梁漱溟：《中国文化要义》，上海人民出版社 2005 年版。

15. 罗国杰：《伦理学》，人民出版社 1989 年版。

16. 刘桂生、张步洲编：《陈寅恪学术文化随笔》，中国青年出版社 1996 年版。

17. 林东茂：《刑法综览》，中国人民大学出版社 2009 年版。

18. 林山田：《刑罚学》，台湾商务印书馆 1975 年版。

19. 徐国栋：《民法基本原则解释》，中国政法大学出版社 1992 年版。

20. 苏力：《法治及其本土资源》，中国政法大学出版社 2004 年版。

21. 冯军：《刑事责任论》，法律出版社 1996 年版。

22. 冯象：《木腿正义》，北京大学出版社 2007 年版。

23. 储槐植：《美国刑法》（第三版），北京大学出版社 2006 年版。

24. 陈嘉映：《语言哲学》，北京大学出版社 2003 年版。

25. 陈兴良：《刑法的人性基础》（第三版），中国人民大学出版社 2006 年版。

26. 陈家林：《不能犯初论》，中国人民公安大学出版社 2005 年版。

27. 陈兴良：《刑法的启蒙》，法律出版社 1998 年版。

28. 陈兴良：《刑法哲学》，中国政法大学出版社 1997 年版。

29. 陈兴良：《本体刑法学》，商务印书馆 2001 年版。

30. 陈兴良：《刑法的价值构造》，中国人民大学出版社 1998 年版。

31. 陈兴良：《刑法适用总论》（下卷），法律出版社 1999 年版。

32. 陈瑾昆：《刑法总则讲义》，中国方正出版社 2004 年版。

33. 葛洪义：《法与实践理性》，中国政法大学出版社 2002 年版。

34. 时显群：《西方法理学研究》，人民出版社 2007 年版。

35. 王利明：《司法改革研究》，法律出版社 2000 年版。

36. 王作富、黄京平主编：《刑法》（第四版），中国人民大学出版社 2009 年版。

37. 瞿同祖：《中国法律与中国社会》，中华书局 1981 年版。

38. 魏英敏主编：《新伦理学教程》，北京大学出版社 1993 年版。

39. 高兆明：《制度公正论》，上海文艺出版社 2001 年版。

40. 费孝通：《乡土中国》，生活·读书·新知三联书店 1985 年版。

41. 曲新久：《刑法的精神与范畴》，中国政法大学出版社 2000 年版。

42. 任喜荣：《伦理刑法及其终结》，吉林人民出版社 2005 年版。

43. 邱兴隆、许章润：《刑罚学》，群众出版社 1988 年版。

44. 邱兴隆：《刑罚的哲理与法理》，法律出版社 2003 年版。

45. 杜宇：《重拾一种被放逐的知识传统——刑法视域中“习惯法”的初步考察》，北京大学出版社 2005 年版。

46. 何勤华：《美国法律发达史》，上海人民出版社 1997 年版。

47. 曹漫之主编：《唐律疏议译注》，吉林人民出版社 1989 年版。

48. 曹钢：《法律的道德批判》，江西人民出版社 2001 年版。

49. 黄风：《贝卡里亚及其刑法思想》，中国政法大学出版社 1987 年版。

50. 黄荣坚：《刑法问题与利益思考》，台湾元照出版公司 1999 年版。

51. 张文显：《二十世纪西方法哲学思潮研究》，法律出版社

2006 年版。

52. 俞荣根:《儒家法思想通论》，广西人民出版社 1992 年版。

53. 张乃根:《西方哲学史纲》，中国政法大学出版社 2006 年版。

54. 张武举:《刑法的伦理基础》，法律出版社 2008 年版。

55. 张汝伦:《历史与实践》，上海人民出版社 1995 年版。

56. 张明楷:《法益初论》，中国政法大学出版社 2000 年版。

57. 张明楷:《外国刑法纲要》，清华大学出版社 1999 年版。

58. 张智辉:《刑法理性论》，北京大学出版社 2006 年版。

59. 张小虎:《刑法的基本观念》，北京大学出版社 2004 年版。

60. 周辅成编著:《西方伦理学名著选辑》（下卷），商务印书馆 1987 年版。

61. 赵秉志主编:《外国刑法原理（大陆法系）》，中国人民大学出版社 2000 年版。

62. 赵秉志主编:《英美刑法学》，中国人民大学出版社 2004 年版。

63. 赵秉志:《刑法基础理论探索》，法律出版社 2002 年版。

64. 何勤华主编:《20 世纪外国刑事法律的理论与实践》，法律出版社 2006 年版。

译著:

65.《圣经 · 新约全书》

66.《牛津法律大辞典》（中译本），光明日报出版社 1998 年版。

67. [古希腊] 亚里士多德:《政治学》，吴寿彭译，商务印书馆 1965 年版。

68. [古希腊] 亚里士多德:《尼各马可伦理学》，苗力田译，中国社会科学出版社 1999 年版。

69. [古希腊] 索福克勒斯:《索福克勒斯悲剧四种》，罗念生译，《罗念生全集》卷 2，上海人民出版社 2004 年版。

70. ［古罗马］西塞罗:《国家篇·法律篇》，沈叔平译，商务印书馆 1999 年版。

71. ［英］奥斯丁:《法理学的范围》，刘星译，中国法制出版社 2002 年版。

72. ［英］哈特:《法律的概念》，张文显等译，中国大百科全书出版社 1996 年版。

73. ［英］哈特:《惩罚与责任》，张志铭、王勇、邱兴隆译，华夏出版社 1989 年版。

74. ［英］格雷厄姆·沃拉斯:《政治中的人性》，朱曾汶译，商务印书馆 1995 年版。

75. ［英］休谟:《道德原则研究》，曾晓平译，商务印书馆 2001 年版。

76. ［英］洛克:《人类理解论》（下），关文运译，商务印书馆 1981 年版。

77. ［英］洛克:《政府论》（下卷），叶启芳等译，商务印书馆 1986 年版。

78. ［英］休谟:《人性论》（上下册），关文运译，商务印书馆 1996 年版。

79. ［英］H. W. 埃尔曼:《比较法律文化》，贺卫方、高鸿钧译，三联书店 1990 年版。

80. ［英］梅因:《古代法》，沈景一译，商务印书馆 1959 年版。

81. ［英］约翰·格雷:《自由主义的两张面孔》，顾爱彬、李瑞华译，江苏人民出版社 2008 年版。

82. ［英］丹尼斯·劳埃德:《法理学》，许章润译，法律出版社 2007 年版。

83. ［英］爱德华兹:《汉谟拉比法典》，沈大珪译，中国政法大学出版社 2005 年版。

84. ［荷兰］斯宾诺莎:《伦理学》，贺麟译，商务印书馆 1958 年版。

85. ［英］A. 米尔恩：《人的权利与人的多样性》，夏勇等译，中国大百科全书出版社 1995 年版。

86. ［英］边沁：《政府片论》，沈叔平等译，商务印书馆 1995 年版。

87. ［英］边沁：《道德与立法原理导论》，时殷弘译，商务印书馆 2005 年版。

88. ［德］卡尔·拉伦茨：《法学方法论》，陈爱娥译，商务印书馆 2003 年版。

89. ［德］海因里希·罗门：《自然法的观念史和哲学》，姚中秋译，上海三联书店 2007 年版。

90. ［德］黑格尔：《法哲学原理》，范扬、张企泰译，商务印书馆 1961 年版。

91. ［德］康德：《纯粹理性批判》，蓝公武译，商务印书馆 1960 年版。

92. ［德］康德：《实践理性批判》，关文运译，商务印书馆 1960 年版。

93. ［德］康德：《法的形而上学原理——权利的科学》，沈叔平译，林荣远校，商务印书馆 1991 年版。

94. ［德］康德：《道德形而上学原理》，苗力田译，上海人民出版社 2002 年版。

95. ［德］魏德士：《法理学》，丁小春、吴越译，法律出版社 2003 年版。

96. ［德］克劳斯·罗克辛：《德国刑法教科书总论》（第 1 卷），王世洲译，法律出版社 2005 年版。

97. ［德］叔本华：《伦理学的两个基本问题》，任立等译，商务印书馆 2002 年版。

98. ［德］拉德布鲁赫：《法学导论》，米健、朱林译，中国大百科全书出版社 1997 年版。

99. ［德］萨维尼：《论立法与法学的当代使命》，许章润译，中国法制出版社 2001 年版。

100. ［德］弗里德里希·包尔生：《伦理学体系》，何怀宏、廖申白译，中国社会科学出版社 1988 年版。

101. ［德］汉斯·海因里希·耶赛克、托马斯·魏根特：《德国刑法教科书》，徐久生译，中国法制出版社 2001 年版。

102. ［德］费希特：《自然法权基础》，谢地坤、程志民译，商务印书馆 2004 年版。

103. ［日］曾根威彦：《刑法学基础》，黎宏译，法律出版社 2005 年版。

104. ［日］美浓部达吉、矶谷幸次郎：《〈法学通论〉与〈法之本质〉》，林纪东、王国维译，中国政法大学出版社 2006 年版。

105. ［日］川岛武宜：《现代化与法》，申政武译，中国政法大学出版社 1994 年版。

106. ［日］大塚仁：《刑法概说》（总论）（第三版），冯军译，中国人民大学出版社 2003 年版。

107. ［日］小仓志祥：《伦理学概论》，吴清涛译，中国社会科学出版社 1990 年版。

108. ［日］小野清一郎：《犯罪构成要件理论》，王泰译，中国人民公安大学出版社 1991 年版。

109. ［日］西原春夫：《刑法的根基与哲学》，顾肖荣等译，上海三联书店 1991 年版。

110. ［日］西田典之：《日本刑法总论》，刘明祥、王昭武译，中国人民大学出版社 2006 年版。

111. ［日］福泽谕吉：《文明论概略》，北京编译社译，九洲出版社 2008 年版。

112. ［爱尔兰］凯利：《西方法律思想简史》，王笑红译，法律出版社 2002 年版。

113. ［法］涂尔干：《社会分工论》，渠东译，生活·读书·新知三联书店 2000 年版。

114. ［法］孟德斯鸠：《论法的精神》（上卷），张雁深译，商务印书馆 1982 年版。

115. ［法］托克维尔：《论美国的民主》，董果良译，商务印书馆 1996 年版。

116. ［法］卢梭：《论人类不平等的起源和基础》，李常山译，商务印书馆 1962 年版。

117. ［法］迪尔凯姆：《自杀论》，冯韵文译，商务印书馆 2001 年版。

118. ［意］贝卡里亚：《论犯罪与刑罚》，黄风译，中国大百科全书出版社 1993 年版。

119. ［意］菲利：《实证派犯罪学》，郭建安译，中国人民公安大学出版社 2004 年版。

120. ［意］加罗法洛：《犯罪学》，耿伟、王新译，中国大百科全书出版社 1996 年版。

121. ［意］托马斯·阿奎那：《阿奎那政治著作选》，马清槐译，商务印书馆 1997 年版。

122. ［美］理查德·A. 波斯纳：《道德和法律理论的疑问》，苏力译，中国政法大学出版社 2001 年版。

123. ［美］孟罗·斯密：《欧陆法律发达史》，姚梅镇译，中国政法大学出版社 1999 年版。

124. ［美］道格拉斯·N. 胡萨克：《刑法哲学》，谢望原等译，中国人民公安大学出版社 2004 年版。

125. ［美］伯尔曼：《法律与宗教》，梁治平译，三联书店 1991 年版。

126. ［美］马丁·P. 戈尔丁：《法律哲学》，齐海滨译，生活·读书·新知三联书店 1987 年版。

127. ［美］罗斯科·庞德：《法律与道德》，陈林林译，中国政法大学出版社 2003 年版。

128. ［美］富勒：《法律的道德性》，郑戈译，商务印书馆 2005

年版。

129. ［美］约翰·罗尔斯：《正义论》，何怀宏、何包钢、廖申白译，中国社会科学出版社 1988 年版。

130. ［美］E·博登海默：《法理学——法哲学及其方法》，邓正来、姬敬武译，华夏出版社 1987 年版。

131. ［美］哈罗德·J. 伯尔曼：《法律与革命》，贺卫方等译，中国大百科全书出版社 1993 年版。

132. ［美］大卫·塞德利：《古希腊罗马哲学》，中国社会科学院哲学研究所西方哲学史研究室译，商务印书馆 1981 年版。

133. ［美］理查德·A. 波斯纳：《法理学问题》，苏力译，中国政法大学出版社 1994 年版。

134. ［美］J. P. 蒂洛：《伦理学——理论与实践》（中译本），孟庆时、程立显、刘建等译，北京大学出版社 1985 年版。

135. ［美］詹姆斯·雷切尔斯著，斯图亚特·雷切尔斯修订：《道德的理由》（第 5 版），杨宗元译，中国人民大学出版社 2009 年版。

136. ［美］鲁思·本尼迪克特：《文化模式》，王炜译，社会科学文献出版社 2009 年版。

外文著作：

137. R. Dworkin, *Taking Rights Seriously*, Revised Edition, Harvard University Press, 1978.

138. Harris, *Legal Philosophies*, Butterworths, 1980.

139. H. Kelsen, *The Pure Theory of Law*, University of California Press, 1967.

140. Joseph. Raz, *The Authority of Law: Essays on Law and Morality*. Oxford University Press, 1979.

141. Jules L Coleman, *The Practice of Principle*. Oxford University Press, 2001.

142. H. L. A. Hart, *The Concept of Law*, Oxford University

Press,1961.

143. E. Ehrlich, *Fundamental Principles of the Sociology of Law*, Harvard University Press,1936.

144. Max Weber. *On Law in Economy and Society*, Edited by Roth-and with Totowa, NT,1966.

145. W. Friedmann, *Legal Theory*, (5th edition), Columbia University Press,1967.

146. P. Devlin, *The Enforcement of Morality*, Oxford University Press,1965.

论文类

1. 赵运锋、宋远升:《刑法和道德的界限考察》，载《政法学刊》2007 年第 2 期。

2. 谢辉:《重拾被遗忘的法家精神》，载《读书》2009 年第 12 期。

3. 范愉:《法律怎样被信仰》，载《法制日报》2008 年 10 月 24 日。

4. 陈朝璧:《中华法系的特点》，载《法学研究》1980 年第 1 期。

5. 韩少功:《人情超级大国》，载《读书》2001 年第 12 期。

6. 陈林林:《从自然法到自然权利——历史视野中的西方人权》，载《浙江大学学报》(社科版) 2003 年第 2 期。

7. [美] 菲利浦 · E. 约翰逊:《对自然法的某些思考》，吴玉章译，载《法学译丛》1988 年第 6 期。

8. H. L. A. Hart, *Positivism and the Separation of Law and Morals*, 71 Harvard Law Review 601(1958). [英] H. L. A. 哈特:《实证主义和法律与道德的分离》，翟小波译，强世功校，载《环球法律评论》2001 年夏季号。

9. 黎莲芬:《儒家的法律道德化思想》，载《广西社会科学》

2003 年第 12 期。

10. 陈云良：《儒家伦理与法治精神》，载《中国法学》2000 年第 5 期。

11. 曾志伟：《“伦理”与“道德”辨析》，载《长江论坛》2009 年第 4 期。

12. 梁燕成等：《后现代走向下的伦理志向与文化更新》，载《开放时代》2000 年第 9 期。

13. 范忠信：《中华法系的亲伦精神——以西方法系的市民精神为参照系来认识》，载《南京大学法律评论》1999 年春季号。

14. 严存生：《近现代西方法与道德关系之争》，载《比较法研究》2000 年第 2 期。

15. ［美］伯尔曼：《论实证法、自然法及历史法三个法理学派的一体化趋势》，刘慈忠译，载《法学译丛》1989 年第 5 期。

16. 周光权：《论刑法学中的规范违反说》，载《环球法律评论》2005 年第 2 期。

17. 葛卫民：《〈摩奴法典〉与〈古兰经〉的比较》，载《湖南大学学报》（哲学社会科学版）2001 年第 1 期。

18. 蔡墩铭：《刑法之基本性格》，载《法令月刊》2000 年第 10 期。

19. 杨建学、张光君：《论环境刑法的道德基础》，载《商业时代》2008 年第 20 期。

20. ［韩］吴昌值：《韩国刑法上的通奸罪考察》，载《中国刑事法杂志》2003 年第 6 期。

21. 许发民：《论刑法的伦理品性》，载《法律科学》1997 年第 4 期。

22. 张德胜：《论中庸理性：工具理性、价值理性和沟通理性之外》，载《社会学研究》2001 年第 2 期。

23. 马贵侠：《理性与理性化进程——解读马克斯·韦伯的“理性化”》，载《安徽理工大学学报》2004 年第 4 期。

24. 李翔：《盗窃亲属财物问题初探——兼论刑法的伦理性》，载《犯罪研究》2003 年第 3 期。

25. 陈兴良、周光权：《超越报应主义和功利主义：忠诚理论——对刑法正当根据的追问》，载《北大法律评论》1998 年第 1 期。

26. 芦光、张亚玲：《英美刑法中的道德痕迹》，载《河南公安高等专科学校学报》2003 年第 4 期。

27. 张建伟：《形式理性与客观事实》，载《检察日报》2001 年 7 月 20 日。

28. 孙笑侠、熊静波：《判决与民意——兼比较考察中美法官如何对待民意》，载《政法论坛》2005 年第 5 期。

29. 许发民、徐光华：《刑法解释中的民意考量——以死刑案件为视角》，载《刑法论丛》2008 年第 4 期。

30. 李英：《民意基础对死刑政策的影响——兼谈刑法学者的责任》，载《前沿》2009 年第 4 期。

31. 刘文会：《当世界主义遭遇民族性——历史法学派的问题意识及中国语境》，载《山西师大学报》（社会科学版）2008 年第 9 期。

32. 米传勇：《阅读加罗法洛——以自然犯、法定犯理论为中心》，载陈兴良主编：《刑事法评论》（第 24 卷），北京大学出版社 2009 年版。

33. 向荣：《罪刑法定原则与刑法适用中的道德评价》，载《法制与社会》2007 年第 8 期。

34. 孙开正、孟军：《犯罪是什么——以自然犯为视角》，载《法制与社会》2007 年第 4 期。

35. 郑军男、胡燕：《德日刑事违法性理论探析——刑法规范的本质与犯罪论体系的建构》，载《当代法学》2006 年第 3 期。

36. 张旭、单勇：《论犯罪与文化的关系——文化的规范性为视角》，载《法学论坛》2008 年第 1 期。

37. 杨凯：《论刑法规范协调原则的两个派生原则》，载《华东政法学院学报》2003 年第 6 期。

38. 王明辉等：《论刑法中行为的自然观和规范观》，载《黑龙江省政法管理干部学院学报》2005 年第 3 期。

39. 王建平：《从“张金柱现象”到孙伟铭案的法学家“理性”——以媒体法治角色的社会责任担当为视角》，载《政法论丛》2009 年第 5 期。

40. 艾佳慧：《博弈论视野下的民间法与国家法》，载《政法论丛》2009 年第 5 期。

41. 张琦：《道德与刑法有限性德关系——也谈见危不救应否成罪》，载《河南公安高等专科学校学报》2006 年第 4 期。

42. 范愉：《法律信仰批判》，载《现代法学》2008 年第 1 期。

43. 谢青松：《良善刑法的道德标准及其实现途径》，载《长安大学学报》（社会科学版）2008 年第 4 期。

44. 谢青松、吉凯：《论刑法的“和谐”道德理念》，载《昆明理工大学学报》（社会科学版）2007 年第 8 期。

45. 陈于后：《论刑法的道德理念》，载《甘肃政法学院学报》2003 年第 3 期。

46. 高巍：《论刑法的道德性》，载《贵州社会科学》2007 年第 3 期。

47. 肖文、朱千里：《论刑法适用中道德评价因素的考量》，载《西南政法大学学报》2006 年第 3 期。

48. 赵景文：《欧美刑法强化道德建设的做法与启示》，载《国际问题研究》2004 年第 4 期。

49. 赵玉环：《沈家本之法律与道德治国作用评析》，载《山东政法学院学报》2009 年第 5 期。

50. 祁若冰：《试论道德刑法化》，载《兰州学刊》2004 年第 5 期。

51. 刘远：《刑法的道德性与政治性》，载《法学论坛》2007

年第 5 期。

52. 赵云锋:《刑法基本原则的道德属性》,载《天津市政法管理干部学院学报》2008 年第 1 期。

53. 邓多文:《刑法与道德的向度:区分、联系和抉择》,载《法治论衡》2009 年第 1 期。

54. 曾莉:《包容性实证主义法学视野中的法律与道德关系研究》,吉林大学 2006 年博士学位论文。

55. 韩强:《法律因果关系理论学说史述评——道德归责背景下的原因构成理论研究》,华东政法学院 2007 年博士学位论文。

56. 吴真文:《法律与道德的界限——哈特的法伦理思想研究》,湖南师范大学 2009 年博士学位论文。

57. 陈秀萍:《论法律的伦理性——变革时期法律与道德的冲突问题研究》,吉林大学 2006 年博士学位论文。

58. 黄立:《刑罚的伦理审视》,湖南师范大学 2004 年博士学位论文。

59. 边红:《中国亲属容隐制度研究》,山东大学 2008 年硕士学位论文。

60. George P. Fletcher, *The Nature and Function of Criminal Theory*, California Law Review, 2000, 687.

61. H. Kelsen, *Essays in Legal and Moral Philosophy* (ed. by Weinberger).

62. Stephen J. Schulhofer, *The Mathematician, the Monk, and the Militant: Reflections on the Role of Criminal Law Theory*, California Law Review, 2000, 705.

63. Stephen J. Morse, *The Moral Metaphysics of Causation and Results*, California Law Review, 2000, 879.

后　记

在改完这篇论文最后一个字之后，我开始考虑这个迟到了很久的“后记”。记述些什么呢，实在不知道该从何说起。前面已有老师所作的序言，作为论文的指导者和我学业、生活乃至人格上的导师，他说作序得“从头说起”，那么作最后的结语，我也从头说起吧。

记得2008年11月的某一天，在明德楼地下一层的泊星地咖啡店，我与同门和老师坐到一起，第一次正式提出选题事宜。当时我准备的题目有二，其一是“不能犯”，此题我已做了一段时间研究，也发表了相关的论文，对于规范的研究方式也有一定的了解，因此大致能预期最终的成果会是怎样的状态和规模：如一篇写任何一个刑法制度的论文一样，皓首穷经舞文弄墨，在德日英美之后略费笔墨提纲挈领地触及中国刑法中不能犯的若干问题然后草草收笔。对此我甚不甘心，不想陷入预设的窠臼，于是我抛出了第二个题目：“刑法中的因果关系”。没有超出我预料的是，老师果然认为第二个题目比第一个好，第一个甚至根本没有必要去写；但出乎我意料的是，在认为第一个没有必要写的同时，他认为第二个也没甚写头，原因在于“不好总结，不好归类，实践中的因果关系与理论差距甚远，写了等于没写，而且已有前辈做过相似的尝试”。于是我抛出了事实上还没有设计好的第三个题目：“刑法中的道德判断”。

事实是我当时并没有成熟的思路，只是在研究因果关系和不能犯的时候，发现对于制度之间的差异，大陆法的学者们习惯于通过生造概念的方式去进行归类或者区分。例如不能犯理论当中的“抽象危险说”和“具体危险说”，抑或“客观危险说”，事实上只是出于不同的价值判断和法律所处的历史片段而做出的“适合”的裁判，而根据具体的裁判去构建一个封闭体系内的刑法概念，从我个人的角度讲，是很难认可和接受的。所以我写了两篇论文，一篇题为《我国刑法中不能犯合理性新解》，发表在《理论界》2009年第11期，大致的观念是“历史法学派所谓法律是民族精神的结晶，在总结当代刑法问题时依然可以适用。中国刑法中不能犯都作为未遂犯处理，与《唐律疏议》‘皆谓意在于恶者’是一脉相承的，体现了中国人‘原心定罪’的刑法观，也就是‘有心为善，虽善不赏；无心为恶，虽恶不罚’”；第二篇叫《从道德归责看刑法中的因果关系》，此文迄今未发表，其主要观点是“人类的法律活动永远是在一个与客观事实‘近似’程度不等的基础上展开。这也就说明了以事实为依据只具有相对意义，而且相对性的程度还因法系、法律部门的不同而有所差异。在法律活动中，永远存在着一个客观事实真空。那么谁来填补这个真空呢？既然人类穷尽一切办法也无法完全满足该客观要件的要求，也只好由某种主观要素来予以填补。这种主观因素，事实上就是所谓的法感情，也就是道德”。其实从研究“不能犯”到“因果关系”，我一直希望在所谓的“规范”之上找到一个更容易被接纳的抛除了一切理性面纱（这一面纱通常是用所谓的严密的逻辑、科学的体系以及精确的词汇来织就）的“载体”来让社会大众接受刑法观念，让他们知道这个看上去可怖、听上去遥远、读起来拗口的文本，事实上距离他们并不遥远，是他们自己的良知、善恶判断和传统习惯造就了刑法，只是刑法在不断精英化的过程中慢慢走向了形而上的道路罢了。

老师听完我的叙述略感认同和满意，于是说那就这么定了，但是希望我能写一篇这样的文章：简单平实，文体不限，不掉书袋，不堆砌辞藻，不无病呻吟，最好写得文学化一些，摆脱那种所谓的研究“范式”。他心里设想的论文，应当是与法官、检察官、律师、被告人、被害人甚至社会一般人进行尽可能多的接触，了解他们在司法裁判中的诉求、思维以及对于判决的某种期待。

所以他给这篇文章加上了一个副标题：行走在法律与道德之间。

《行走在法律与道德之间——论刑法中的道德判断》在出版之时，为了体例上的统一以及出于著作范式的要求，书名被重新命名为《论刑法中的道德判断》。当然，内容和结构上并未有太大的变化，依旧是原汁原味的，或者说这一改动也实属无奈——既然还没有达到或者契合老师所设想的状态，那么就留待以后更为成熟的“行走”吧。《西游记》里唐僧因为经书破损而感到懊恼，于是孙悟空劝他说“盖天地不全。这经原是全全的，今沾破了，乃是应不全之奥妙也，岂人力所能与耶”。我生硬地借用一下，以“天地”的不全来掩盖我的“不全”，不知是否妥当？

我当时很忐忑，一方面觉得这个题目略显宏大，依据我对自己知识水平和能力的了解与判断，对于能否完成一篇合格的论文没有十足的把握，但另一方面，觉得老师既肯定了选题也提出了具体的实施步骤和方法，并且指定了当时在海淀区检察院工作的范雪旺师弟为我搜集一些检察院的案件材料，作为我写作论文的素材，因此我也略感安慰。从时间上看，当时距离交稿还有大概一年半的时间，应该还比较宽裕。于是从定下题目的第二天开始，我就开始着手准备了。

问题也就这么来了。构思起来很顺畅，临到落笔却毫无思绪，种种概念、语词和句子如一团乱麻似的涌入大脑，在大约两个月的时间里，我在国图复印各种论文、资料，阅读各种关于主题的书。这些著作和论文大多不是法学专业的著述，却和伦理学、文学、哲学有关。双子座的特征让我在这种状态下苦不堪言：既意欲写出一篇语言优美、思想深邃的论文，又担心它的“学术性”不足而淡化了“法律化”的名头。事实证明，这种纠结已经预示着论文最后的状态——两头都没占到。在这个过程中，老师给了我一本国家社科基金的结项材料（一个关于研究我国基层民庭生态的课题）。结项材料是厚厚的一本书，就像记流水账一样把华北某县一个基层民庭的生活状态一一记录，细琐到早上吃的水煮茄子，庭里的桑塔纳轿车修了几次，开庭的详细经过和笔录。现在想想，我当时还是稚嫩，没有完全领会老师的意图。如果让我现在重写一次，我会关注那些看上去“形而下”，但却能让人有直观触动的细节，而不是逻辑、思辨和语词构成的生硬理论。

于是，论文完全朝向另外一个方向发展：从自然法学派的刑法与道德关系，到实证法学派，再到社会法学派，我通过这个过程完整地学习了一大帮平时不太接触的人所谓的法律，还有道德。哈特、耶林、哈耶克、奥斯丁、庞德、波斯纳，甚至奥古斯丁的《神法》，但丁的《神曲》，我从索福克勒斯笔下的安提戈涅口中去追寻所谓“不僭越世间规则”的自然法，也从拉德布鲁赫那里去找回“一千年前自然法光明的重返”。当然，我自认为最大的贡献，在于我没有用“翻译”来构建论文，而是从中国古代的法律思维和法律制度中去表达了刑法的民族性：道德是随性的，根植于民族的固有思维当中，伴随着民族的成长而成长，消亡而消亡。所以，刑法的民族性是道德判断的渊源，司法判决、立法目的，乃至于刑事政策，若要被民众所信仰，必须符合民众的道德判断。这在刑法规范化和普世化的认同之外，我觉得这一点至少是值得肯定的。“我们可以假想这样一个场面，把我国现行刑法典和欧美任一国家的刑法典放在一起，删去所有表示‘国籍’的字眼，让孔子、孟子等中华文化传统的精神代表们的在天之灵来辨认，哪一个是中国的？我想他们肯定会异口同声指着后者说，此乃中国之法，虽经两千年演变，然精神尚在，尚可辨认。至于前者，他们肯定会说，此乃外邦之法，因不见我中华精神之痕迹。”

论文初稿完成于2010年3月3日凌晨4点，写作时间不到3个月，之前看书查资料用去大约10个月，定稿于同年5月5日。

写作环境和过程，不堪回首，直接的印证是每年的5月5号我都能想起那种辛酸而不想吃饭。接下来是送审、评阅、答辩，在走完所有的程序之后，我匆匆写下了当时的后记：

“距离论文完成已经两月有余，昔日整日为之不眠憔悴的忧虑已然消去，但是心中却仍旧忐忑，仿佛还欠缺这需要以更加虔诚的态度去记录的一段感念。的确，在论文未完成之前，这些正在出现的方块汉字，是曾经无数次勾画和设想着要流露于笔尖的记忆，以及那些或华美或流畅的辞藻在纸上喧嚣而展现的张扬。而现在，心思却都回归于平静，似乎不知道该从何说起。或者下面这些文字能够以另一种更好的方式表达，但是现在，却是我所掌握的词汇量所能及的极致了。

在二十二年求学生涯行将结束之时，我并不想落入类似于点名的俗套，把那些陪伴我鼓励我支持我的人们用姓氏排列的方式组成长长的毫无生气的清单，但免俗的代价仿佛意味着不敬，意味着若有若无的遗忘与背离——我最需要感谢的是我的父母，这种感谢是难以言语而只可意会的，当我的父亲为了让我得到所谓更好的教育而抛却所有一切背井离乡的时候，当他们为了省下转学费而四处求告申诉而换来不屑的推三阻四的时候，当我考上了市里的初中而奖励是母亲卖掉了七块钱的粮票给不经事的我买来一袋牛肉干的时候，我明白，我一切的努力都有最大的动力和理由——为了对得起他们为我付出的一切。

我自认为天生驽钝，个性上的懒散而乐于自足地生活于自己创设的狭小空间。如果不是两位老师的关照提携，我的人生可能早已沉没于那种最为普通并且毫无平仄的生活中去了，因此用所谓感激的言语来表达“感激”，总是显得苍白而空洞无力，然而我却只能用这些浅薄的话来完成：感谢我的硕士导师江礼华老师，江老师和善可亲，他所具备的人格魅力和自发自为的长辈气质，我一生都为之敬仰。无论是生活、学习，抑或是成长中心理上的细微波折，他和师母对我如亲人般的关怀和体贴温润的指引都让我铭记。感谢我的博士导师黄京平教授，黄老师亦父亦师，他教授给我的绝不仅仅是学术上的积累和领悟，他对人生的态度以及对生活的感悟，还有我们在球场上挥洒的汗水和笑声，都是值得玩味的美好回忆。同时也要感谢师母杨楠女士，她对我的关心和爱护让我受宠若惊。我时常审视自己，总觉得并无特质能够博得诸位长辈的青睐，如果把这一切归结为天意或者缘分，或许能够算是不太完美的解释。

一直以为，在一间不到 10 平方米堆满杂物布满灰尘和潮湿霉菌的屋子里，生活或者写出这篇论文都是一件极其困难的事情，然而，在完成之后，我只能将这个小小“奇迹”归功于昝——她隐忍着艰苦的条件，奔波于廉价的工作，为我苦恼而随机发作的脾气而饱受委屈，为夜半我熬夜的灯光骚扰折磨还要为我冲调咖啡排遣压力。不仅如此，她深厚的哲学功底为这篇论文的艰难问世贡献良多，如果这将进 200 页的汉字能作为礼物，我愿意献给她，为她所做的一切。

感谢我的同门师兄赵剑——既是师兄，也是双打搭档，对他，我唯有感叹：人生得一知己足矣；感谢我的同门潘庸鲁，庸鲁有着山东人那种特有的豪爽直率，与他做同门，是我的荣幸；感谢法学院羽毛球俱乐部的所有成员，无论是创始人何家弘老师，还是新加入的师弟，那种大家庭似的温暖和团结，那一座座汗水换来的奖杯，都是我最宝贵的回忆；感谢小 L、笨笨、泽姐，愿“风羽同舟”。

感谢这一段时光和经历，让我成长和成熟。

是为记。

2010 年 5 月 5 日于小南庄”

从头开始说到现在，回过头去，发现“一饮一啄，莫非前定”的巧合还在继续，只是需要我感谢的人更加多了，“感谢”二字在我的观念里也酝酿得更加厚重——昝依旧为我冲着咖啡，不但如此，她还成了这本书的编辑，当她怀着我们的孩子还在逐字逐句校对的时候，我很汗颜，至少不能再用简单的谢意来致敬。感谢侦查学院的诸位同行与同好，从我到这里的第一天开始，你们就让我感到温暖，不仅是工作与生活上的关心照护，连我钟爱的羽毛球也在这里得以延续；感谢禁毒教研室对我的容纳与培养，特别感谢李文君老师的大力资助，让这篇论文从字符变成了书本；感谢程亚坤、何亭苇等诸位同学，抽出宝贵的时间为我尘封已久错漏百出的文章进行校对；感谢中国人民公安大学出版社为出版本书所付出的艰辛努力。

所有这一切，我都感恩于心，并随时渴望回馈。

本书在我博士论文的基础上修订而成，五年时间的积淀并未让我在它上面增添任何内容，仅仅就出版的需要作了一些格式、文字上的修订，若有不当之处，请读者不吝赐教。在此先致谢意。

2015 年 7 月 7 日于
中国人民公安大学东小区青年公寓